山东省社会科学基金（重点）项目
德州学院学术著作出版基金资助项目

山东省社会科学基金（重点）项目

农业生产力可持续发展研究

朱秀英　著

中国社会科学出版社

图书在版编目（CIP）数据

农业生产力可持续发展研究/朱秀英著 . —北京：中国社会科学出版社，2015.11

ISBN 978 - 7 -5161 - 7092 - 2

Ⅰ. ①农… Ⅱ. ①朱… Ⅲ. ①农业生产力—可持续发展—研究 Ⅳ. ①F304.7

中国版本图书馆 CIP 数据核字（2015）第 274561 号

出 版 人	赵剑英	
责任编辑	李庆红	
责任校对	于 莹	
责任印制	王 超	
出 版	中国社会科学出版社	
社 址	北京鼓楼西大街甲 158 号	
邮 编	100720	
网 址	http：//www.csspw.cn	
发 行 部	010 - 84083685	
门 市 部	010 - 84029450	
经 销	新华书店及其他书店	
印 刷	北京君升印刷有限公司	
装 订	廊坊市广阳区广增装订厂	
版 次	2015 年 11 月第 1 版	
印 次	2015 年 11 月第 1 次印刷	
开 本	710×1000 1/16	
印 张	15	
插 页	2	
字 数	262 千字	
定 价	56.00 元	

前　言

　　"民以食为天"说明了食物对人类的重要性。"在我国历史上，有许多说明农业重要性的话。比如，民以食为天；手中有粮，心中不慌；丰衣足食，安民之基。农业不断发展，农民积极性高涨，大家都有饭吃，国家和社会的事情就好办多了。这是我们治国安邦的一条基本经验。"① 人类为了生存，首先要解决吃饭问题。要解决吃饭问题，就必须从事农业生产活动，这是人人皆知的道理。发展生产力，满足人民日益增长的物质文化生活需要，是社会主义经济运行规律，也是建设中国特色社会主义的根本目的。

　　"纵观人类社会发展的历史，人类的生产活动首先是从农业开始的。随着人类文明的发展，国民经济逐渐形成了各种产业，但农业始终处于基础地位。农业生产提供的食物等基本生活资料是人类社会存在和发展的首要前提，农业部门创造的剩余产品是社会其他生产部门存在和扩大的重要基础。农业的这种特性，决定了农业是国民经济的基础，是安天下的战略产业。"② 要巩固国民经济的基础，发展农业这一"治国安天下"的战略产业，必须提高农业生产水平，促进农业生产力的可持续发展。

　　"解放和发展农村生产力，是建设社会主义新农村的根本任务。只有不断解放和发展农村生产力，不断增强农业和农村经济的实力和竞争力，才能为农村社会全面进步和农民全面发展奠定坚实的物质基础。要针对制约农村生产力发展的突出问题，抓住关键环节，采取综合措施，全面加强农村生产力建设。"③ 中国共产党自成立之日起就十分重视农业生产的发展，无论是战争年代还是和平年代，无论是革命时期还是改革发展时期，都把农业作为国民经济的基础。因为中国是一个农业大国，农业人口占绝

---

　　① 《江泽民文选》第一卷，人民出版社 2006 年版，第 258 页。
　　② 《十六大以来重要文献选编》下，中央文献出版社 2008 年版，第 267 页。
　　③ 同上书，第 281 页。

大多数，农业发展特别是粮食丰产是实现人民当家做主的根本保障，农村繁荣是实现全面建成小康社会奋斗目标的核心内容。

党的十一届三中全会以后，把农业、农民、农村的发展问题摆在了重中之重的位置。中共中央和国务院，针对"三农"问题，20世纪80年代连续5年下发一号文件，进入21世纪至2015年，又连续12年下发一号文件，制定了一系列路线、方针、政策，还采取了诸多有效措施，形成了农村改革、新农村建设、城乡一体化建设等相互联系、相互促进的整体发展系统，取得了显著成效。回顾历史，总结经验，解决"三农"问题的关键是经济实力问题，最根本的出路是发展农业生产力，即实现农业生产力的可持续发展。

目　　录

第一章　绪论

　　历史演变成就了中国是一个农业国家，自然环境成就了中华民族在这块土地上生息繁衍并成为人口众多的国家，中国人民创新有为成就了中国历史上国家统一、经济文化繁荣、蓬勃兴旺的兴盛时代，成为当之无愧的世界中心，对周边国家和地区产生了深远的影响。但是，由于帝国主义的侵略和掠夺，封建制度演变为生产力发展的桎梏，到了 19 世纪末 20 世纪初，强盛的中国变成了一个任人欺凌宰割、四分五裂、满目疮痍、支离破碎的半封建半殖民地国家，中国人民深受帝国主义、封建主义、官僚资本主义的压迫和剥削之苦。农业的发展受到很大影响，处于停滞或倒退状况，使得国人衣食不足，连温饱问题都不能解决。

　　1949 年 10 月 1 日中华人民共和国成立，毛泽东同志在天安门城楼上宣布不再承认外国侵略者强加给中国的所有不平等条约，把旧中国变成为一个新兴统一的、人民当家做主的人民共和国。之后逐渐强盛，到了1971 年，恢复了中华人民共和国在联合国的合法席位和安理会常任理事国的席位，变成了一个有否决权的联合国常任理事国。回顾历史，中国人民创造了历史的奇迹，工业化发展迅速，诸多项目白手起家，从无到有，填补空白，特别是高尖端科学技术，令世界各国刮目相看，国际地位和国际影响力日渐攀升使中华人民共和国成为 5 个联合国常任理事国之一，都是以此为后盾的。可是，农业发展则不尽然，其成为中国经济发展中的突出问题，引起举国上下的关注。正是此原因，引发了农民收入低、农村面貌亟待改善等问题，因此也就有了"三农"问题之说。"三农"问题形成的原因很多，究其根本原因就是农业生产力发展水平问题，制定解决"三农"问题的方针、政策、措施的核心问题是提高农业生产力水平，解决"三农"问题的根本出路是实现农业生产力的可持续发展。

第一节　"三农"问题重要性引发农业生产力的思考

"三农"问题是农村问题、农民问题、农业问题的总称。实际上，农村是居住地域问题，农民是生产者主体的身份问题，农业是生产主体所从事的行业问题。之所以三者连在一起形成"三位一体"的问题，主要是因为农民收入过低、农民就业问题严重、农村社会政治经济发展缓慢等问题凸显，这关系到社会稳定、国家富强、民族振兴。

社会主义建设的实践表明，"三农"问题一直是关乎党的领导、国家政权、社会主义事业发展的全局性问题。无论是新中国成立以后，还是党的十一届三中全会实施改革开放政策以来，农业、农村、农民问题一直是中国共产党工作的重中之重。中国共产党的领导路线和工作方针，国家的发展规划和建设措施，都十分重视"三农"问题。在发展中国特色社会主义的今天，全社会已形成了"农业丰则基础强，农民富则国家盛，农村稳则国家安"的共同认识；"关注农村发展，关爱农民生活，支持农业生产"，已成为全党全国人民的共同行动。可见，"三农问题"对中国特色社会主义发展的重要作用非同一般。仅从改革开放以来中共中央"一号文件"的发布情况来看，"三农"问题的重要性就显而易见了。

一号文件是指中共中央每年发的第一份文件。中共中央连年发布一号文件，聚焦"三农"问题，说"中央一号文件"俨然成了重视"三农"问题的专有名词，一点儿都不过分。回顾历史，面对现实，查阅文件，从1982年到1986年的5份文件，从2004年到2015年的12份文件，都是针对解决"三农"问题而下发的。

党的十一届四中全会于1979年9月28日通过了《中共中央关于加快农业发展若干问题的决定》，郑重地向全党全国人民宣布，从1979年起，党和国家的工作重心必须发生转移，必须转到社会主义现代化建设上来。因而，摆在党和人民面前的首要任务是集中精力迅速发展农业生产力，尽快改变我国农业非常落后的面貌。众所周知，农业是国民经济的基础，农业的高速度、高效益、高质量发展，是中国社会实现工业现代化、国防现代化、科学技术现代化的根本条件。我们只有加快发展农业生产，逐步实现农业现代化，才能使占我国人口 70% 以上的农民富裕起来，也才能促进整个国民经济蓬勃发展，才能建成小康社会。这充分说明当时的决策是英明正确的，改革开放 30 多年的实践经验也充分证明了这一点。

1982 年 1 月 1 日中共中央以批转《全国农村工作会议纪要》（以下简称《纪要》）的形式，发出了第一个"三农"问题的"中央一号文件"，对改革起点并发展迅速的农村改革进行了总结。《纪要》明确指出，农村建立了不同形式的农业生产责任制，如包工计酬、承包联产计酬、包产到户、包产到组、包干到户、包干到组等，这些形式不同于合作化以前的小私有的个体经济，它们都是社会主义集体经济的生产责任制，都是社会主义农业经济的组成部分。一定地点和条件下出现的不同形式的承包，都有其适应性和局限性，不能千篇一律，即使在一个生产队内，也可以因生产项目、作业种类不同而采取多种形式。《纪要》号召各级领导干部在引导群众确定生产责任制形式时，一定要下苦功夫向实践学习，向群众学习，尊重群众的创造精神，真正做到因地制宜。切不可凭主观好恶硬推、硬扭，重复"一刀切"的错误，也不可撒手不管，任其自流。《纪要》还提出，农业可以吸收多学科的科学技术成就，成为知识密集的产业部门。在充分发扬我国传统农业技术优点的同时，广泛借助现代科学技术的成果，走投资省、耗能低、效益高和有利于保护生态环境的道路，使我国的农村面貌发生巨大的变化。

1982 年 12 月 31 日正式颁布的《当前农村经济政策的若干问题》，是史称的第二个"中央一号文件"。文件明确提出：家庭联产承包责任制"是在党的领导下我国农民的伟大创造，是马克思主义农业合作化理论在我国实践中的新发展"[1]。文件号召"党和政府的各个部门，各级领导干部，都应力求做到：思想更解放一点，改革更大胆一点，工作更扎实一点，满腔热情地、积极主动地为人民服务，为基层服务，为生产服务，认真执行党的十二大确定的路线、方针和政策，依靠八亿农民和广大知识分子，为建设具有高度物质文明和高度精神文明的新农村贡献力量，使农村社会主义事业更加欣欣向荣，蒸蒸日上"[2]。

---

① 《十一届三中全会以来重要文献选读》下，人民出版社 1987 年版，第 616 页。
② 同上书，第 617 页。

1984 年 1 月 1 日中共中央发布了《关于一九八四年农村工作的通知》，即第三个"中央一号文件"。文件强调要继续实施并不断完善家庭联产承包责任制，同时规定了农村土地的承包期限，一般的土地应该在 15 年以上，一些生产周期长的种植养殖项目以及开发性强的项目，其承包期还应当更长一些。要鼓励技术、劳力、资金、资源多种形式的结合，使农民能够在商品生产中，发挥各自的专长，逐步形成适当的经营规模。《通知》指出："为了完善统一经营和分散经营相结合的体制，一般应设置以土地公有为基础的地区性合作经济组织。这种组织，可以叫农业合作社、经济联合社或群众选定的其他名称；可以以村（大队或联队）为范围设置，也可以以生产队为单位设置；可以同村民委员会分立，也可以一套班子两块牌子。以村为范围设置的，原生产队的资产不得平调，债权、债务要妥善处理。此外，农民还可不受地区限制，自愿参加或组成不同形式、不同规模的各种专业合作经济组织。"①

1985 年 1 月 1 日中共中央、国务院发布了《关于进一步活跃农村经济的十项政策》，即第四个"中央一号文件"。文件取消了 30 年来农副产品统购派购的制度，对粮、棉等少数重要产品采取国家计划合同收购的新政策。文件明确指出："县和县以下小城镇的发展规划，要适应商品经济的需要，并严格控制占地规模。规划区内的建设用地，可设土地开发公司实行商品化经营；也允许农村地区性合作经济组织按规划建成店房及服务设施自主经营或出租。小城镇的建设一定要根据财力和物力的可能，通过试点，逐步开展，注意避免盲目性，防止工业污染。城乡建设部门必须加强对小城镇建设的指导，同时，也要帮助搞好农村住宅建设的规划和设计。"②

1986 年 1 月 1 日中共中央、国务院下发了《关于一九八六年农村工作的部署》，即第五个"中央一号文件"。文件肯定了农村改革的方针政策是正确的，必须继续贯彻执行。必须努力提高土地生产力。化肥供应量应逐年有所增加，同时扭转近年忽视有机肥的倾向，增加土壤有机质。继续加强江河治理，改善农田水利，对已有工程进行维修、更新改造和配套。要有计划地改造中低产田。建立必要的劳动积累制度，完善互助互

---

① 《十二大以来重要文献选编》上，人民出版社 1986 年版，第 428 页。
② 《十二大以来重要文献选编》中，人民出版社 1986 年版，第 617 页。

利、协作兴办农田建设的办法。随着农民向非农产业转移，鼓励耕地向种田能手集中，发展适度规模的种植专业户。在当前，要着重发展适用于我国农业的新品种、新技术、新机具和新材料，促进多种经营各部门的技术改造，不断提高产品产量和质量，降低生产成本，提高劳动生产率。重视建立和健全各级农业科研、教育、信息、技术推广和经营管理等服务组织。逐步调整农业科研机构的方向、任务和布局，建立试验示范、推广应用、教育培训相结合的农业技术推广中心，加强农业第一线的技术推广工作。对农民的技术服务应以无偿或低偿为主。

以上是中共中央在 20 世纪 80 年代发布的五个"一号文件"，这些文件对农村改革、农业发展和提升农业生产力水平做出了战略部署，由此可以看出"三农"问题在中国改革开放初期的地位。从 1982 年至 1986 年连续五年发布以农业、农村和农民为主题的中央"一号文件"，显示农业对中国经济发展"重中之重"作用的同时，也使得"一号文件"成为中国农村改革历史上的专有名词。时隔十八年的 21 世纪之初，时任中共中央总书记的胡锦涛同志于 2003 年 12 月 30 日签署《中共中央、国务院关于促进农民增加收入若干政策的意见》，中央一号文件再次回归农业至今，又有了 12 个中央"一号文件"，再一次显示了解决"三农"问题的重要性。

2003 年 12 月 31 日，中央针对近年来全国农民人均纯收入连续增长缓慢的情况下发了《中共中央国务院关于促进农民增加收入若干政策的意见》，该文件成为改革开放以来的第六个"中央一号文件"，也是 21 世纪的第一个"中央一号文件"。推动农业发展、繁荣农村经济、提高农民收入，不仅是国民经济快速持续、健康协调发展的必然要求，而且也是亿万农民发展致富的必然要求；不仅是维护社会稳定、长治久安的必然要求，而且也是实现建成小康社会宏伟目标的必然要求；不仅是中国共产党成功执政的必然要求，而且也是实现中华民族伟大复兴的必然要求。要解决农业、农村、农民自身发展面临的问题，解决前进道路上出现的各种矛盾，必须在深化改革中探求出路，在创新发展中谋求发展。真正解决"三农"问题，不仅要做好农村内部改革的各项工作，而且要搞好城乡统筹发展；不仅要做好农村经济发展工作，还要统筹社会经济协调发展。《意见》明确提出，促进农民增收必须有新思路；强调在发展战略上要有规划，在经济体制改革方面要切合农村实际，在工作机制上要采取综合性措施，实现农村经济发展的大转变。《意见》还提出，农村各方面的改革，必须坚持四个"有利于"，一是有利于解放和发展农业生产力，二是有利于增加农民收入，三是有利于保持农村稳定，四是有利于改变农村面貌。必须把解放和发展农业生产力作为农村工作的出发点和落脚点，必须把解决农民增收问题放在首要位置。

2004 年 12 月 31 日中共中央、国务院发布了《中共中央国务院关于进一步加强农村工作提高农业综合生产能力若干政策的意见》，即第七个"中央一号文件"，也是 21 世纪的第二个"中央一号文件"。《意见》号召全党和全国人民，"当前和今后一个时期，要把加强农业基础设施建设，加快农业科技进步，提高农业综合生产能力，作为一项重大而紧迫的战略任务，切实抓紧抓好"[1]。要提高农业综合生产能力，必须稳定、完善和强化各项支农政策。要调动农民的积极性、主动性，集中力量发展粮食产业，促进种粮农民增加收入；要发展乡镇企业和乡村服务业，拓宽农民增加收入的渠道；要改善城市的就业环境，增加外出务工农民的实际收入；加强农村基础设施等条件建设，为农民增收奠定坚实的基础；等等。

2005 年 12 月 31 日中共中央、国务院下发了《中共中央国务院关于推进社会主义新农村建设的若干意见》，即第八个"中央一号文件"，也是 21 世纪的第三个"中央一号文件"。这份 2006 年"中央一号文件"为了完成中共中央十六届五中全会通过的《中共中央关于制定国民经济和社会发展第十一个五年规划的建议》中提出的社会主义新农村建设的重大历史任务，要求"扎实稳步推进社会主义新农村建设"，做到五个"必须坚持"，即"必须坚持以发展农村经济为中心，进一步解放和发展农村生产力，促进粮食稳定发展、农民持续增收；必须坚持农村基本经营制度，尊重农民的主体地位，不断创新农村体制机制；必须坚持以人为本，着力解决农民生产生活中最迫切的实际问题，切实让农民得到实惠；必须坚持科学规划，实行因地制宜、分类指导，有计划有步骤有重点地逐步推进；必须坚持发挥各方面积极性，依靠农民辛勤劳动、国家扶持和社会力量的广泛参与，使新农村建设成为全党全社会的共同行动"[2]。在这里，把"以发展农村经济为中心，进一步解放和发展农村生产力"放在了首

---

① 《十六大以来重要文献选编》中，中央文献出版社 2006 年版，第 518 页。
② 《十六大以来重要文献选编》下，中央文献出版社 2008 年版，第 141 页。

位，为提高农业生产力水平，对粮食生产、资金渠道、耕地质量、农田水利、抗御灾害、科技创新等方面作了具体部署。中央文件首次提出现代农业建设的问题。现代农业建设是指现代新型农民用现代发展理念、现代科学技术、现代经营方式发展现代农业，建立现代农业产业体系，提高农业现代化水平。为达此目的，《意见》提出六点明确要求，即大力提高农业科技创新和转化能力；加强农村现代流通体系建设；稳定发展粮食生产；积极推进农业结构调整；发展农业产业化经营；加快发展循环农业等。

2006年12月31日中共中央、国务院下发了《中共中央国务院关于积极发展现代农业扎实推进社会主义新农村建设的若干意见》，即改革开放以来中央第九个"一号文件"，也是21世纪的第四个"中央一号文件"。文件提出，发展现代农业是社会主义新农村建设的首要任务。文件要求"六用"、"三提高"，即"要用现代物质条件装备农业，用现代科学技术改造农业，用现代产业体系提升农业，用现代经营形式推进农业，用现代发展理念引领农业，用培养新型农民发展农业，提高农业水利化、机械化和信息化水平，提高土地产出率、资源利用率和农业劳动生产率，提高农业素质、效益和竞争力"[1]。在这里我们可以看出，"六用"、"三提高"实际上就是围绕发展农业生产力问题而展开论述的，因而文件紧接着就指出"建设现代农业的过程，就是改造传统农业、不断发展农村生产力的过程，就是转变农业增长方式、促进农业又好又快发展的过程"[2]。

2007年12月31日中共中央、国务院下发了《中共中央国务院关于切实加强农业基础建设 进一步促进农业发展农民增收的若干意见》，这是改革开放以来中央第十个"一号文件"，即21世纪的第五个"中央一号文件"。《意见》共分八部分，包括：加快构建强化农业基础的长效机制；切实保障主要农产品基本供给；突出抓好农业基础设施建设；着力强化农业科技和服务体系基本支撑；逐步提高农村基本公共服务水平；稳定完善农村基本经营制度和深化农村改革；扎实推进农村基层组织建设；加强和改善党对"三农"工作的领导。《意见》着重指出："2008年和今后一个时期，农业和农村工作的总体要求是：全面贯彻党的十七大精神，高举中国特色社会主义伟大旗帜，以邓小平理论和'三个代表'重要思想

① 《十六大以来重要文献选编》下，中央文献出版社2008年版，第836页。
② 同上。

为指导，深入贯彻落实科学发展观，按照形成城乡经济社会发展一体化新格局的要求，突出加强农业基础建设，积极促进农业稳定发展、农民持续增收，努力保障主要农产品基本供给，切实解决农村民生问题，扎实推进社会主义新农村建设。"①

2008 年 12 月 31 日中共中央、国务院下发了《中共中央国务院关于2009 年促进农业稳定发展农民持续增收的若干意见》，这是改革开放以来中央第十一个"一号文件"，即 21 世纪的第六个"中央一号文件"。进入21 世纪以来，国际国内形势的变化向人们昭示，世界经济发展受到极大的冲击，中国的改革进入"深水区"，中国经济当时的情况并不乐观。所以，文件强调指出："当前，国际金融危机持续蔓延、世界经济增长明显减速，对我国经济的负面影响日益加深，对农业农村发展的冲击不断显现。"② 党中央充分认识到，中国经济持续发展在于扩大内需，而扩大国内需求，最大潜力在农村；如果实现中国经济平稳较快发展，关键在于支撑力，而基础支撑在农业；如何实现社会稳定，关键在于保障和改善民生，而保障和改善民生，重点难点在于提高农民的生活水平。一句话，中国经济发展聚焦"三农"问题，所以，《意见》分五部分论述了繁荣农村经济，发展农业生产，增加农民收入。其主要内容包括：一是加大对农业的支持保护力度；二是稳定发展农业生产；三是强化现代农业物质支撑和服务体系；四是稳定完善农村基本经营制度；五是推进城乡经济社会发展一体化。《意见》明确了 2009 年农业农村工作的总体要求，即"全面贯彻党的十七大十七届三中全会和中央经济工作会议精神，高举中国特色社会主义伟大旗帜，以邓小平理论和'三个代表'重要思想为指导，深入贯彻落实科学发展观，把保持农业农村经济平稳较快发展作为首要任务，围绕稳粮、增收、强基础、重民生，进一步强化惠农政策，增强科技支撑，加大投入力度，优化产业结构，推进改革创新，千方百计保证国家粮食安全和主要农产品有效供给，千方百计促进农民收入持续增长，为经济社会又好又快发展继续提供有力保障"③。

2009 年 12 月 31 日中共中央、国务院下发了《关于加大统筹城乡发展力度，进一步夯实农业农村发展基础的若干意见》，这是改革开放以来

---

① 《十七大以来重要文献选编》上，中央文献出版社 2009 年版，第 134 页。
② 同上书，第 822 页。
③ 同上书，第 823 页。

中央第十二个"一号文件",即 21 世纪的第七个"中央一号文件"。文件推出了一系列"含金量"高的"强农惠农"新政策,强力推动资源要素向农村配置是其最大亮点。这个"一号文件"从健全强农惠农政策体系、提高现代农业装备水平、加快改善农村民生、协调推进城乡改革、加强农村基层组织建设五个方面制定了 27 条措施,解决"促进农业生产上新台阶的制约越来越多、保持农民收入较快增长的难度越来越大、转变农业发展方式的要求越来越高、破除城乡二元结构的任务越来越重"四大问题,"确保粮食生产不滑坡、农民收入不徘徊、农村发展好势头不逆转"。号召各级党组织特别是农村基层党组织,一定要"按照稳粮保供给、增收惠民生、改革促统筹、强基增后劲的基本思路,毫不松懈地抓好农业农村工作,继续为改革发展稳定大局做出新的贡献"。①

2010 年 12 月 31 日中共中央、国务院下发了《关于加快水利改革发展的决定》,这是改革开放以来中央第十三个"一号文件",即 21 世纪的第八个"中央一号文件"。文件开门见山地指出,"水是生命之源、生产之要、生态之基"。水利建设是农业生产的命脉,是搞好现代农业不可或缺的重要条件。水利建设是战略性很强的基础性事业,是经济社会发展不可替代的基础支撑。水利建设是系统性很强的公益性事业,是维持生态平衡不可分割的环境保障。水利建设的成败关系到防洪安全、供水安全、粮食安全,不仅如此,还关系到经济安全、生态安全、国家安全。文件规定了今后水利改革发展的主要任务是大兴农田水利建设;合理开发水能资源;搞好水土保持和水生态保护;加大公共财政对水利的投入;加强对水利建设的金融支持;广泛吸引社会资金投资水利;等等。

2012 年 2 月 1 日中共中央、国务院正式公布了《关于加快推进农业科技创新持续增强农产品供给保障能力的若干意见》,这是改革开放以来中央第十四个"一号文件",即 21 世纪的第九个"中央一号文件"。由于实现农业稳定发展、持续发展、快速发展,确保农产品长期供给、有效供给、安全供给,关键在于发展农业生产力,而发展农业生产力根本出路在科技进步。所以,中央文件制定了科教兴农战略,把农业科技创新作为头等大事来抓,下大决心、下大气力突破体制束缚和机制障碍,大幅度增加

---

① 中共中央、国务院:《关于加大统筹城乡发展力度进一步夯实农业农村发展基础的若干意见》,http://politics.people.com.cn/GB/1026/10893985.html。

农业科学研究和技术创新的人力、物力、财力的投入，推动农业科技创新再上新台阶，为农业增产、农民增收、农村繁荣注入活力。在政策设计上，进一步加大强农、惠农、富农政策的实施力度，奋力夺取农作物的好收成，合力促进农民收益的较快增长，努力维护农村社会的和谐稳定。坚持三个"持续加大"，即"持续加大财政用于'三农'的支出，持续加大国家固定资产投资对农业农村的投入、持续加大农业科技投入，确保增量和比例均有提高"。农业科技具有显著的公共性、基础性、社会性等特征。农业科技发展是发展农业生产力，加快现代农业建设的核心力量。农业科技推广人员作为农业科技创新的主体力量，要有扎根乡村、服务农民、艰苦奉献的精神，实现其社会价值，但国家要落实工资倾斜和绩效工资政策，要切实提高农业科学研究和技术推广人员的经济、社会待遇，发挥他们的积极性、主动性、创造性，推动农业科技跨越式发展。

2012年12月31日中共中央、国务院下发了《关于加快发展现代农业进一步增强农村发展活力的若干意见》，这是改革开放以来中央第十五个"一号文件"，即21世纪的第十个"中央一号文件"。《意见》提出了农业农村工作的总体要求是："全面贯彻党的十八大精神，以邓小平理论、'三个代表'重要思想、科学发展观为指导，落实'四化同步'的战略部署，按照保供增收惠民生、改革创新添活力的工作目标，加大农村改革力度、政策扶持力度、科技驱动力度，围绕现代农业建设，充分发挥农村基本经营制度的优越性，着力构建集约化、专业化、组织化、社会化相结合的新型农业经营体系，进一步解放和发展农村社会生产力，巩固和发展农业农村大好形势。"[①]"四化同步"是指工业化、信息化、城镇化、农业现代化同步发展。《意见》从七个方面论述了如何推进社会主义新农村建设的问题。一是建立重要农产品供给保障机制，努力夯实现代农业物质基础；二是健全农业支持保护制度，不断加大强农惠农富农政策力度；三是创新农业生产经营体制，稳步提高农民组织化程度；四是构建农业社会化服务新机制，大力培育发展多元服务主体；五是改革农村集体产权制度，有效保障农民财产权利；六是改进农村公共服务机制，积极推进城乡公共资源均衡配置；七是完善乡村治理机制，切实加强以党组织为核心的

---

① 中共中央、国务院：《关于加快发展现代农业进一步增强农村发展活力的若干意见》，http：//news. xinhuanet. com/2013－01/31/c_ 124307774. htm。

农村基层组织建设。

2014 年 1 月 19 日中共中央、国务院下发了《关于全面深化农村改革加快推进农业现代化的若干意见》，这是改革开放以来中央第十六个"一号文件"，即 21 世纪的第十一个"中央一号文件"。《意见》明确指出："2014 年及今后一个时期，要完善国家粮食安全保障体系，强化农业支持保护制度，建立农业可持续发展长效机制，深化农村土地制度改革，构建新型农业经营体系，加快农村金融制度创新，健全城乡发展一体化体制机制，改善乡村治理机制。"明确要求全党和全国人民要进一步"解放思想，稳中求进，改革创新，坚决破除体制机制弊端，坚持农业基础地位不动摇，加快推进农业现代化"。《意见》提出，完善国家粮食安全保障体系，加大力度落实"米袋子"省长负责制，健全"菜篮子"市长负责制，把饭碗牢牢端在自己手上，"实施以我为主、立足国内、确保产能、适度进口、科技支撑的国家粮食安全战略"。"任何时候都不能放松国内粮食生产，严守耕地保护红线，划定永久基本农田，不断提升农业综合生产能力，确保谷物基本自给、口粮绝对安全。"①

2015 年年初中共中央、国务院发布了 2015 年一号文件《关于加大改革创新力度 加快农业现代化建设的若干意见》，这是改革开放以来中央第十七个"一号文件"，即 21 世纪的第十二个"中央一号文件"。在连续十二年聚焦"三农"的同时，2015 年"中央一号文件"将"建设现代农业，加快转变农业发展方式"放在首位。《意见》提出要强化规划引领作用，加快提升农村基础设施水平，推进城乡基本公共服务均等化，让农村成为农民安居乐业的美丽家园。《意见》明确了 2015 年农村改革的任务，包括农村土地制度的改革试点，农村金融的改革，农村集体产权制度的改革，乡村治理机制的改革，也包括水利、林业、农垦改革等。其中农村土地制度改革是重点，因为涉及的利益主体非常复杂，也是深化农村改革的难点。改革主要集中在"三地"、"三线"、"三权"问题上。"三地"即"三块地"，包括农村承包土地、集体经营性建设用地、农村宅基地。在 2017 年年底之前主要是推进搞好改革的试点，要边试点、边总结、边完善、边推广。"三线"即"三条底线"，就是公有制性质不能改变、耕地

① 中共中央、国务院：《关于全面深化农村改革加快推进农业现代化的若干意见》，ht-tp：//news. xinhuanet. com/politics/2014－01/19/c_119033371. htm。

红线不能破、农民权益不能受损。我们确立这三条底线不是说不改革，而是为了更好地改革。"三权"即"三权分置"，土地集体所有权、农民的土地承包权、农村土地的经营权。现在将农村土地流转，流转的是农村土地的经营权，实行三权分置。

至此，改革开放以来中央出台了 17 个"一号文件"，21 世纪就有 12 个"中央一号文件"。可以看出中央如此重视"三农"工作，也可以看出中央在农村改革和发展方面实现了认识的新飞跃。正是"中央一号文件"的颁布，调动了农民的积极性，使中国农民真正地得到了实惠，实实在在地共享了改革的成果，促进了农村生产关系的变革，为农业生产力的可持续发展提供了可靠保障。

第二节 "三农"问题解决措施的核心是发展农业生产力

针对"三农"问题，国家采取了诸多措施，包括深化农村改革，诸如：赋予和保障农民权益、转变农业经营方式、鼓励承包经营权流转、建立土地增值收益分配机制、完善改革的制度保障、推进城乡要素平等交换和公共资源均衡配置等；加快新农村建设步伐；推进新型城镇化建设；转移农村剩余劳动力；加快农业技术创新；加强农业综合生产能力建设；等等。制定和实施这些措施的核心问题是发展农业生产力。

一 深化农村改革，解放和发展农业生产力

农村改革是我国启动改革开放的起点，目前仍然是全面深化改革的重点。党的十八届三中全会做出的《中共中央关于全面深化改革若干重大问题的决定》（以下简称《决定》），对深化农村改革做出了全面部署，对涉及中国特色社会主义建设全局的重大问题提出了突破性的改革意见，在方针政策上制定了开创性的举措，在理论上形成了一系列创新性见解，以此为指导深化农村改革，必定使社会主义新农村建设凸显时代特征。

党的十八届三中全会做出的《中共中央关于全面深化改革若干重大问题的决定》作为指导全面改革的纲领性文件，在推进农村改革方面既有理论创新又有政策突破，还具有很强的可操作性。《决定》提出要赋予

和保障农民权益；鼓励承包经营权流转；建立土地增值收益分配机制；推进城乡要素平等交换和公共资源均衡配置；完善农村改革的制度保障等。《决定》特别提出助推农村经济发展的农业经营新理念，创新农业经营方式，即"坚持家庭经营在农业中的基础性地位，推进家庭经营、集体经营、合作经营、企业经营等共同发展的农业经营方式"。《决定》对农村社会保障制度做出新规定，提出的保障农民财产权益的新思想，明确提出的农村改革任务和新举措，必将对我国农村改革发展产生重大而深远的影响，同时，在最大限度上解放了农业生产力，促进了农业生产力的发展。

（一）赋予和保障农民权益

《决定》以赋予农民更多权利和利益、推进城乡发展一体化为主线，勾画了深化农业改革，建设社会主义新农村的宏伟蓝图。

赋予农民哪些权益呢？主要是指赋予农民更多财产权利。农民的财产除了生产工具、生活用品之外，主要包括承包地、住房和宅基地、集体资产股份等。与此相适应，农民的财产权益主要包括三个方面：一是赋予农民对承包地占有、使用、收益、流转及承包经营权抵押、担保权能。二是保障农户宅基地用益物权，允许通过试点推进农民住房财产权抵押、担保、转让。用益物权是物权的一种，它是指非所有人对他人之物所享有的占有、使用、收益的排他性的权利。宅基地用益物权是指宅基地使用人对国家或集体土地所享有的占有、使用、收益的排他性的权利。三是赋予农民对集体资产股份占有、收益、有偿退出及抵押、担保、继承权。为此，《决定》用"六允许"、"四保障"促进和保障农民财产权利得到更好地运用。"六允许"是指允许农民以承包经营权入股发展农业产业化经营；允许财政项目资金直接投向符合条件的合作社；允许财政补助形成的资产转交合作社持有和管护；允许合作社开展信用合作；允许企业和社会组织在农村兴办各类事业；允许农村集体经营性建设用地出让租赁入股、实行与国有土地同等入市同权同价。"四保障"是指保障农民集体经济组织成员权利；保障农民工同工同酬；保障农民公平分享土地增值收益；保障金融机构农村存款主要用于农业农村。

特别指出的是在赋予农民更多财产权利问题上的新突破，是维护农民合法权益的最基本要求，是健全城乡发展一体化体制机制的重要内容，是推进城乡发展一体化理念上的重大创新。

第一，赋予农民更多财产权利是实现城镇与农村居民财产权利平等的最基本要求。农村居民和城镇居民享有不平等的财产权利，是目前我国城乡不平等的一个重要表现。比如，城镇居民购买的房屋具有完整产权，房产证、土地证俱全，既可以抵押、担保，也可以投入市场进行买卖，合理合法地办理过户手续。相反，农村居民在自己的宅基地上合法建造的房屋，却因不具有完整产权，而不能抵押、担保，也不能出售给本集体经济组织以外的居民，即使有人出售，也只是以私下签订"合同"的方式进行交易，不能办理过户等相关手续。再如，城市的企业购买国有土地使用权之后，该土地可以在经济活动中用于抵押、担保等。相反，农村拥有集体土地使用权的土地，不能用于抵押、担保等活动。目前，农村集体资产在理论上农民拥有所有权，在现实中则徒有虚名，没有利用集体资产所有权的实现形式。无论是房屋、宅基地、承包地财产权利，还是集体资产的财产权利，存在着城乡之间的严重不平等现象。在市场经济的条件下，不改变这些不平等现象，农村居民的财产因为不能进入社会财产的正常流通渠道，而无法合理流动和增值，农民财富的积累、农民致富范围的扩大受到严重制约。农民不能致富，农村不能实现富裕繁荣，城乡一体化发展就成为一句空话，全面建成小康社会的目标就不能实现。所以，《决定》赋予农民与城镇居民平等的财产权利，以确保农民人格的现代化地位，确保农民财富的市场化属性，让广大农民平等融入市场化、信息化、现代化进程之中，共同分享惠及全体人民的改革开放成果，这是实现城乡居民财产权利平等的基本要求。

第二，赋予农民更多财产权利是农民增收、缩小城乡居民收入差距的重要举措。"三农"问题的核心是农民收入问题，制约"三农"问题解决的"瓶颈"也是农民收入低的问题。尽管我国实行了工业反哺农业的政策，但农民收入水平低，财富增长速度缓慢的现状没有彻底改变。近年来，农产品的成本居高不下，农民的纯收入与城镇居民的纯收入差距增大，收入的不平等造成诸多农民进城务工，农村生产消费和生活消费需求下降，制约了农民生活水平提高，制约了农业生产力的发展，制约了农村经济的繁荣，同时制约了城镇经济持续稳定增长，以致影响到整个国民经济的增长，影响到城乡和谐、社会稳定的实现。在国务院新闻办公室2014 年1 月20 日举行的新闻发布会上，国家统计局局长马建堂介绍2013年国民经济运行情况，按其公布的数据显示，全年城镇居民人均总收入29547 元，其中，城镇居民人均可支配收入26955 元。全年城镇居民人均可支配收入中位数 24200 元。按城镇居民五等分收入分组，低收入组人均可支配收入 11434 元，中等偏下收入组人均可支配收入 18483 元，中等收入组人均可支配收入 24518 元，中等偏上收入组人均可支配收入 32415 元，高收入组人均可支配收入 56389 元。全年农村居民人均纯收入 8896 元。农村居民人均纯收入中位数 7907 元。按农村居民五等分收入分组，低收入组人均纯收入 2583 元，中等偏下收入组人均纯收入 5516 元，中等收入组人均纯收入 7942 元，中等偏上收入组人均纯收入 11373 元，高收入组人均纯收入 21273 元。[①] 全年城镇居民人均可支配收入中位数是农村居民人均纯收入中位数的 3.06 倍；全年城镇居民低收入组人均可支配收入是全年农村居民低收入组人均可支配收入的 4.43 倍；全年城镇居民高收入组人均可支配收入是全年农村居民高收入组人均可支配收入的 2.65 倍；全年城镇居民低收入组人均可支配收入 11434 元，比全年农村居民中等偏上收入组人均纯收入 11373 元还要多 61 元。由此可见，农村居民与城镇居民的收入差距如此之大，特别是农村居民低收入人群数量居多，应当引起高度重视。想办法增加农民收入，已经迫在眉睫。《决定》赋予农民更多财产权利，把增加农民财产性收入作为促进农民收入增加的重要途径，使财产性收入成为增加农民收入的新增长点，拉动农民收入持续较快增长，是缩小城乡居民收入差距的必然要求和重要举措。

第三，赋予农民更多财产权利是农民依法享有平等财产权利的重要保障。赋予农民更多的财产权利包含丰富的内容，采取多种农业经营方式，即股份合作方式、集体经营方式、产业化经营方式等。如赋予农民对集体资产股份占有、收益、有偿退出及抵押、担保、继承权，就是通过发展农民股份合作的经营方式，使农民依法获得集体资产股份分红收益。如赋予农民对承包地占有、使用、收益、流转及承包经营权抵押、担保权能，利用集体经营等规模经营方式，使农民获得土地使用权的收益。再如推行农业产业化经营，允许农民以承包经营权入股发展农业产业化经营，使农民依法获得土地股权投资收益。也可以鼓励承包经营权向专业大户、家庭农场、农民合作社、农业企业流转，使农民依法获得土地流转收益。还有改革完善农村宅基地制度，保障农户宅基地用益物权，逐步推进农民住房财

---

① 国务院新闻办公室 2014 年 1 月 20 日 "2013 年国民经济运行情况新闻发布会"，http：// www. scio. gov. cn/xwfbh/xwbfbh/wqfbh/2014/20140120/index. htm。

产权的抵押、担保、转让，使农民依法获得宅基地和房产转让收益。另外，允许农村集体经营性建设用地出让、租赁和入股，实行与国有土地同等入市、同权同价，完善对被征地农民合理、规范、多元保障机制，建立兼顾国家、集体、个人的土地增值收益分配机制，合理提高个人收益，使农民公平分享土地增值收益，推动财产真正成为农民发展和致富的重要手段。

（二）转变农业经营方式

农业现代化主要是指现代种养业的现代化。发展现代种养业，涉及农民的土地承包经营权、经济运作形式和资金等问题。土地承包经营权可以市场化，即在公开市场上进行各种形式的流转，如以股份的形式参与种养业的生产经营等。现代种养殖业的经济运作形式可以多种多样，如大户经营、农场形式、合作联社、企业运作等。发展现代种养业还离不开资金保障体系，可以利用工商资本、社会资本壮大农村经济，发展农业生产。解决这些问题的关键是农业经营方式问题。

党的十八届三中全会明确提出，推进家庭经营、集体经营、合作经营、企业经营等共同发展的农业经营方式，这既是农业经营方式的创新，也是对农村基本经营体制的发展，为农村基本经营体系改革注入新的活力，同时将推动农地制度的创新发展。

首先，家庭经营、集体经营、合作经营、企业经营等农业经营方式以及它们共同发展的运行机制是对农村基本经营体制的丰富和发展。众所周知，确定农村基本经营体制是我党做好农村工作的基础。20 世纪 80 年代，我国农村改革取得了突破性进展，创造了以家庭承包经营为基础、统分结合的双层经营体制，调动了农民的生产积极性，解放和发展了农村社会生产力。究其原因，就是因为这种经营方式适合中国当时农村的经济状况和农业生产的特点，适合农业生产力发展要求，必须毫不动摇地长期坚持。经过 30 多年的实践，农业生产力水平有了很大提高，与此相适应，农业经营方式必须进一步改革，构建新的农业经营体制。《决定》明确提出，坚持家庭经营在农业中的基础性地位，实现家庭经营、集体经营、合作经营、企业经营等共同发展的农业经营方式创新，为加快构建新型农业经营体制指出了明确方向。就我国大部分农村经济发展状况来看，家庭经营还是农业生产的主要经营方式，主要包括农业大户经营和家庭农场模式。有条件的地方，可以根据经营方向和农产品种类等采取集体经营方式。诸多农户联合、农户和集体联合的经营方式也是一种适合当前生产力发展的合作经营方式。农业生产可以引进工商企业资本采取农业产业化龙头企业或农业企业集团经营的方式。总之，推进家庭经营、集体经营、合作经营、企业经营等经营方式的共同发展，是农村基本经营体制的重大理论创新和实践突破，必将推动提高农业生产的资源市场化、技术专业化、操作机械化、产品社会化、经营规模化、组织合作化，进一步解放和发展农业生产力，推动农业生产力在新一轮改革中再上新台阶、再创新水平。

其次，实施家庭经营、集体经营、合作经营、企业经营等共同发展的农业经营体制，有效推动农村土地制度改革，丰富农村土地权能，创新农村土地权能结构。20 世纪农村改革以前，农村土地所有权和经营权不是分开的，那时的经营方式比较单一，绝大多数土地就耕种一种形式，生产队的土地集体所有，集体耕种，每位农民作为生产队的一员参与耕种活动，多数情况下是以时间为单位计算劳动付出，以此为依据分得耕种收获品以维持生活。只是部分地区有少量的农民自留地是所有权和经营权分离的。起源于小岗村的农村改革，使农村土地的所有权和承包经营权发生了并行分置，土地所有权归集体，农民个人享有承包经营权，调动了农民生产的积极性、主动性，这种农地制度改革推动了农业生产力水平的大幅度提升。当前，把农村土地的承包经营权并行分置为承包权、经营权，这样农村土地的权能出现了所有权、承包权、经营权"三权并行分置"的土地产权关系。这既有利于进一步丰富农村土地的权能，又有利于完善农村土地的权益关系，促进农地资源配置高效率，提高农业生产经营效益。事实上，随着我国城乡一体化的深入发展，农民转移到非农产业和城镇就业的机会和人数逐年剧增，这部分具有农民身份的"农民工"，仍然是集体土地的承包者，只是所从事的职业发生了变化。也就是说，他们是农村土地的承包主体而非农村土地的经营主体，其身份的转变使农村土地承包权主体同经营权主体发生了分离，这种分离现象是通过农村土地的流转诸如转租、入股等形式实现的。顺应实践发展，对农民的土地承包经营权进行"承包权"和"经营权"的分离，建立农村土地所有权、承包权、经营权"三权并行分置"的新型农地制度，显得尤为重要，并且是大势所趋，这将优化农村土地的权能结构，更好地坚持集体对土地的所有权，更好地保障农户对土地的承包权，更好地用活使用者对土地的经营权，推动农地资源的有效配置，实现农业生产力的可持续发展。

（三）鼓励承包经营权流转

《决定》为农民承包地流转指明了发展方向，提出了明确要求，不仅解决了能否流转的问题，而且解决了怎样流转的问题，还解决了向哪里流转的问题。在农民承包地能否流转的问题上，明确提出，"坚持农村土地集体所有权，依法维护农民土地承包经营权"，"稳定农村土地承包关系并保持长久不变，在坚持和完善最严格的耕地保护制度前提下，赋予农民对承包地占有、使用、收益、流转及承包经营权抵押、担保权能，允许农民以承包经营权入股发展农业产业化经营"。在农民承包地怎样流转的问题上，《决定》提出，"建立农村产权流转交易市场，推动农村产权流转交易公开、公正、规范运行"。在农民承包地向哪里流转的问题上，《决定》提出，"鼓励承包经营权在公开市场上向专业大户、家庭农场、农民合作社、农业企业流转"。①

首先，鼓励承包经营权流转是建设法治农业的需要。依法强农是依法治国的重要组成部分。就农村土地而言，必须依照土地承包法、土地管理法、物权法等法律规定保障各方的权益关系。物权法中所规定的物权种类包括三大类，即所有权、用益物权和担保物权。所有权是构成物权的基础，所有权制度是物权法的灵魂。《物权法》第三十九条规定，所有权是指"所有权人对自己的不动产或者动产，依法享有占有、使用、收益和处分的权利"。② 处分权是所有权区别于其他权利的重要特征。所有权包括国家所有权、集体所有权、私人所有权，并派生出建筑物区分所有权。用益物权和担保物权是从所有权派生出来的。所有权是自物权，用益物权和担保物权是他物权即限制物权。《物权法》第一百一十七条规定，用益物权是指"用益物权人对他人所有的不动产或者动产，依法享有占有、使用和收益的权利"。③ 我国物权法所规定的用益物权包括土地承包经营权、建设用地使用权、宅基地使用权和地役权。《物权法》第一百七十条规定，担保物权是指担保物权人在债务人不履行到期债务或者发生当事人约定的实现担保物权的情形，依法享有就担保财产优先受偿的权利。设立担保物权的目的就是担保债权人的债权的实现。担保可分为物的担保和财产权利担保两种方式，担保物权分为抵押权、质权和留置权三类。《中华

---

① 《中共中央关于全面深化改革若干重大问题的决定》，《人民日报》2013 年 11 月 16 日。
② 《中华人民共和国法律》，人民出版社 2013 年版，第 325 页。
③ 同上书，第 331 页。

人民共和国土地承包法》第一条规定，"为稳定和完善以家庭承包经营为基础、统分结合的双层经营体制，赋予农民长期而有保障的土地使用权，维护农村土地承包当事人的合法权益，促进农业、农村经济发展和农村社会稳定"。第二条规定，"本法所称农村土地，是指农民集体所有和国家所有依法由农民集体使用的耕地、林地、草地，以及其他依法用于农业的土地"①。《中华人民共和国土地管理法》第八条规定，"农村和城市郊区的土地，除由法律规定属于国家所有的以外，属于农民集体所有；宅基地和自留地、自留山，属于农民集体所有"②。第十四条规定，"农民集体所有的土地由本集体经济组织的成员承包经营，从事种植业、林业、畜牧业、渔业生产"。第十五条规定，"农民集体所有的土地，可以由本集体经济组织以外的单位或者个人承包经营，从事种植业、林业、畜牧业、渔业生产"③。《中华人民共和国土地承包法》第三十二条规定，"通过家庭承包取得的土地承包经营权可以依法采取转包、出租、互换、转让或者其他方式流转"④。如此等等，都是鼓励农民承包经营权流转的法律依据，农民依法进行的承包经营权流转，都会受到法律保护。

其次，鼓励承包经营权流转是实现规模化经营的需要。农民承包经营权流转不仅有法律依据，而且必须解决农业生产规模的问题。如果一个农户流转给另一个农户，还是一家一户的小规模生产，实现不了规模化经营所带来的经济效益。农业产业化、农业机械化、农业现代化都离不开农业经营的规模化。农业生产在一定规模的基础上，才能进行机械化操作，提高生产效率；才能形成农业产业集团，进行大规模生产；才能落实科技兴农战略，实现农业现代化。在 20 世纪 90 年代初，邓小平同志就农业发展规模经营问题曾经提出："中国社会主义农业的改革和发展，从长远的观点看，要有两个飞跃。第一个飞跃，是废除人民公社，实行家庭联产承包为主的责任制。这是一个很大的前进，要长期坚持不变。第二个飞跃，是适应科学种田和生产社会化的需要，发展适度规模经营，发展集体经济。"⑤ 据第二次农业普查结果显示，全国从事农作物种植业的农户户均

---

① 《中华人民共和国法律》，人民出版社 2013 年版，第 342 页。
② 同上书，第 1043 页。
③ 同上书，第 1044 页。
④ 同上书，第 345 页。
⑤ 《邓小平文选》第三卷，人民出版社 1993 年版，第 355 页。

土地规模不足 10 亩，不少地区由于土地的肥沃程度和远近距离问题，农户承包的土地不集中，多数农户的承包地分散为几小块。90% 左右的农户养肉牛数量在 2 头以下，93% 左右的农户养猪数量在 10 头以下，80% 左右的农户养羊数量在 10 只以下。这种小规模分散经营难以实现农业现代化。承包经营权向专业大户、家庭农场、农民合作社、农业企业集团流转，是推动农业实现规模经营的根本途径，有利于推动我国现代农业生产力发展，有利于实现农业现代化。

再次，鼓励承包经营权流转是培育新型农业经营主体的需要。农业规模化经营的主体即"谁来经营"的问题，已经摆在农业生产议事日程的突出位置。目前，农业产业人员存在"三化"趋势，即"老龄化"、"女性化"、"文化程度低化"。随着农村劳动力向城市转移的"农民工"队伍不断壮大，从事农业生产的年轻人越来越少，农业生产者老龄化趋势日趋加快。据第二次农业普查结果看，全国农业劳动者 30% 以上已超过 50 岁。就 50 岁以上农业劳动者比重来看，第二次农业普查比第一次农业普查时上升了 14.4 个百分点，平均每年上升 1.44 个百分点。如果 2016 年进行第三次农业普查，估计农业从业人员的人均年龄要超过 50 岁。联合国有关机构把 45 岁以上的劳动力称为老年劳动力，老年劳动力的比重超过 15% 时，劳动力结构为老年型结构，据第二次农业普查我国农业劳动力年龄结构已明显处于老年型结构。农村劳动者队伍的女性化趋势也比较严重。根据第二次农业普查，农业从业人员中，女性占 53.2%，超过男性 6.4 个百分点。还有农业从业人员文化程度低化的发展趋势，也使人们担忧，根据第二次农业普查公布数据显示，具有小学文化程度和文盲半文盲的农村劳动力已超过 50%。农业生产主体的"三化"状况，成为制约农业生产力发展的"瓶颈"，突破这一"瓶颈"的唯一办法就是培育新型农业经营主体。适合我国目前农业生产的经营主体是专业大户、家庭农场、农民合作社、农业企业集团等。农民的承包经营权向这些经营主体流转，有利于推动我国农业的规模化经营，从而推动农业生产力发展并实现可持续发展。

最后，鼓励承包经营权流转是提升农业竞争力的需要。当前，我国农业生产不具有国际竞争力，究其原因，很明显是小规模分散经营造成的。因此，规模经营是提高农业市场竞争力的重要条件，是深化农村改革的重要途径。据联合国粮农组织研究表明，如果种植经济作物，其种植规模不低于 170 亩，如果种植粮食作物，其种植规模不低于 300 亩，才具有较好的经济效益，才使得农业具有市场竞争力。承包经营权向专业大户、家庭农场、农民合作社、农业企业流转，通过实现规模经营增加农民收入，这是提高农民净收益和农业市场竞争力的根本举措。

综上所述，农民的土地承包经营权问题是农村改革的实质和核心问题，也是从中央到地方一直十分重视的问题。党的十七届三中全会决议指出："完善土地承包经营权权能，依法保障农民对承包土地的占有、使用、收益等权利。加强土地承包经营权流转管理和服务，建立健全土地承包经营权流转市场，按照依法自愿有偿原则，允许农民以转包、出租、互换、转让、股份合作等形式流转土地承包经营权，发展多种形式的适度规模经营。有条件的地方可以发展专业大户、家庭农场、农民专业合作社等规模经营主体。土地承包经营权流转，不得改变土地集体所有性质，不得改变土地用途，不得损害农民土地承包权益。"[1] 党的十八届三中全会决议指出："建立农村产权流转交易市场，推动农村产权流转交易公开、公正、规范运行。"同时提出"鼓励承包经营权在公开市场上向专业大户、家庭农场、农民合作社、农业企业流转，发展多种形式规模经营"[2]。土地承包经营权的确立、实施、变更、流转等一系列问题的正确处理，是解决"三农"问题的关键之所在，是调动农民积极性的关键之所在，是促进农村改革向纵深发展的关键之所在，是提高农业生产力水平的关键之所在。

（四）建立土地增值收益分配机制

为在承包经营权流转过程中保障农民权益，《决定》明确了建立土地增值收益分配机制的任务。具体表现为：三个建立、四个完善、两个健全。"三个建立"是指"建立兼顾国家、集体、个人的土地增值收益分配机制，建立农村产权流转市场，建立财政转移支付同农业转移人口市民化挂钩机制"。"四个完善"是指"完善对被征地农民合理、规范、多元保障机制，完善农产品价格形成机制，完善粮食主产区利益补偿机制，完善农业保险制度"。"两个健全"是指"健全农业支持保护体系，健全农村留守儿童、妇女、老年人关爱服务体系"。

---

① 《十七大以来重要文献选编》上，中央文献出版社 2009 年版，第 674 页。
② 《中共中央关于全面深化改革若干重大问题的决定》，《人民日报》2013 年 11 月 16 日。

　　党的十八届三中全会《决定》明确规定农村土地承包关系保持长久不变，农民对承包地具有占有、使用、收益、流转的权益，其承包经营权具有抵押、担保、入股等权能，农民的土地使用权作为用益物权受到法律保护。做到这些，至少具备"四个有利于"，即有利于完善农民与土地的关系，有利于维护农民土地权益，有利于完善农地的生产经营功能，有利于促进农业经济的发展。我国农村及城市周边地区的耕地属于集体所有，在 20 世纪的改革中，农民通过分田到户具有了承包地（耕地、林地、草地）的承包经营权利。另外，不少地区的"四荒"（荒山、荒沟、荒丘、荒滩）通过招标、拍卖、公开协商等方式让农民自愿承包，这样一部分农民就获得了集体"四荒"的承包经营权。对这两部分土地来说，农民实际上获得的是土地使用权。农村宅基地的所有权是集体所有，不论是上辈继承传下来的，还是新调整分配的，农民对其拥有的也是土地使用权。所以，目前农民拥有的土地使用权主要有两部分，一部分是责任田（耕地、林地、草地）的土地使用权，另一部分是宅基地使用权，部分农民还有承包经营的"四荒"土地的使用权。按有关法律规定，土地承包经营权属于用益物权，但《物权法》规定，耕地、宅基地等集体所有的土地使用权不能抵押，因而使得农民对承包土地拥有的用益物权的权能有缺陷。党的十八届三中全会《决定》将抵押担保权注入土地承包经营权权能，完善了农民对承包土地拥有的用益物权。这样，农民对责任田、宅基地的承包经营权能包括占有、使用、收益、抵押、担保等权能，可以通过转包、出租、互换、转让、入股等流转方式参与规模经营。盘活土地使用权的同时，为农民享受土地增值收益分配的应得份额奠定了坚实基础。因此，建立合理的土地增值收益分配机制，使农民享有土地增值的收益权益，是保障农民权益的迫切需要，受到农民广泛欢迎。

　　近年来，林地承包经营权实施抵押、担保的实践，得到了农民的支持，并获得了巨大成功。2003 年中共中央、国务院发布《中共中央、国务院关于加快林业发展的决定》（中发〔2003〕9 号），规定了林地使用权可抵押、担保、入股和作为合资、合作的出资或条件。2008 年又发布了《中共中央、国务院关于全面推进集体林权制度改革的意见》（中发〔2008〕10 号），规定了林地承包经营权人可依法对拥有的林地承包经营权和林木使用权进行转让、入股、抵押。我国的林区贯彻了中央精神，使中央规定变成了现实，使农民获得了很好的经济效益。另外，赋予农民土地承包经营权抵押、担保权利的政策，保障了农民在土地流转之后的土地收益权利，诸多地方在使用农民承包土地过程中，以地亩为基数每年补贴农民数千元不等，保障了农民权益。

（五）完善改革的制度保障

制度建设是农村深化改革的重要保障。《决定》主要提出了有关农村发展的四个方面的制度改革，即改革完善农村宅基地制度；改革农业补贴制度；完善集体林权制度改革；加快户籍制度改革。就农村宅基地来说，《决定》指出，"保障农户宅基地用益物权，改革完善农村宅基地制度，选择若干试点，慎重稳妥推进农民住房财产权抵押、担保、转让，探索农民增加财产性收入渠道。"就农业补贴来说，《决定》指出，"健全农业支持保护体系，改革农业补贴制度，完善粮食主产区利益补偿机制"。就集体林权来说，《决定》指出，"健全国有林区经营管理体制，完善集体林权制度改革"。就户籍问题来说，《决定》指出，"创新人口管理，加快户籍制度改革，全面放开建制镇和小城市落户限制，有序放开中等城市落户限制，合理确定大城市落户条件，严格控制特大城市人口规模"①。

《决定》还就统筹城乡发展做出了五个方面的规定。一是统筹城乡基础设施建设和社区建设，《决定》指出，"统筹城乡基础设施建设和社区建设，推进城乡基本公共服务均等化"。二是统筹城乡义务教育资源均衡配置，《决定》指出，"统筹城乡义务教育资源均衡配置，实行公办学校标准化建设和校长教师交流轮岗，不设重点学校重点班，破解择校难题，标本兼治减轻学生课业负担"。三是完善城乡均等的公共就业创业服务体系，《决定》指出，"完善城乡均等的公共就业创业服务体系，构建劳动者终身职业培训体系"。四是整合城乡居民基本养老保险制度、基本医疗保险制度。五是推进城乡最低生活保障制度统筹发展。《决定》指出，"坚持社会统筹和个人账户相结合的基本养老保险制度，完善个人账户制度，健全多缴多得激励机制，确保参保人权益，实现基础养老金全国统筹，坚持精算平衡原则。推进机关事业单位养老保险制度改革。整合城乡居民基本养老保险制度、基本医疗保险制度。推进城乡最低生活保障制度统筹发展"②。

---

① 《中共中央关于全面深化改革若干重大问题的决定》，《人民日报》2013 年 11 月 16 日。
② 同上。

（六）推进城乡要素平等交换和公共资源均衡配置

《决定》要求"推进城乡要素平等交换和公共资源均衡配置"，为实现城乡一体化发展提供了契机。城乡一体化要求建立新型的工农关系和新型的城乡关系，形成以工促农、以城带乡、工农互惠的城乡一体化发展新局面。达到此目的的基本前提是实现城乡要素平等交换，坚实基础是实现公共资源均衡配置。

1. 城乡要素平等交换

城乡要素平等交换主要是指推动土地、资金、劳动力等这些生产要素在城乡之间的平等交换。

首先，土地作为农业生产的基本要素，必须实现城乡之间的平等交换。过去，在农村土地征用中农民补偿过低，体现了城乡之间的不平等。通过农地承包经营权权能的逐步健全，可以克服和避免这些情况的发生，保障农民公平享有土地增值的收益。

其次，劳动力是各种生产的根本要素，必须实现城乡之间的平等交换。可是在现实中，农民进城成为农民工，从事各种繁重、危险、污染严重等重体力劳动，其待遇低且不能按时享受，拖欠工资之事时有发生，这种工农差别至少表现在三个方面：其一，"农民工"与"城市工"的名称上的不平等，不能以户籍所在地的不同而形成不同的称谓，当然农民工不十分在意这些，其更加在意的是待遇问题。其二，按理说农民工从事的是城市工不愿意从事的工种，即繁重、危险、污染严重的工作，可是工资待遇很低，这种实质上的不平等损伤了农民劳动力的权益。其三，农民工与城市工的同工不同酬的问题，即工资数额一样，各种奖金、福利待遇也不一样，甚至差距很大，这种实际存在的不平等，实质是劳动力要素在城乡之间的不平等交换。

最后，资金作为农业生产与扩大再生产的关键要素，必须实现城乡之间的平等交换。目前，从我国诸多省份的资金流向来看，存在着城乡之间严重不平等现象。我国普遍存在农民"贷款难"的问题，究其原因就是农村存款资金大量流入城市建设和非农产业，这是不争的事实。改变这种情况，要健全农村金融服务渠道，完善农村金融服务体系，使金融机构从农村吸收的存款主要用于农村建设和农业生产的发展。同时，鼓励引入社会资本扶持农村建设，鼓励工商业投资农业经营，以此弥补农村储蓄资金外流带来的负面影响。响应中央号召，全国各行各业都要积极支持农村建设，有条件的工商企业可投资农业，为农村生产发展特别是农业生产力水平提高注入活力。

2. 城乡公共资源均衡配置

城乡公共资源均衡配置是指强化农村的教育、卫生、文化和社会保障等公共资源的配置，以实现城乡之间的资源配置均衡化。鼓励工商企业采取投资筹资的形式，在农村兴办医疗卫生、文化旅游体育等事业；鼓励社会组织采取捐款捐助的形式兴办社会福利、社会服务等事业；鼓励社会有志之士在农村举办教育培训和提供技术支持来发展农业；疏通各种渠道，采取多种投资方式建设农村生产生活基础设施，积极支持农村发展和社会繁荣。

城乡公共资源均衡配置的一个重要方面是实现城乡基本公共服务均等化。各级政府要统筹城乡基础设施建设，加大公共财政在农村基础设施建设方面的覆盖力度，制定和采取得力措施，使生产生活基础设施建设的投入向农村倾斜。加大农村社区公共服务的建设力度，大力推动农村社会事业的发展。统筹城乡义务教育资源均衡配置，加大农村教育经费的投入力度，提高农村学校教师的工资待遇，改善办学条件，使农村学生享有与城市学生平等的受教育权利。健全县、乡、村农村三级医疗卫生服务体系，健全新型农村合作医疗制度，加强乡村医疗卫生队伍建设，保障广大农民的身体健康，保护农业生产力，振兴农村经济发展，维护社会安全稳定，促进社会进步。加快农村社会养老服务体系建设，健全城乡居民基本养老保险制度、基本医疗保险制度、城乡最低生活保障制度，同时制定好落实各项保险制度的政策措施，整合资源统筹发展，逐步缩小城乡发展差距。实施农村重点文化惠民工程，丰富农民的精神文化生活，提高农村生活质量，形成良好的村风民风，使农村的精神文明建设再上新台阶。

二 加快新农村建设步伐，促进农业生产力发展

早在 2005 年 10 月，中国共产党召开十六届五中全会，通过了《中共中央关于制定国民经济和社会发展第十一个五年规划的建议》，明确了新农村建设的基本内涵，指出社会主义新农村建设是指在社会主义制度下，按照新时代的要求，对农村进行经济、政治、文化和社会等方面的建设，最终实现把农村建设成为经济繁荣、设施完善、环境优美、文明和谐的社会主义新农村的目标。

（一）加快新农村建设步伐，促进农业生产力发展

社会主义新农村建设包括经济建设、政治建设、文化建设、社会建设、生态文明建设等方面的建设内容。

社会主义新农村的经济建设，主要指在全面发展农村生产、提高农业生产力水平的基础上，建立农民增收长效机制，千方百计增加农民收入。加快现代农业的发展步伐，严格执行保护耕地的政策，确保农作物的播种面积，加快农村土地的保护、整理和复垦。加强农田水利建设，完善建设和管护机制。在优化农田水利设施的基础上，加强田间工程建设，促进农田升级，消除低产田，改造中产田，建设旱涝保收高产田。优化农业产品的品种结构，提高农业产品的单产数量和质量，确保农产品的安全生产。形成具有农村社区特色的以某种农产品生产基地为主导，其他农作物相配套的规模种植的新型农业生产结构。发展优质、丰产、安全、高效的生态农业，形成专业化、标准化、规模化、集约化相统一的农业生产经营模式。各级政府加强宏观管理，如加快农业生物育种创新和推广应用；派遣专业技术人员进行农业生产技术指导；引导村民进行合理施肥等。发展农业生产力，引导村民树立科学种植意识，进行科学种植活动，引进先进的农业生产设备，提高农业生产效率，增加农民的实际收入。大力发展沼气；开发、利用、推广农业太阳能产品，加快农村能源建设，提升可持续发展能力；高质量地加快农村电网改造的速度，尽快满足农业生产需要，满足村民日常用电需求，降低生产成本，提高农业生产效益，优化农民生活质量。

社会主义新农村的政治建设，主要指切实加强农村基层民主制度建设和农村法制建设，在强化农民民主意识的基础上，引导农民依法实行自己的民主权利。农村基层政治建设的关键是建立健全村级干部的选举和管理制度。保证村级干部选举的公正性、公平性和公开性，使之真正选之于民，服务于民。增强对村级干部的培训工作，提高管理能力，提高服务意识，发挥村干部在农业生产技术服务、技术培训、信息服务等各个方面的带头和引领作用。建立村民监督机制，加强村干部管理。提高村干部的各种待遇，以调动村干部为村民服务的积极性。在充分保障村干部待遇的前提下，使村级干部的工作置于上级干部和村民的监督之下，以保证村干部为村民服务的质量。

社会主义新农村的文化建设，主要指在优化农村文化设施建设的基础

上，挖掘农村文化的优势资源，依托农村文化的地方特色，开展多种形式的群众文化娱乐活动，丰富农民群众的精神文化生活。修建图书室和村民活动中心，丰富村民日常文化生活。各级领导干部要重视农村文化建设，把农村文化建设列入各级政府的议事日程。加强农村公共文化设施建设，吸引社会资金投入农村文化事业。有条件的农村社区建立文化活动室，搭建文化建设平台。加强农村文化人才队伍建设，发挥农村有吹、拉、弹、唱等方面文化特长人才的作用，使懂得乐器、通识曲艺的文化人有用武之地。加强相关培训，逐步提高农村文化队伍的整体素质。不断加大财政的投入力度。投入文化政策性资金，为农村社区文化活动室、室外健身场所等农村文化基础设施建设提供资金保障。文艺工作者要深入乡、村巡回演出，深入农村，流动服务，助推农村文化普及工作，提高农民群众文化活动质量。

社会主义新农村的社会建设，主要指保障农村公共事业的公共财政投入，发展农村义务教育，稳定农村职业教育，建立和健全医疗卫生体系，加大农村社会保障制度建设，使广大农村实现"幼者有所教、老者有所养、病者有所医、居者有其屋"的农村新气象。加大对学校教育的投入，提高教育教学水平。政府加大扶持力度，加强村民科学技术培训，鼓励村民以创业带动就业，促进农民就地、就近就业。政府要提供有效的就业信息服务，引导农村富余劳动力外出务工，通过劳务输出对接的形式，开展劳务输出服务。提高新型农村合作医疗补助标准和报销水平，推进村级医疗服务站的建设，为村民日常医疗提供保障。提高农村社会养老保险基础养老金，提高农村最低生活保障水平，缩小与城镇居民的养老差距。加强农村安全饮水工程建设，普及村民自来水饮用工程。政府加大补贴力度，统筹生产生活基础设施、服务设施和各项公益事业建设。

社会主义新农村的生态文明建设，主要是指发展生态农业，主要包括发展生态林业、草业、花卉业，发展生态渔业，发展生态农作物种植业和观光农业，发展生态畜牧业等。农业生产主要是生产绿色农业食品，为食品深加工提供绿色食品原料。中国作为发展中国家，实现农业现代化首先要开发生态技术，利用现代生态研究的科技成果，发展农业生态工程，实现传统农业生产精华与现代科技研究成果的融合，形成生态环境保护、自然资源利用、农业产品开发、生产力水平提升、效益最佳化等可持续发展的闭环，使得生态平衡与经济发展良性循环，实现经济效益、生态效果、社会效能的统一。利用生态技术，制定和实施综合防治植物病虫害的有效措施，防止各种污染。发展复合型生态经济，实现土地综合开发利用，采取有效措施防止土壤肥力退化，实现陡坡地退耕还林，实现农田废弃地复垦。新农村生态文明建设的重点是解决危害人民群众身体健康的环境问题。如工业废水和城市污水造成的水资源的污染，致使城乡饮用水水源的保护尤为重要，为此，要加强重点河流、湖泊、海域的水污染防治工作，保证城乡居民的安全饮水。再如大气污染问题，目前急需治理。一是防止土地沙化，进行植树造林，防止风沙形成的尘埃对空气的影响和污染。二是防治废物对空气质量的污染。目前我国对工业"三废"的治理力度不断加大，所采取的经济制裁手段使相关企业不敢再明目张胆地排污，可是有的企业利用烘干技术将废水蒸发于大气之中，由对土地以及地下水源的污染转化成对空气的污染，这种由明转暗的做法造成的空气污染比风沙影响更为恶劣，对城乡人民群众身体健康的影响极大甚至达到致命的地步。三是汽车尾气的排放量急剧猛增，必须想方设法治理。20世纪80年代以前，废气通过有限的、高大的烟筒排出而进入空气层，如果空气中水汽颗粒比重大，才能使之返回地面影响人们呼吸的空气层质量。可是，目前的情况不同了，无限的、矮小的汽车烟筒排出的废气直接进入人们呼吸的空气层，致使路上的行人直接吸入肺中，影响身体健康。这不仅影响城镇居民，随着公路的全覆盖，也影响农村居民。各级政府要引起高度重视，加大治理力度，强化农村的生态文明建设。

（二）新农村建设的综合评价体系

党的十六届五中全会《中共中央关于构建社会主义和谐社会若干重大问题的决定》提出了社会主义新农村建设的总体要求，即"生产发展、生活宽裕、乡风文明、村容整洁、管理民主"[1]，简称为"二十字方针"，这既是中央对新农村建设的总体要求，也是新农村建设的总体目标。尽管只有二十个字五个方面，但包含的内容极为丰富，涉及了新农村的经济建设、政治建设、文化建设、社会建设、生态文明建设，五个方面各有侧重又相互联系，形成了社会主义新农村建设的有机整体。

"生产发展"是新农村建设的物质基础，也是新农村建设的中心环节，是加强其他各方面建设的坚实基础。"生产发展"实质就是农业生产

力的发展，就是大力提升农业生产力发展水平。建设社会主义新农村的关键问题就是奠定坚实的经济基础。如果不提高农业生产力发展水平，新农村建设的基础不牢固，城乡一体化建设就会成为空中楼阁。

"生活宽裕"是新农村建设的根本目的，也是新农村建设的核心目标，还是衡量新农村建设的基本标准。在发展农业生产力的基础上，增加农民收入，才能实现生活富裕。也只有农民收入增加了，衣食住行等生活问题才能得到改善，农民生活水平才能真正提高，新农村建设才能取得人民满意的效果。

"乡风文明"是提高农民整体素质的基本要求，也是农村精神文明建设的基本要求。实现乡风文明，必须提高农民整体素质，即提高农民群众的思想政治觉悟，提高农民群众的科技文化水平，提高农民群众的道德风尚。为此，要加大财政投入，促进教育、文化、卫生、体育的等各项事业的蓬勃发展，形成崇尚文明、崇尚科学的村风，形成家庭和睦、生活淳朴的家风，形成友善互助、团结合作的民风，形成民主和谐、稳定有序的乡风。

"村容整洁"是改善农民生存状态的整体环境，是实现人与自然和谐发展的必然要求。村容村貌是展现新农村建设成就的窗口，社会主义新农村是呈现在人们眼前的优美整洁的新风貌，不是脏乱差的状况；是农民群众居住条件的改善，不是土坯房、危房随处可见；是农民群众安居乐业，不是荒无萧条的景象。"村容整洁"是新农村建设最直观的表现，是首先映入人们眼帘的图画。

"管理民主"是健全村民自治制度的根本保障，而健全村民自治制度是新农村建设的政治任务。管理民主集中体现了对农民群众政治权利的尊重和维护。只有进一步扩大农村基层民主，完善村民自治制度，真正让农民群众当家做主，才能调动农民群众的积极性，真正建设好社会主义新农村。

三　推进新型城镇化建设，优化农业生产力发展环境

所谓新型城镇化建设是指坚持以人为本，以新型工业化为动力，以统筹兼顾为原则，推动城市现代化、城市集群化、城市生态化、农村城镇化，全面提升城镇化建设质量和水平，走科学发展、集约高效、功能完善、环境友好、社会和谐、个性鲜明、城乡一体、大中小城市和小城镇协调发展的城镇化建设的道路。过去的城镇化建设，片面追求城市空间的扩张，片面注重城市扩容和规模扩大，新型城镇化建设之所以称为"新型"，就是要改变过去扩大外延的做法，以内涵发展为主，凝聚良好的城镇文化氛围，提升城镇的公共服务质量，真正把我国城镇建设成为环境优美、生活舒爽的适宜人们生活的高品质居住地。

新型城镇化建设的特色就是要由偏重城市发展向注重城乡一体化发展转变。以前的城镇建设严重地存在"重城轻乡"、"城乡分治"的弊端，新型城镇化建设首先必须克服这些弊端，形成城乡一体化共同发展的新格局。这就要求进行城乡整体改革，不但城乡改革共同推进，而且要进行户籍制度、保障体制、就业机制等综合配套改革。"在发展规划、产业布局、基础设施、公共服务、劳动就业、社会管理等方面加强城乡统筹"①，实施一体化建设，提升新农村建设的整体水平。我们要克服新型城镇化建设中的片面认识，城乡一体化既不是消灭乡村，也不是降低城市的生活标准，是通过新型城镇化建设，提高农民的收入，使之有条件提升生活水平，让农民在生活条件、居住环境上与城市居民共享改革发展的成果。

推进新型城镇化建设有利于破解经济可持续发展的"瓶颈"。过去我们以经济建设为中心，则过分偏重经济发展，没有注重支撑经济发展的合力体系建设，经济发展过分依赖工业化，依赖乡镇企业的发展，致使经济发展后劲不足，制约了经济可持续发展。在加速新型城镇化建设进程中，必须注重经济和社会的协调发展，注重工业现代化发展的同时，注重农业现代化、现代服务业等多方面的合力发展。为加强新型城镇化建设，必须转移符合条件的农业人口，使之在城镇就业和落户。除了改革户籍制度，使进城农民真正转变为城镇居民而融入城镇之外，还要加强城市基础配套设施建设，发展服务业，建立公共租赁住房制度，建立进城务工人员住房保障制度，增强经济发展的综合支撑能力。具体来说，对进城务工农民的就业、居住、就医、子女入学入托教育问题等，要统筹规划，切实加以重视，采取切实可行的解决措施，让他们在生活方式、居住环境上享受与城市居民同等待遇。实现各项社会事业的协调发展，为经济发展注入活力。

新型城镇化建设是现代化建设的基本内容，实现现代化的国家都是工业化国家，城镇化率高，农业现代化也达到相当水平。我国已进入工业化中期，但仍将长期处于发展中国家行列，作为 13 亿人口的大国，实现现代化在人类历史上没有先例，需要立足国情，探索前进，走工业化、城镇

---

① 《十七大以来重要文献选编》上，中央文献出版社 2009 年版，第 78 页。

化、农业现代化协调发展的路子。

新型城镇化建设是拉动内需挖掘潜力的基本策略，众所周知扩大内需能强有力地拉动经济发展，所以党的十八大把实现城镇化排在重要位置。我国城镇化率的比率接近50%，但是按照户籍人口计算不足35%，明显低于发达国家和许多同等发展阶段国家的70%—80%的水平，城镇化发展潜力巨大。未来二三十年的城镇化发展历程，任务十分艰巨，预计每年将有1000多万人口转移到城市，必将持续释放巨大内需，这就构筑起了中国经济长期平稳并较快发展的支撑体系。

新型城镇化建设是复杂的系统工程。当前，我国发展不平衡的突出表现是存在着较大的城乡差距，就城市自身而言，也存在着居住条件极差的棚户区，也存在着生活无保障的困难户，还存在着融入城市的农民工成为棚户区的新住户和新困难户的可能性。这些问题处理不好，就会阻滞工业化、现代化、城镇化的发展进程。近年来，我们采取了诸多措施，大力实施保障性安居工程，部分棚户区得到改造，还采取措施抑制房价过快上涨，既可惠民生、促发展，又防止抬高城镇化门槛，同时调节了收入分配，促进了社会公平正义的实现。

推进城镇化建设，要始终保障粮食的安全生产。我国人口众多的现实告诉我们，不管任何时候都要立足国内，自己解决吃饭问题，这是农业现代化的首要任务。没有农业发展，就难以支撑工业化、城镇化，必须严格保护耕地，夯实解决"三农"问题的根基。新型城镇化建设需要统筹规划布局。要遵循经济运行和社会发展规律，要考虑全面推进现代化建设的要求，要注意城乡一体化发展，要按照空间均衡推进的要求，促进大中小城市协调发展，以及它们与小城镇的协调发展。从我国实际出发，逐步缩小东西部地区差异，提升东部城镇化质量，对中西部条件较好的地区，要加快培育和建设新城市群。

四 转移农村剩余劳动力，促进农民增收农业增效

随着农业生产力的发展，农业机械化程度的提升，农村出现了剩余劳动力，部分农业生产者有了剩余劳动时间，农闲时外出务工的现象普遍存在。转移农村剩余劳动力就是逐步把符合条件的农业转移人口转为城镇居民，推进农业人口市民化，支撑城镇化建设。这需要加快户籍制度改革，稳步推升城镇常住人口的数量和比率，加速城镇化进程。农民进城之后，需要解决衣食住行、子女上学就业问题，需要解决最低生活保障等问题。

这就必然要求实现农村养老保险、医疗保险与城镇社保体系接轨，采取措施把进城落户农民纳入城镇住房和社会保障体系，这是推进农业转移人口市民化的创新做法，必将加快城镇一体化建设进程。

推进农业剩余劳动力转移进入城镇，以实现农业人口市民化，是我国新型城镇化建设的重要任务，是我国实现工业现代化、农业现代化必须解决的关键问题。所谓城镇化，就是伴随着工业化进程的推进，农业人口转向非农产业、转向城镇，从而使得城镇人口数量不断增加、城镇规模不断扩大、城镇人口比重不断提高的历史过程。世界历史发展表明，实现现代化必须经过城镇化阶段，世界上没有一个国家不经过城镇化而实现现代化的。就是说没有农业转移人口的市民化，也就没有城镇化的实现。所以，城镇化是现代化的重要内容和必经阶段。一般认为，发达国家的城镇化率要超过70%。改革开放以来，我国城镇化发展较快，但总体上看，城镇化质量不高，人口城镇化速度远远慢于土地城镇化，造成了农业转移人口市民化滞后的局面。据统计，2000年至2010年的十年间，全国城市建成区面积增长了78.5%，而同期城镇人口只增长了45.9%。2012年，我国按城镇常住人口计算的城镇化率达到52.6%，而按城镇户籍人口计算的城镇化率只有35.3%，二者相差17.3个百分点。2000—2012年，户籍人口城镇化率和常住人口城镇化率的差距由10.5个百分点扩大到17.3个百分点。其主要原因是半城镇化状态严重，大量农业转移人口虽然被统计为城镇人口，但没有在城市稳定就业，不能长期在城市生活，也没有获得城镇居民身份，因此无法在医疗与社会保障、子女教育与就业、住房等公共服务方面享受与城镇居民均等的待遇。所以，加快推进农业剩余劳动力转移，促进农业转移人口市民化率的快速提升，是我国城镇化健康发展的迫切需要，也是我国经济社会可持续发展的迫切需要。

建立相应的制度和体制机制，推进农业转移人口市民化。首先，加快户籍制度改革。放开小城市和建制镇人口落户的限制，放松中等城市人口落户的限制，降低大城市落户的条件，控制特大城市人口规模。其次，稳步推进城镇基本公共服务常住人口全覆盖，统筹城镇住房和社会保障体系，实现养老保险、医疗保险、失业保险、工伤保险等基本社会保障对农业转移人口全覆盖。在基本住房保障、子女就学、公共卫生等方面享有同城镇居民相同的待遇。最后，建立完善市民化成本分担机制。中央和省级财政要加大人口市民化的资金投入，以常住人口作为财政转移支付的预算和分配依据，对吸纳农业转移人口多城镇的公共服务设施建设给予支持，增强城镇公共产品供给与服务能力。

五 加快农业技术创新，激发农业生产力发展内在活力

中国是农业大国，农业作为国民经济的第一产业是我国经济发展的基础产业。长期以来，农业发展取得了重大成就，为我国经济社会的持续、稳定和健康发展提供了强有力的支撑作用。但是，我们应该清醒地认识到，全国农业生产力发展水平不高，农业科技水平还较低，与世界发达国家相比还有很大差距。仅就农业科技进步对国民经济的贡献率来说，发达国家在60%—70%，而我国只在30%左右，相比之下，我国农业科技创新能力严重不足，提升农业科技创新能力具有很大空间。因此，发展农业生产力，提升农业科技创新能力，加快农村经济的可持续发展具有重要的现实意义。

农业科技创新是指新产品、新技术、新管理方法和新生产组织模式的产生及应用所引起的农业生产要素重新组合、农产品产出量增加、供应能力增强、生产成本降低、农业服务水平改善等一系列创新创造过程。农业科技创新包括科技新思想的产生、科学知识的研究、科学技术的研发应用、科技产品的开发生产，如此等等，一系列复杂的创造过程。

实现农业生产力的可持续发展，确保农业生产丰收，长期稳定农产品供给，根本出路在于科技创新。改革开放以来，我国农业科技有了突飞猛进的发展，农业科技创新取得了很大的成就，诸多方面已经接近世界先进水平或者处于世界领先地位。尽管我国农业科技水平有了明显提高，农业科技创新对农村经济发展和社会繁荣的贡献巨大，但同发达国家相比，在诸多领域仍有很大差距。所以，我国要加快农业科技创新的步伐，才能在21世纪中叶实现农业现代化。

加快农业技术创新，建立国家农业科技创新体系。农业科技创新体系是实现农业现代化的关键，也是把科研成果转化为现实生产力的重要保障。设立农业科学研究基金，支持农业科技创新。尽快建立以乡镇为基础的农业科技推广体系，培养专门的农业科技推广人员，保证新的科学技术及时传授给农民。推广普及农业先进实用技术，将农业科学技术传入千家万户，如作物栽培技术、病虫害防治技术等。只有农民掌握和运用先进的科学技术，农业生产才能出现巨大飞跃，农业生产力才能实现可持续发展。

加快农业技术创新，加强农业科学技术研究。一是要立足当前，着眼长远，统筹规划，制订和完善农业科研规划，紧紧围绕农业现代化建设急需解决的一些重大课题，组织力量攻关。二是加强农业科研院所与农业高校的合作，充分发挥农业科研院所和高校在农业科技创新方面的引领作用。三是要加强生物技术的基础性研究，农业重大技术的应用研究，农用工业的开发研究。

加快农业技术创新，大力发展农业科技教育。采取优惠政策和吸引学生报考农业院校，培养农业科技人才，并采取一定的政策鼓励农业大学毕业生到农村基层去，为农业科技创新注入活力。抓好农民技术培训，特别要重视对农业劳动者的技术与技能培训，把提高农民素质作为科教兴农、发展现代农业的一项重大措施。只有这样，农业科技教育才能更好地促进社会主义新农村建设，成为农业生产力可持续发展的强力支撑。

六 加强农业综合生产能力建设，提升农业生产力发展水平

农业综合生产能力是指一个国家或地区在一定时期内农业再生产过程中形成的农业生产各种要素的综合产出水平。农业综合生产能力所外在的综合产出水平一般表现在三个方面，一是农产品的物质形态，即粮食、油料、肉蛋奶、蔬菜等物质实体；二是农产品的价值形态，即农业产值、农业收入等用货币计算的价值量；三是农业生产者创造的生产再生产和生存生活的生态环境。加强农业综合生产能力建设，对改革进入攻坚阶段的中国经济社会发展具有十分重要的意义。

加强农业综合生产能力建设是夯实国民经济持续发展基础的根本要求。从已经进入发达国家行列的诸多国家的发展经验教训来看，经济发展水平与农业所占比重成反比例关系，与农业的基础地位成正比例关系。就是说经济越发达，农业占 GDP 的比重越小。尽管如此，农业的基础地位不能削弱。否则会影响经济社会发展的大局。如美国，在长达百年的经济增长过程中，农业生产没有萎缩，基础地位没有削弱，使得国民经济得到持续发展。相反，英、德、法、日等国家在经济快速增长时期，由于都出现过长达十年的农业发展停滞状态，而使经济发展受到严重影响。要保持我国经济的持续快速协调健康发展，就必须汲取发达国家的经验教训，大力加强农业综合生产能力建设，夯实农业基础地位，促进农业生产力发展，确保整个国民经济可持续发展。

加强农业综合生产能力建设是促进农村经济快速发展的必然选择。改革开放初期，农业在低产量的基础上增长势头很明显，随着土地产出率的提高，发展空间有限，在亩产吨粮的基础上再提高产量的空间十分有限。加强农业综合生产能力建设，在提高土地产出率的基础上，进行农产品的深加工，为发展效益农业腾出更大空间。加强农业综合生产能力建设，能够提高劳动生产率，同时通过生产效益，节约劳动时间和劳动力，为农村劳动力转移创造条件。加强农业综合生产能力建设，能够提高农业生产的物质装备利用率，促进农业科学技术的应用，提高农业生产力发展水平，提高农业经济管理水平，促进农村经济全面发展和繁荣昌盛。

加强农业综合生产能力建设是确保粮食等农业产品安全的战略举措。我国人口增量和农地减少的矛盾日渐突出，而且在今后相当长的时期内，人口数量不断增加和耕地面积不断减少的趋势不好改变，确保农产品特别是粮食的稳定供给和产品安全成为头等大事。加强农业综合生产能力建设，实质是发展农业生产力、使农产品供给不断适应人口数量的增加，不断适应经济社会发展的需要。

改革开放以来，由于实行家庭联产承包经营，国家逐步加大对农业的投入，农业政策和相关制度不断完善，农业综合产出大幅度提高，解决了长期没有解决的温饱问题，农业综合生产能力建设达到历史最好水平。但总的来看，农业综合生产能力还不高，特别是与发达国家相比还有很大差距，突出表现为：一是物质装备水平低，农业机械化程度不高，农业生产方式落后。二是农业科技水平不高，农业科技贡献率低，现代科学技术还没有得到广泛应用和推广。三是各种生产要素利用率较低，特别是部分农具只是一季使用，三季闲置，还有水资源等生产资料浪费严重。四是生产集约化程度低，农业经营管理方式落后，实质上是粗放经营。五是农业劳动生产率低，产出与投入的比率极不合理，农产品市场竞争力十分有限。如此这般，我国农业综合生产能力建设的任务繁重且势在必行。

面对农业综合生产能力建设的落后局面，综合分析农业发展的各种条件和因素，提高农业综合生产能力潜力巨大。要挖掘潜力，立足中国实际，以农业生产增产、农民收入增加、农产品竞争力增强、农村面貌焕然一新为目标，以农业生产力可持续发展为动力，以突破农业资源缺乏"瓶颈"为核心，以农业经营方式创新为重点，以农业管理体制、机制创新为契机，以加大物质投入和技术投入为重点，大力加强基地建设，全面提升农业综合生产能力。

为了进一步提高农业综合生产能力，我国实施农业综合开发战略，完善和强化扶持农业发展的相关政策，切实加强农业基础设施建设，加快农业科技创新与应用，推进农业和农村经济结构调整，提高农村劳动者素质，促进农村经济社会全面发展和日趋繁荣。

我国实施农业综合开发战略以来，在改善农业基础条件设施、提高农业综合生产能力、扶持农业产业化经营、促进农业生产力可持续发展等方面开展了大量工作，农业综合开发力度不断加大，农业基础设施建设和农业生态环境建设不断加强，有力地促进了粮食连年增产，促进了农民持续增收，促进了农业综合生产能力和可持续发展能力的提高。2014 年我国粮食生产再获丰收，根据国家统计局对全国 31 个省（区、市）的抽样调查和农业生产经营单位的全面统计，2014 年全国粮食总产量 60709.9 万吨，比 2013 年增加了 516 万吨，增长了 0.9%。其中谷物总产量 55726.9 万吨，比 2013 年增加了 457.7 万吨，增长了 0.8%。全国粮食单位面积产量 5385 公斤/公顷，比 2013 年增加了 8.4 公斤/公顷，提高了 0.2%。实践证明，农业综合开发是国家支持和保护农业发展的有效手段，是巩固和加强农业基础地位的重要途径，是提高农业综合生产能力、促进农业生产力可持续发展的重要措施。

农业综合开发作为提高农业综合生产能力、实现农业现代化的重要途径，加大农业综合开发力度，必须强化部门之间的合作，加快推进农业经营方式转变，推动农业科技进步和创新发展。按照高产、优质、高效、生态、安全的现代农业发展要求，加强农业物质技术装备配备，建立健全农业产业体系，增强农业生产的抗风险能力，增强农业产品市场的国际竞争能力，增强农业生产力的可持续发展能力，提高土地产出率，增强农业资源利用率，提高农业劳动生产率，增强农民群众收益率。

加大农业综合开发力度，加强农业综合生产能力建设，要进一步加强农田的高标准建设，大力扶持农业产业化经营，加快推进粮食核心产区和后备产区建设，积极推广先进的农业适用技术，改善和保护农业生态环境，夯实农业发展的基础，落实好各项提高农业综合生产能力的措施，努力推动农村经济再上新台阶。

加强农业综合生产能力建设，是促进粮食增产和农民增收相统一的关键环节，是解决当前矛盾和促进长远发展相统一的关键环节，是加快解决"三农"问题和建设社会主义新农村相统一的关键环节。提升农业综合生产能力，既有利于抵御农业自然灾害，又有利于防范农产品市场风险；既能够提高土地产出率，又能够提升农产品竞争力。加强农业综合生产能力建设，既是促进农业增收增效的基本途径，又是增强农业发展后劲的标本兼治的重要策略。

第三节　解决"三农"问题的根本出路：实现农业生产力的可持续发展

形成"三农"问题的原因是农业经济不发达，制约"三农"问题解决的"瓶颈"是经济实力不强，说到底是生产力发展的问题，特别是农业生产力可持续发展问题。城乡发展一体化是解决"三农"问题的基本途径，城乡二元结构是制约城乡发展一体化的主要障碍，实现农业经营产业化是破解城乡二元结构的重要举措，发展农业生产力是实现农业经营产业化的内在动力。由此可以得出结论，实现农业生产力的可持续发展是解决"三农"问题的根本出路。

一　城乡发展一体化是解决"三农"问题的基本途径

"三农"问题关系到党和国家各项事业发展的全局。党的十八大报告明确提出，解决好农业、农村、农民问题是全党工作的重中之重，城乡发展一体化是解决"三农"问题的根本途径。党的十八大报告还进一步明确指出了推动城乡发展一体化发展的基本方向和着力重点，这就是："要加大统筹城乡发展力度，增强农村发展活力，逐步缩小城乡差距，促进城乡共同繁荣。坚持工业反哺农业、城市支持农村和多予少取放活方针，加大强农惠农富农政策力度，让广大农民平等参与现代化进程、共同分享现代化成果。""加快完善城乡发展一体化体制机制，着力在城乡规划、基础设施、公共服务等方面推进一体化，促进城乡要素平等交换和公共资源均衡配置，形成以工促农、以城带乡、工农互惠、城乡一体的新型工农、城乡关系。"① 我们党把"城乡发展一体化"作为解决"三农"问题的根本途径，是新形势下解决"三农"问题新思路、新方略、新举措，实现

① 胡锦涛：《坚定不移沿着中国特色社会主义道路前进　为全面建成小康社会而奋斗——在中国共产党第十八次全国代表大会上的报告》，人民出版社2012年版，第23页。

了"三农"问题认识上的新突破，形成了解决"三农"问题战略策略的新发展。

我们党明确把城乡发展一体化作为解决"三农"问题的根本途径，从理论上讲，是由工农关系、城乡关系的内在联系决定的。工人和农民之间、工业和农业之间、城市和乡村之间存在着内在的、必然的、有机的联系。从实践上讲，工农、城乡之间千丝万缕的联系使得双方不可分割，相互依赖、相互补充、相互促进。城乡发展一体化，就是实现理论和实践的统一，把工业和农业、城市和乡村作为一个有机统一整体，充分发挥彼此的作用，实现相互促进、共同发展，并在此基础上，充分发挥工业发展带动农业发展的作用，形成城市繁荣辐射乡村繁荣的一体化协调发展新格局。

党的十六大以来是我国农业、农村发展最快，农民得到的实惠最多的时期。究其原因，主要是因为我们党把解决好"三农"问题放在全党工作重中之重的位置，各级政府在党中央城乡发展一体化新格局指导思想的指引下，实施一系列强农、惠农、富农政策，统筹城乡经济社会发展取得巨大成就。还因为国民经济的持续增长增强了统筹城乡发展的经济实力，加上粮食连年增产，农民进城务工、经商的工资性收入连年增长，致使农民人均纯收入连年增长，其增幅出现了超出城镇居民的状况。这充分显示了工农之间、城乡之间经济社会关系所发生的积极变化，呈现了农村欣欣向荣的大好局面。

总之，要推动城乡发展一体化，必须解决好农业、农村、农民问题。解决好农业问题，要"加快发展现代农业，增强农业综合生产能力，确保国家粮食安全和重要农产品有效供给"。解决好农村问题，"坚持把国家基础设施建设和社会事业发展重点放在农村，深入推进新农村建设和扶贫开发，全面改善农村生产生活条件"。解决好农民问题，"着力促进农民增收，保持农民收入持续较快增长。坚持和完善农村基本经营制度，依法维护农民土地承包经营权、宅基地使用权、集体收益分配权，壮大集体经济实力，发展农民专业合作和股份合作，培育新型经营主体，发展多种形式规模经营，构建集约化、专业化、组织化、社会化相结合的新型农业经营体系。改革征地制度，提高农民在土地增值收益中的分配比例"[①]。

---

① 胡锦涛：《坚定不移沿着中国特色社会主义道路前进　为全面建成小康社会而奋斗——在中国共产党第十八次全国代表大会上的报告》，人民出版社2012年版，第23页。

二　城乡二元结构是制约城乡发展一体化的主要障碍

推进我国城乡发展一体化，必须破除城乡二元结构这个主要障碍。城乡二元经济结构一般是指以社会化生产为主要特点的城市经济和以小生产为主要特点的农村经济并存的经济结构。城乡二元结构有其中国特色，主要表现为：一是经济发展模式不同，农村经济的主要发展模式是以家庭为主体的典型农户生产，城市经济的主要发展模式是以企业为主体的现代化大工业生产。二是公共资源配置和基础设施不同，城市的道路、卫生、通信、教育、饮水等基础设施发达，相比之下农村的基础设施相当落后。三是基本公共服务不同，我国的基本公共服务是城乡两天地，诸多服务项目都建在城镇，城镇居民享受着多方面的服务，农村和农民享有的基本公共服务与城镇和城镇居民相比，明显滞后而造成的差距在某些农村可谓天壤之别，因而造成了农民不能平等参与现代化进程、不能共同分享现代化成果的局面。四是人均消费水平不同，众所周知，城市人的消费状态与农村人的消费状态不是一个概念，两者的消费水平相去甚远。五是同是居民但身份不同，中国的户籍制度把城镇居民和农村居民从身份上分为两个截然不同的社会群体，因户口簿中农民被登记为农业户口，城镇居民被登记为非农业户口，户口的正负两个概念把中国居民人为地在性质上分为农业户口和非农业户口，两种户口还不能自由转换，就是说农业户口不能自由转换为非农业户口，反之亦然。尽管目前有大量农民进城务工不再从事农业生产了，大部分时间都居住在城市，但在城乡二元户籍制度下，也不能在城市落户转变成非农业户口，不能真正获得市民身份而融入城市，即使在城市长时间居住，也无法在就业、住房、医疗、子女教育、社会保障等公共服务领域享受和非农业户口的城镇居民相同的待遇。如此等等，造成了诸多不平等。

城乡二元结构制约着城乡发展一体化发展。城乡二元结构的存在，导致城乡之间诸多的差距和不平等。首先是公共资源配置不均衡，致使农村人口饮水不安全，农村公路不畅通，部分农村还没有通电，电话、网络没有全覆盖。其次是城乡基本公共服务不均等，农村义务教育生均经费低，人均医保支出少，农村医院卫生技术人员数量少且水平不高，合作医疗补助标准低，低保标准明显低于城镇，社会养老保险补助低。再次是农业基础仍然薄弱，农村发展仍然滞后，农民增收幅度有限，年人均纯收入低于2300元的扶贫对象大有人在。最后是进城务工的农民工，与城镇职工同工不同酬，长期游离在城乡之间，合法权益得不到保护，等等。所以，我们得出结论，制约"三农"问题解决的深层次矛盾是城乡二元结构。因此，必须加大统筹城乡发展力度，破解城乡二元结构，缩小城乡差距，推动城乡发展一体化，更好地解决"三农"问题。

党的十八届三中全会做出的《中共中央关于全面深化改革若干重大问题的决定》明确提出，城乡二元结构是制约城乡发展一体化的主要障碍。必须健全城乡发展一体化体制机制，形成以工促农、以城带乡发展格局，形成工农互惠、城乡一体的新型工农城乡关系，让广大农民平等参与现代化进程、共同分享现代化成果。

实现城乡发展一体化，是经济社会发展内在规律决定的。从理论上讲，经济社会发展是一个有机统一整体。工业和农业的发展使人们有了职业的分工，有了农民和工人的不同职业。人们居住环境不同，有了城市和农村的差别。在人类劳动的历史上，农业和工业成为社会发展的两大支柱产业。在人类栖息居住的历史上，农村和城市是人类经济社会活动的两大基本区域。工业和农业之间、城市和农村之间存在着差别是大家有目共睹的，但其内在联系特别是相互促进的关系也是现实所不容忽视的。农业发展离不开工业的带动，工业发展也离不开农业的支持。如果把农业与工业割裂开来，它们相互失去对方的支持，都不可能健康发展。同样的道理，农村发展离不开城市的辐射，城市发展也离不开农村的促进作用。城市和农村作为一个有机统一整体，相互促进才能共同发展。只有城乡发展一体化，才能实现农业和工业、农村和城市的可持续发展，才能实现经济社会的持续健康发展。

三　实现农业经营产业化是破解城乡二元结构的重要举措

城乡二元经济结构是以社会化大生产为主要特点的城市经济和以小生产为主要特点的农村经济并存的经济结构。城乡二元结构体制是我国经济和社会发展中存在的一个严重障碍，超越和突破这一障碍的重要举措在发展农村经济的基础上实现农业经营产业化，转变农业经济增长方式，提高农业劳动生产率，优化第一产业结构，促进第二、第三产业的发展，从而提高农业生产的经济效益，提高农村经济的社会效益，实现农民利益的最大化，缩小城乡差距，解决我国城乡二元经济结构的矛盾。所以，农业经营产业化是破解城乡二元结构的重要举措。

所谓农业经营产业化是指农业由非组织的、分散的家庭经营向有组织的、集中的规模经营转变的农业生产发展模式。这种模式的突出特点是按社会化大生产方式组织农业生产经营，在这种模式下，将会实现农业生产由分散向集中转变，农业经营由粗放型向集约型转变，农业管理由无组织向有组织转变。最终达到农业增效、农民增收和农村发展的目的。

学术界、理论界对农业经营产业化的定义存有颇多争论，大家比较认同并表述比较全面的观点是：以经济效益为中心，以主导产品为重点，以市场为导向，优化组合各种生产资源，实行区域化布局、专业化生产、规模化经营、系列化加工、社会化服务、企业化管理，形成生产加工、产供销一体化的现代化产业经营方式。简单地讲，农业经营产业化是现代农业的一种综合经营方式，是最大限度地发挥市场配置资源的作用，使农业实现规模化、标准化、区域化、集约化、产供销为一体的产业化生产经营模式。

农业经营产业化与一般农业生产的区别在于实现农业与市场的对接，引导农民进入市场，发展商品生产，实施规模化经营。理解"产业化"概念，需搞清什么是"产业"。"产业"本来意义是指国民经济的各种生产部门，有时也专指工业，泛指各种生产物质产品、提供服务劳动的企业或组织。它是一个"集合概念"，是具有同一属性或生产同一类产品的企业或组织的集合。"化"是大体相同的意思。"产业化"是指具有同一属性或生产同一类产品的企业或组织集合成为一定规模，既完成量的集合又实现质的变化。由此我们可以得出结论，农业经营产业化是指以市场为导向，以效益为中心，对某一类农业产品实行区域化布局、专业化生产、一体化经营、社会化服务和企业化管理的生产加工销售"一条龙"的贸工农一体化生产经营方式。

农业是人类历史上最古老的产业。农业是人类通过自身的劳动，利用生物机体的生命活力，把外界环境中的有机物质和能量转移和再转移为人类所需的物质产品的生产部门，它包括种植业、林果业、畜牧业、渔业等。人类之初，以刀耕火种、采集狩猎的劳动方式，利用原始的、现成的生物机体物质和能量的转换，生产人类所需的物质产品，主要表现为生产过程。随着生产力的发展，出现了小农经济或自给自足的传统农业，在原始的、现成的生物机体物质和能量转换的基础上，依据生物机体的生命特征和规律创设适应生物物质和能量转换的环境，生产人们需要的生产和生活资料。在这一阶段出现了产前的生产准备过程。到了近代，人们利用科学技术促使生物机体物质和能量的转换，不仅生产的产品数量增加，而且质量优化了；不仅生产过程的作用凸显，而且产前的各种准备和产后的后续加工都显得十分重要。适应农业生产"产前、产中、产后一体化"发展的客观要求，必然有新的生产模式相适应，农业经营产业化就应运而生了。

农业经营产业化的本质是集约化、市场化、社会化，农业经营产业化的基本经营形式是一体化，即实现农工商或贸工农一体化经营，形成外连国内外市场、内连农户的"一条龙"产业体系。农业经营产业化具有"五化"特征①，一是生产专业化。农业生产过程中，实现主导产业和特色产品布局专业化，做到每个生产、加工、销售环节专业化，形成种养加、产供销、农工商、服务网络为一体的专业化生产。二是经营集约化。形成农业产业化经营体系，实行劳动密集型、劳动技术密集型、技术资金密集型和资金密集型集约化经营，利用有限的农业资源，创造尽可能多的物质财富，实现高产出，提高经营效益。三是质量标准化。建立健全农产品质量标准体系和质量监督管理体系，实行农业标准化生产，提高农产品的质量安全水平，增强农产品的市场竞争力。四是管理企业化。采用工业化的思维谋划农业管理理念，利用工业化的手段发展农业，按照办企业的要求确定农业生产经营组织，为发展现代农业开辟了企业化途径。五是经营一体化。通过龙头企业的带动，将产前、产中、产后诸环节连接而成为"一条龙"生产链，同"农工商、产供销一体化"的经营链融为一体，形成现代农业的产业化运行机制。通过一体化的利益机制，把贸工农、农工商连为一体，这就形成了城镇与农村相连的"龙头"与"龙身"一体的龙形经济发展结构，拓展农业发展空间，扩大农产品市场，既有利于农村经济发展，又有利于促进城市化的发展，还有利于打破城乡二元经济结构。

20 世纪 80 年代，农业生产模式改革，实施了以家庭联产承包责任制为基础、统分结合的双层经营方式，调整了农村生产关系，促进了农业生产力发展。这一经营方式改革，没有从根本上改变我国农业传统的生产模式，带有明显的规模小、分散化、非组织化，导致农业生产协同性差，农业经济发展活力不足。特别是发展到 20 世纪末，这种千家万户小规模分

---

① 周文梅、苏向莲：《何为农业产业化经营》，《农民致富之友》2010 年第 3 期。

散经营方式与大市场的矛盾日益突出，严重制约了农业生产效率提高和农业经济发展。为克服这一缺陷，一些地方积极探索与大市场相适应的农业生产经营方式。最早提出农业产业化概念的是山东省潍坊市。1993 年，潍坊市出台了《关于按照农业产业化要求进一步加强农村社会主义市场经济领导的意见》，总结了贸工农一体化等方面的经验，在全国引起了强烈反响。1994 年，山东全省推广潍坊经验，提出了实施农业产业化的构想，在全省范围内加快了农业产业化步伐。

中国共产党第十四届中央委员会第五次全体会议于 1995 年 9 月 28 日通过了《中共中央关于制定国民经济和社会发展"九五"计划和二〇一〇年远景目标的建议》，指出："要在完善以家庭联产承包为主的责任制和双层经营体制的基础上，鼓励土地使用权合理流动，有条件的地方逐步推进土地适度规模经营。要大力发展农业社会化服务体系；逐步壮大集体经济实力，增强乡、村集体经济组织的服务功能；鼓励各种形式的合作与联合，发展联结农户与市场的中介组织，大力发展贸、工、农一体化经营；供销合作社和信用合作社要真正办成农民的合作经济组织，充分发挥它们为农服务的作用。"① 1995 年，《人民日报》、《农民日报》等主流媒体报道了农业产业化的做法，提出"产业化是农村改革自家庭联产承包制以来又一次飞跃"的论断。

1996 年 3 月 17 日第八届全国人民代表大会第四次会议召开，批准了《中华人民共和国国民经济和社会发展"九五"计划和二〇一〇年远景目标纲要》，指出："在完善以家庭联产承包为主的责任制和统分结合的双层经营体制的基础上，鼓励土地使用权依法转让，有条件的地方逐步推进土地适度规模经营。大力发展农业社会化服务体系，逐步壮大集体经济实力，增强乡村集体经济组织的服务功能。鼓励发展多种形式的合作与联合，发展联结农户与市场的中介组织，大力发展贸工农一体化，积极推进农业产业化经营。"② 为进一步推进我国农业产业化进程，中国农学会、农业部农村合作经济指导司、农业部经营管理总站于 1996 年 10 月 6 日至 9 日在山东诸城市召开了"全国农业产业化"研讨会。与会者认为，发展农业产业化是一项涉及全社会的复杂的系统工程，必须坚持以市场为导

---

① 《十四大以来重要文献选编》中，人民出版社 1997 年版，第 1488 页。
② 同上书，第 1848 页。

向，充分发挥资源优势，围绕主导产业，多模式、多类型地推进。1997
年1月31日农业部《关于我国乡镇企业情况和今后改革与发展意见的报
告》提出：深化农村改革，"带动农业的企业化、集约化和产业化"①。
1997年9月12日江泽民在中国共产党第十五次全国代表大会上作了题为
《高举邓小平理论伟大旗帜，把建设有中国特色社会主义事业全面推向二
十一世纪》的报告，指出："深化农村改革，确保农业和农村经济发展、
农民收入增加。要多渠道增加投入，加强农业基础设施建设，不断改善生
产条件。大力推进科教兴农，发展高产、优质、高效农业和节水农业。积
极发展农业产业化经营。"② 1998年3月5日李鹏总理在第九届全国人民
代表大会第一次会议上所做的政府工作报告指出："积极稳妥地发展农业
产业化经营。"③

为解决我国农业经济发展新阶段出现的新问题，客观上要求必须对农
业经营结构进行战略性调整，实现农业的可持续发展。2001年全国农业
产业化现场经验交流会在山东潍坊召开，标志着推进农业经营产业化已成
为我国建设现代农业的重要战略举措。进入21世纪，农业产业化经营开
始在全国范围推广并蓬勃发展，惠农富农效果日益凸显，为推动农村经济
繁荣和农业现代化建设，促进国民经济又好又快发展起到了重要推动作
用。由此可以看出，农业产业化体现了农业先进生产力发展要求，符合我
国农业发展实际和现代农业发展客观规律，是农村改革深化、农村市场经
济发展的必然产物。

实践证明，农业经营产业化对我国农业农村经济社会发展产生了巨大
而积极的影响，农业经营产业化已成为推进农业发展方式转变的总抓手，
成为提高中国农业国际竞争力的先导力量，成为完善和创新农业经营体制
的一种重要形式，成为统筹城乡发展的一个重要结合点，不失为破解城乡
二元结构的重要举措。

四 发展农业生产力是实现农业经营产业化的内在动力

建设社会主义新农村，彻底解决"三农"问题，必须转变农业发展
方式，实现农业经营产业化。达此目的，要始终坚持把发展农业生产力作
为首要任务，以提高农业综合生产能力，巩固和加强农业基础地位。当

① 《十四大以来重要文献选编》中，人民出版社1997年版，第2406页。
② 《江泽民文选》第二卷，人民出版社2006年版，第24页。
③ 《十五大以来重要文献选编》上，人民出版社2000年版，第224页。

前，我国已进入加快改造传统农业、走中国特色农业现代化道路的关键时期，与经济社会发展的要求相比，农业基础还比较薄弱，农业物质技术装备水平还较低，农业发展方式总体上仍然是粗放型，迫切需要加快农业发展方式的转变，提高农业生产力发展水平。

从逻辑思维的视角看，概念是内涵和外延的统一。生产力也是内涵和外延的统一。由此可以认为生产力是人们合理地开发和利用自然资源、社会资源、人力资源改造世界获取生产、生活资料的能力，是物质生产力、精神生产力、人类自身生产力的统一整体。① 与此相适应，农业生产力是农业劳动者合理地开发和利用自然资源、社会资源、人力资源进行农业生产获取生产、生活资料的能力，是农业物质生产力、农业精神生产力、农业劳动者自身生产力的统一整体。

发展农业生产力，从内涵来看就是提高农业生产者获取生产、生活资料的能力，从外延来看就是提升农业物质生产力、农业精神生产力、农业劳动者自身生产力。提高农业生产力是发展新农村建设的关键，是实现农业经营产业化的内在动力，是当前和今后一个时期农业和农村工作的一项中心任务。实现农业生产力的可持续发展，既有利于抵御农业生产的自然风险，又有利于防范农业生产的市场风险；既能够大幅度提高农村土地产出率，又能够迅速提升农业产品的市场竞争能力。实现农业生产力的可持续发展是确保国家粮食生产安全、稳定的核心问题，是农民增收、农业增效的必然要求，是实现农业现代化的重要内容，也是建成富强民主文明和谐的社会主义现代化国家的重大举措。

实现农业生产力的可持续发展是一项长期任务，需要坚持不懈地努力。目前，实现农业生产力的可持续发展必须提高农业综合生产能力。提高农业综合生产能力主要是增强农地产出能力，增强水利设施的保障能力，增强农业防灾抗灾能力，增强农业科技创新能力，增强农产品加工能力，增强农产品市场竞争能力，增强政府对农业的支持保护能力，增强农业综合服务能力。

综上所述，解决"三农"问题的根本出路是农业生产力发展问题。治本或标本兼治的话，必须研究和实现农业生产力的可持续发展。俗话说，解铃还须系铃人。"三农"问题形成的根本原因是农业经济不发达，

---

① 朱秀英、黄玉桂：《论生产力的内涵与外延》，《东岳论丛》2006 年第 5 期。

农村发展滞后，农民生活不富裕。为什么"农业经济不发达，农村发展滞后，农民生活不富裕"呢？其深刻的根源就是农业生产力发展缓慢。这就需要研究农业生产力发展的理论和实践问题，以期明确解决"三农"问题的关键环节之所在，实现农业现代化，构筑中国特色的社会主义新农村发展道路。

第二章　农业生产与农业生产力

农业是国民经济的基础和命脉，农业生产力是农业发展的内在动力。研究农业生产力发展问题必须从农业产生的历史开始。中国农业发生于新石器时代，中国的黄河、长江流域是世界农业起源地之一。

第一节　农业的形成

按照目前产业划分的标准，农业属于第一产业，是农业科学的研究对象。从人类发展史来看，农业是维系人类生存和发展的产业，从现实社会发展状况来看，农业是经济社会发展的基础产业，农业产品是支撑国民经济建设与社会发展的基础产品。农业劳动的指向物是有生命的动植物，获得的劳动产品是动植物本身。农业是人们利用动植物身体内的生活机能，通过人类劳动使自然界的物质和能量转化为人类需要的产品的生产部门。人们常常把利用动物植物等生物的生长发育规律，通过人工培育或人类劳动加工等方式来获得产品的各部门，统称为农业。现阶段的农业分为植物栽培和动物饲养两大门类。土地是农业中不可替代和不可再生的基本生产资料，劳动加工和改造的对象主要是有生命的动植物，生产时间与劳动时间不一致，受自然条件的影响，有明显的区域性和季节性特征。农业是人类生存之本和衣食之源，是一切生产的首要条件和前提基础，它为国民经济的贸工商其他部门提供粮食、副食品、原料、资金和出口物资。农业的出现经过了极其漫长的发展历程。

一　农业的由来

中国是古人类的发祥地之一。距今 170 万年至 1 万年前，就有了原始人类活动在中国版图的大地上。当时没有产生农业，人们依靠采集和渔猎为生，如有巢氏的"构木为巢"，燧人氏的"钻燧取火"，伏羲氏的"以佃以渔"，等等。这个时代总体上处于旧石器时代。由于人口增长、采集范围扩大、渔猎技术增强、资源有限等原因，使人们常常面临饥饿的困境。如何摆脱困境，获得比较稳定可靠的食物，成为当时人们思考的问题，也成了农业产生的原动力。到了新石器时代，距今1万年至4000年前，生活在这块土地上的人们发明了原始的种植业和原始的畜牧业，开创了农业的发展史。中国古代"神农氏"的传说，就反映了原始农业发生的时代，揭示了农业的起源。

根据历史记载，神农氏发现了类似谷穗形状的东西，拾起来放在手里揉搓，去糠后的颗粒放在嘴里咀嚼，感到非常好吃。于是捡了一些埋在了土壤里，后来竟长成一片，成熟后收获了多于种子很多倍的谷物。所以，他教人砍倒树木，割掉野草，用耒耜等生产工具，开垦土地，种起了谷子。神农氏还发现收获的种子来年可以再行种植，连续收获。实践中形成了谷子可以年年种植，连年不断收获的认识。同时还认识到，如果能有更多的土地用来种植谷物，人们的吃饭就不成问题了。人类为了生存下来，就要解决维持生命的吃饭问题，必然产生对食物的需求，正是维持生存的需求，使种植谷物的活动范围不断推广扩大，于是我国的农业就应运而生了。虽然如此，但我们不能把农业生产与人类最早的获取食物生产等同起来。

中国黄河流域见证了农业的发展。在距今五六千年前，黄河中下游的人口持续繁衍，解决食物等现实的需要推动了该地区农业的发展，逐渐发展为中原经济文化的中心。虽然，那时的农业有了一定的发展，但仍然处于农业的粗放发展阶段。

历史发展到春秋战国时期，我国在社会制度上实现了由奴隶社会向封建社会的变迁，在农业生产方面则开始了由粗放型向精耕型转变。由于春秋战国至魏晋南北朝时期我国主要农业区在秦岭和淮河以北，全国70%以上的人口居住在黄河流域。这时出现了以提高土地产出率为目的，建立在小农经济制度之上的精耕细作的生产方式。秦汉时期的农业进一步发展，逐渐形成了精耕细作的优良传统。公元2世纪末，黄巾大起义使东汉王朝濒于瓦解，各地义军乘势而起，中国从此进入了分分合合、混战不已的三国两晋南北朝时期。战乱频频、政局动荡、人口逃亡、耕地荒废，使社会经济遭到严重破坏。但客观上战乱所造成的人口大迁徙也促进了各地区各民族的融合及农业文化的交流。在这一历史进程中，更多的民族逐步卷入以种植业为主的洪流中来。由于各族劳动人民的共同努力，中国传统农业经受住了历史的考验，在秦汉取得的成就的基础上进一步发展。当时，中国农业的发展主要表现在农业生产工具的改进与农作物的推广、水利工程的兴修、耕作技术的进步、垦田面积的增加、粮食产量的提高、政府收入增多、国家人口增殖等方面。中国农业发展的原因除了客观要求之外，还由于历代王朝重视农业发展，制定了有利于农业发展的政策，建立了推动农业发展的土地制度和赋税制度等。

二　什么是农业

农业经历了一个漫长的发展过程。何为农业呢？农业是人类改造自然利用动植物体的生活机能把自然物质和能量转化为生产、生活资料的生产部门。既然农业分为广义农业和狭义农业，那么它们又怎么界定呢？人们通常认为广义的农业包括种植业、林业、畜牧业、渔业等；狭义的农业主要是指种植业。

人们对"广义农业"或"狭义农业"的界定，必须结合农业的产生和农业生产的发展事实去解读。回顾人类发展的历史，人们在居住地周围用简单的生产工具，付出一定的体力和智力进行生产劳动，来促进天然物的生长，以增加天然物的产量，解决食物的缺乏问题，标志着农业产生了。由于人们的智力水平有限，生产经验缺乏，劳动工具简单，人们的农业生产活动受到了自然条件很大程度的限制。加上不同地区自然条件的差别，逐渐形成自然的社会分工，比如，有些部落周围的草资源丰富，便开始了专门的畜牧业生产，有些部落周围的土地肥沃，则开始了专门的种植业生产，如此等等。基于农业产生和发展的历史事实，马克思在诸多论述中把农业和畜牧业相提并论，并且作为人类生产活动原始的两大生产部门。正是在这个意义上，"狭义农业"的内容指的就是种植业。马克思所说的"广义农业"，除了包含种植业外，还包含畜牧业等。之所以如此，是由种植业和畜牧业的关系来决定的。从发展历程来看，畜牧业特别是动物饲养业的产生与发展，与种植业水平的提高有着密切的关系。历史事实证明，种植业早于畜牧业的产生，而且比畜牧业重要。因为只有种植业的发展，才能保证动物饲养所必需的饲料，才能够巩固和扩大畜牧业的范围；而畜牧业的发展，又为种植业提供所需要的畜力、肥料等生产资料。一般来说，处于畜牧业发展的较低阶段时，依赖于特殊的地理环境和天然条件，完全靠自然放牧的形式发展畜牧业。到了现代，畜牧业和种植业都已经密切结合在一起了。所以，我们可以这样解释"广义的农业"，除了包括种植粮食作物和各种经济作物的种植业，还包括畜牧养殖业，正如毛泽东所说的，"森林的培养，畜产的增殖，也是农业的重要部分。"①

从与种植业的关系看，虽然可以把牧、摘、采、猎等包括在农业以内，但不能反过来说，因为种植业可以单纯构成农业。这就是我们所说的"狭义农业"，被马克思称为"纯粹农业"，它是随着工农业内部分工的发展而形成的。

搞清楚"狭义农业"必须联系社会分工的发展来考察。农业自产生以来，就是"整个古代世界的决定性的生产部门"。②但是，在自然经济长期占统治地位的条件下，农业总不是纯粹的农业；这就是说，从事农业生产的人，绝不是仅仅从事农业生产，他们还要制造简单工具、日用品，进行农产品加工等工业性的劳动。所以，"农业劳动和工业劳动不是分开的；后者包含在前者中。"③列宁曾经指出："商品经济不大发达（或完全不发达）的国家的人口，几乎全是农业人口，然而不应该把这理解为居民只从事农业，因为这只是说，从事农业的居民自己进行农产品的加工，几乎没有交换和分工。"④这就是说，在很长的自然经济统治时期是没有纯粹农业的。但是，这种情况并不是永远不变的。随着生产和社会分工的发展，开始了手工业与农业的逐渐分离。"随着生产分为农业和手工业这两大主要部门，便出现了直接以交换为目的的生产，即商品生产"。⑤社会分工和商品经济的发展日益瓦解着自然经济，使原来从属于农业的手工工业、加工工业日益与农业相分离。这个过程，使农业本身和工业一样，变成生产商品的经济部门。但是，这一转变过程在历史上由于非常缓慢而变得极其漫长，只是资本主义大生产的发展使得商品经济日益占据统治地位之后，才加速了这一过程，使原来从属于农业的手工业、加工工业，日益分离成为独立化的工业部门。同时，也使农业与工业一样成为资本主义生产的纯粹独立的经营部门。所以，马克思说："这种纯农业劳动，绝不

① 《毛泽东选集》第一卷，人民出版社1991年版，第131页。
② 《马克思恩格斯选集》第四卷，人民出版社2012年版，第165页。
③ 《马克思恩格斯全集》第二十五卷，人民出版社1974年版，第713页。
④ 《列宁选集》第一卷，人民出版社2012年版，第166页。
⑤ 《马克思恩格斯选集》第四卷，人民出版社2012年版，第180页。

是自然发生的，相反，它本身是社会发展的产物，并且是很现代的、绝不是到处都已达到的产物，它是和一个完全特定的生产阶段相适应的。"①由此可见，马克思提出"纯粹农业"的概念，就是联系社会分工的发展考察农业而提出来的，是与纯粹工业相对的概念。既然纯粹的农业是把含在农业中的工业抽出去，那么纯粹的农业在概念上，与我们对农业一般的理解是没有矛盾的。

农业日益纯粹化的过程，绝不意味着农业生产范围的缩小。相反地，随着生产力的发展，人类改造自然能力的不断增强，人类对自然界、动植物界认知的不断扩展，农业生产产品的品种、数量都在日益增加。因此，伴随农业纯粹化过程的是农业生产品种、范围、数量日益增加和扩大的过程。不仅如此，由于社会分工和商品经济的发展，农业也会和工业一样，形成日益专业化的众多部门，形成各种专业化的农业企业。列宁曾经指出，使工业专业化的过程，也同样会出现在农业中。但是，作为农业内部分工和专业化，与工业的分工和专业化是不同的。就像马克思所指出的，"这种纯农业劳动，绝不是自然发生的，相反，它本身是社会发展的产物"。② 人们要充分利用自然条件，合理地利用土地等资源，保持土地肥力，必须发展多种经营。因此，列宁在谈到农业专业化发展时指出，"由于农业的性质，它向商品生产的转变是以特殊方式进行的，和工业中的这种过程并不一样。加工工业分为各个完全独立的部门，这些部门都只生产一种产品或产品的一个部分。而农业性工业则不分为各个完全独立的部门，它只是在一种场合下专门生产一种市场产品，而在另一种场合下又专门生产另一种市场产品；而且农业的其他方面都要适应于这种主要的（即市场的）产品。"③ 这就是说，农业在有社会分工和专业化生产的条件下，也必然和必须是一业为主、多业为辅，只有如此才符合农业生产发展的客观规律。

---

① 《马克思恩格斯文集》第七卷，人民出版社 2009 年版，第 713 页。
② 同上。
③ 《列宁全集》第三卷，人民出版社 1984 年版，第 278 页。

第二节　农业生产的发展

众所周知，物质资料的生产是人类生存的基础，包括生产资料的生产和生活资料的生产，而生活资料的生产首先是食物的生产。在人类之初期，食物的生产几乎是生产的全部内容。马克思说："一切劳动首先并且最初是以占有和生产食物为目的的。"① 这里所说的"以占有和生产食物为目的的劳动"就是最初的农业生产。

一　农业生产的发生

人类产生的初期，人们利用自然的石块、木棍，或者是经过初步加工的石器工具，进行采集、狩猎、捕捞等生产活动。这时的农业生产还处于初始阶段，基本上是依靠大自然的"恩赐"，人们还不能掌握和利用自然界的物质运行规律来增加生产物。因此，马克思说："纯粹的渔猎民族还没有达到真正发展的起点"。② 严格意义上说，这个阶段上的人类还没有从事真正意义上改造自然的生产活动。正如马克思谈及剩余劳动时所说的，"农业劳动（这里包括单纯采集、狩猎、捕鱼、畜牧等劳动）的这种自然生产率，是一切剩余劳动的基础；而一切劳动首先并且最初是以占有和生产食物为目的的。（动物同时还提供兽皮，供人在冷天保暖；此外，还有供人居住的洞穴等等。）"③ 正因为如此，原始人类一开始的采集、狩猎、捕捞等活动只能看成农业生产产生过程的人类劳动的初始活动，还不是真正意义上的农业生产。首先应看到，马克思在这里所强调的是，农业劳动的生产率是一切剩余劳动的基础。马克思在另外一个地方曾作了更详细的说明，他说："如果人在一个工作日内，不能生产出比每个劳动者再生产自身所需的生活资料更多的生活资料，在最狭窄的意义上说，也就是生产出更多的农产品，如果他全部劳动力每日的耗费只够再生产他满足个人需要所不可缺少的生活资料，那就根本谈不上剩余产品，也谈不上剩余

---

① 《马克思恩格斯文集》第七卷，人民出版社 2009 年版，第 713 页。
② 《马克思恩格斯选集》第二卷，人民出版社 2012 年版，第 707 页。
③ 《马克思恩格斯文集》第七卷，人民出版社 2009 年版，第 713 页。

价值。超过劳动者个人需要的农业劳动生产率，是全部社会的基础"。①
所以，尽管我们现在可以把采集、狩猎看作农业生产的一部分，但是，这
种单纯的采集、狩猎等活动，仅仅是农业生产的开始，而真正意义上的农
业生产是劳动者通过自己的劳动创造出超出个人需要的农业生产率，创造
出多于劳动加工其上的自然物数量的劳动产品，或者优于劳动加工其上的
自然物质量的劳动产品。

　　农业生产的发生是人类进一步认识和利用自然规律改造自然的开始，
是生产力进一步发展的结果。自然界及其自然物是人类获取物质生活资料
的必要条件，在这里，土地具有特别重要的意义。"土地（在经济学上也
包括水）最初以食物，现成的生活资料供给人类，它未经人的协助，就
作为人类劳动的一般对象而存在。"② 而作为农业生产的主要特征，土地
已不单纯是为人类提供天然食料的对象，而是由于人们对土地加工，使土
地成为人类生产动植物产品的劳动手段，这是人类历史经过一个长期的生
产发展的结果。"土地本身是劳动资料，但是它在农业上要起劳动资料的
作用，还要以一系列其他的劳动资料和劳动力的较高的发展为前提。一般
说来，劳动过程只要稍有一点发展，就已经需要经过加工的劳动资料。在
太古人的洞穴中，我们发现了石制工具和石制武器。在人类历史的初期，
除了经过加工的石块、木头、骨头和贝壳外，被驯服的，也就是被劳动改
变的、被饲养的动物，也曾作为劳动资料起着主要的作用。劳动资料的使
用和创造，虽然就其萌芽状态来说已为某几种动物所固有，但是这毕竟是
人类劳动过程独有的特征"。③ 可见农业生产的出现，经历了人类生产活
动由量变到质变的过程。恩格斯在《家庭、私有制和国家的起源》一书
中概括莫尔根对蒙昧、野蛮、文明时期的划分时指出："蒙昧时代是以获
取现成的天然产物为主的时期；人工产品主要是用做获取天然产物的辅助
工具。野蛮时代是学会畜牧和农耕的时期，是学会靠人的活动来增加天然
产物生产的方法的时期。文明时代是学会对天然产物进一步加工的时期，
是真正的工业和艺术的时期。"④ 很清楚，恩格斯在这里对时代的划分是
把农业、畜牧业和人们学会以自己的活动来增加天然产物的方法联系在一

---

① 《马克思恩格斯文集》第七卷，人民出版社 2009 年版，第 888 页。
② 《马克思恩格斯选集》第二卷，人民出版社 2012 年版，第 170 页。
③ 同上书，第 171 页。
④ 《马克思恩格斯选集》第四卷，人民出版社 2012 年版，第 35 页。

起的。

农业生产的出现，意味着人类学会了以自己的活动来增加天然产物的生产方法。这样，人类才有可能摆脱对自然界的完全依赖状况，才有可能突破自然的某些限制，生产日益丰富的生产资料，取得日常的生活资料。在这种条件下，才有可能在劳动生产率进一步提高的基础上，提供剩余劳动和剩余生产物，催生出其他的社会分工部门。所以，农业内部的分工发展起来，就出现了我们分析和理解的广义农业和狭义农业。

二　农业生产的基本特征

农业生产发展的历史承载着自身的显性特征，这就是人们常说的农业生产的三个显著特点，即地域性、季节性和周期性。

农业生产的地域性是指农业生产在空间分布上具有明显的地域差异，不同的地域，生产的结构品种和数量都不同。这主要是因为生产加工的对象和产品是动植物，动植物本身的成长是新陈代谢过程，需要大量的能量补给，光照的热量充足、水分的补养及时、土壤的肥沃程度、气候的适宜程度等自然条件直接关系到动植物的生长，甚至决定动植物的生长。不同的生物，生长发育必要的自然条件不同。世界各地的自然条件不同，经济技术条件和国家政策差别也很大，这就形成了明显的地域性要求，农业生产要因地制宜。

既然动植物的生长繁殖与自然条件密切相关，因而，植物种子以及热量、光照、水、地形、土壤等自然条件成为农业生产过程必要的投入。在这些投入的基础上，经过劳动者的劳动加工，农业就可获得产出。随着农业生产力的发展，农业生产中经过劳动加工的生产资料投入比重逐渐增加，未经加工的自然物的比重不断减少。农业机械化工具代替手工农具，提高劳动生产率的同时，大大解放了劳动力。人类劳动的产物如化肥、农药等投入农业生产，促进和保护了农作物的生长，提高了农业的产出率。在现代农业中，加大科技投入如培育良种，改进灌溉技术，改良工作方式等，成为提高农业产出的重要手段。

农业生产的季节性是指农业生产在时间分布上具有明显的季节差异，不同的季节，农业生产的投入和强度是不同的，因而形成了农业生产在时间分配上的特殊规律。动植物的生长受自然因素的影响，自然因素随季节而变化，不同季节的自然因素具有明显的不同，这就使农业生产的一切活动要按季节顺序进行，甚至有的地区、有的时节就没有某种生产劳动。农业生产的一切活动都与季节有关，必须按季节顺序安排，这就是农业生产的季节性。平日所说的因时制宜、不违农时等，都是由农业生产季节性总结出来的生产经验。"樟树落叶桃花红，白豆种子好出瓮"、"白露早，霜降迟，秋分种麦正当时"、"人误地一时，地误人一年"的农谚，反映了农业生产具有明显的季节性。农谚是劳动人民长期生产实践中积累起来的经验结晶，许多反映气候学的谚语是根据中国的二十四节气提出的，这对农业生产起着重要的指导作用。

农业生产的周期性是指农业生产在复种过程中呈现的特点，相对同一种农作物而言，上一个生长过程的终点是下一个生长过程的起点，这种周而复始的变化就构成了农业生产的周期性。动植物的生长发育有一定的规律，并有一定的变化周期。"人误地一时，地误人一年"体现了农业生产季节性的同时，说明了农业生产的周期性。山东、河北、河南境内农业生产的周期性比较明显。两年三季或者一年两季周期性轮作。两年三季是小麦——地瓜或玉米——花生。小麦阳历10月播种，第二年6月收割。小麦未收割套种玉米，也可以收割小麦后种地瓜或者夏玉米，地瓜、玉米当年10—11月收获。来年4月种花生或者春玉米，花生、春玉米9月收获，收获后再播种小麦，实现两年三季的农业耕作。一年两季是小麦——地瓜或玉米。小麦阳历10月播种，来年6月收割。小麦未收割套种玉米或者收割小麦后种地瓜，也可以种夏玉米，地瓜、玉米当年10—11月收获，收获后可以抢种冬小麦，实现一年两季的农业耕作。这样年复一年地反复种植，就形成了农业生产的明显周期性循环。

正是在这种周而复始的周期性变化过程中，各种农业生产的水平不断提升，农业生产率不断提高，同时实现了农业生产力的发展。

三　新中国农业生产的发展

回顾新中国成立六十多年来农业生产发展的历程，历经坎坷而显得十分不平凡。从土地改革到农业合作化，从人民公社到家庭联产承包经营，每一步的探索和改革，都凝结着农民的艰辛劳动和辛勤汗水，从而使农业和农村经济发展到一个全新阶段，农业生产本身也走上了稳定健康、可持续发展的道路。中华人民共和国成立以来，农业生产的发展经历了以下四个阶段。

（一）土改与生产起步阶段

从1949年中华人民共和国成立到1958年可称为农业生产的初期建设

阶段。首先经历了新旧社会的过渡时期，土地改革解放了农业生产力，推动了农业生产的发展。

1950 年《中华人民共和国土地改革法》颁布，全国掀起土地改革运动，把封建剥削的土地所有制改变为农民土地所有制。土地改革废除了几千年的封建土地制度，摧毁了中国封建制度的经济基础，实行农民的土地所有制，极大地解放了农业生产力，调动了农民生产积极性，促进了农业生产的迅速恢复和快速发展。短短三年时间，粮食和油料产量都取得可喜成就。1952 年全国粮食总产量达到 16393.1 万吨，比 1949 年的 11318.40 万吨增加 44.84%；棉花产量 130.4 万吨，比 1949 年的 44.5 万吨增长 193.03%；油料产量达到 419.38 万吨，比 1949 年的 256.44 万吨增长 63.54%；茶叶产量 8.2 万吨，比 1949 年的 4.1 万吨增长 100%；水产品总产量 167 万吨，比 1949 年的 45 万吨增长 271.11%；农林牧渔业总产值 461 亿元，比 1949 年的 362 亿元增长 27.35%。①

为了解决个体农业分散经营问题，改变资金缺乏不能兴办较大规模的农用水利建设，难以抵御自然灾害的现状，从 1953 年到 1958 年，全国进行了第一次土地集体经营的探索，实现农业合作化，1958 年全国开始了人民公社化运动，土地由农民个体所有制变为集体所有制，全面加强农业基础建设和技术改造，农业生产条件得到明显改善，农业生产力水平大大提高，保证了农业生产的稳定增长。1958 年全国粮食总产量 19766.3 万吨，比 1949 年的 11318.4 万吨增加 74.64%；棉花产量 197.1 万吨，比 1949 年的 44.5 万吨增长 342.92%；油料产量达到 476.94 万吨，比 1949 年的 256.44 万吨增长 85.99%；茶叶产量 13.5 万吨，比 1949 年的 4.1 万吨增长 229.27%；水产品总产量 281 万吨，比 1949 年的 45 万吨增长 524.44%；农林牧渔业总产值 566 亿元，比 1949 年的 362 亿元增长 56.35%。② 农民生产积极性大大提高，农业生产迅速恢复和发展。

尽管农业生产合作社尚未稳固，1958 年全国又开始了"大跃进"和人民公社化运动，但根据国家统计局统计的数据来看，除水产品总产量减少外，主要农产品产量呈增长趋势。1958 年全国粮食总产量 19766.3 万吨，比 1957 年的 19504.5 万吨增加 1.34%；棉花产量 197.1 万吨，比

---

① 中华人民共和国国家统计局："国家数据"，http://data.stats.gov.cn/workspace/index? m = hgnd。

② 同上。

1957 年的 163.9 万吨增长 20.26%；油料产量达到 476.94 万吨，比 1957 年的 419.68 万吨增长 13.64%；茶叶产量 13.5 万吨，比 1957 年的 11.2 万吨增长 20.54%；水产品总产量 281 万吨，比 1957 年的 312 万吨减少 31 万吨；农林牧渔业总产值 566 亿元，比 1957 年的 537 亿元增长 5.4%。①

（二）抗灾与缓慢前进阶段

从 1959 年到 1978 年，中华人民共和国经历了不同寻常的运行过程，自然灾害和社会运动致使经济发展处于低速运行或徘徊不前的状态，农业生产也不例外。

就这一时期的自然灾害而言，人们常常说"三年灾害"，实际上从干旱灾害的经历看，影响我国农业生产的严重干旱灾害，是 1959 年到 1962 年的四年时间。

从 1959 年到 1962 年，根据国家统计局和民政部汇编的《中国灾情报告》记载，从气象、水文、农业、民政和统计部门记录的原始资料文献看，经历了新中国成立以来第一场连续多年的严重干旱和部分地区的洪涝灾害。1959 年 1 月至 4 月，冀、黑出现严重春旱，影响河北省 150 万公顷小麦生长，黑龙江省 150 万公顷耕地受旱 2 寸多深，少数 4—5 寸深。7 月至 9 月，渭河、黄河中下游以南，南岭、武夷山以北广大区域普遍少雨，波及豫、鲁、川、皖、鄂、湘、黑、陕、晋等 20 个省区，受灾面积达 3380.6 万公顷，成灾面积达 1117.3 万公顷。在水文方面松花江源濒于干涸，吉林丰满水库缺水发电。江、淮出现历史同期的最低水位。江苏省山区塘堰、小水库干涸 37 万座。湖北省塘堰干涸达 80%，8 月中旬以后小河几乎全干。湖南省邵阳、衡阳和湘西州的 71 万处塘坝，在 9 月中旬有半数干涸。

1960 年 1 月至 9 月，以北方为主的特大旱灾持续扩大。上半年，北方大旱。鲁、豫、冀、晋、内蒙古、甘、陕 7 省区大多数地市，自 1959 年秋天起缺少雨雪，有些地区旱期长达 300—400 天。山东省与河南省伏牛山——沙河以北地区大部分河道断流，济南至范县的黄河也有 40 多天断流或接近断流，800 万人缺少饮用水。广东、海南旱情持续了 7 个月，

① 中华人民共和国国家统计局："国家数据"，http：//data. stats. gov. cn/workspace/index？m = hgnd。

西南各省冬春连旱。夏秋季节，南方皖、苏、鄂、湘、粤、滇、川 7 省区出现旱灾。除西藏外，各省区旱灾面积高达 3812.46 万公顷。在水文方面除黄河外，还有不少河流断流，如永定河、潴龙河断流 5 个月；子牙河及滏阳河衡水以下河道，自 1959 年 11 月断流，直到 1960 年 7 月 18 日才有水；山东境内 12 条主要河流，有汶河、潍河等 8 条断流。

1961 年旱情持续，1 月至 9 月全国范围出现特大旱灾。全国旱区受灾面积达 3784.6 万公顷，成灾 1865.4 万公顷，主要分布于华北平原及长江中下游地区、黄土高原、西辽河流域。在水文方面，3 月至 6 月，海河水系的赵王河、潴龙河等河流的平均流量偏少一半以上。西辽河的通辽站 3 月至 6 月平均流量仅 0.123 秒/立方米，比平均值少 99%。安徽省正阳关、蚌埠和江苏洪泽湖各站 6 月至 8 月平均流量较年均值偏少 8 成以上。湖北襄阳专区 8 个县 325 条大小河流，断流 312 条。

1962 年 1 月至 9 月，全国大面积干旱。1961 年入冬以来，南方的湘西北、粤北、川北、苏北、皖中地区雨雪稀少，甘肃河西走廊、内蒙古呼伦贝尔和乌兰察布地区、晋北、冀西北、吉西北地区，旱期长达 200—400 天，甚至井干河断、人畜吃水困难。

部分地区出现旱涝交加的情况，或是先旱后涝或是先涝后旱。据统计，1959 年 5 月中旬至 7 月上旬，闽、粤、桂地区持续暴雨，珠江水位猛涨，东江流域发生洪涝灾害。7 月至 8 月，晋北、冀北、辽西和内蒙古中东部雨量多于常年五成到两倍以上，出现洪涝灾害。8 月上旬，四川暴雨，岷江、沱江发生洪水。第三号台风使厦门损失严重。1960 年 7 月下旬至 10 月，受台风影响沿海各省有暴雨，辽、鲁、苏、浙、闽受灾较重，黑、吉东部雨涝。7 月底 8 月初川西持续 5 天暴雨，部分地区有洪灾。1961 年 6 月中下旬，四川有一次较大范围的暴雨过程，涪江和岷江上游出现较大洪水。

"大跃进"、"反右斗争扩大化"加上四年的天灾严重影响了农业生产，国家和人民受到重大损失，社会发展凸显了严重困难的特征。1961 年全国粮食总产量为 13650.90 万吨，是 1959 年至 1962 年全国粮食总产量最低的年份，比 1957 年的 19504.5 万吨少了 5853.6 万吨；1961 年全国棉花产量 74.8 万吨，是 1959 年至 1962 年全国棉花总产量最低的年份，比 1957 年的 163.9 万吨少了 89.1 万吨；1961 年全国油料产量达到 181.4 万吨，是 1959 年至 1962 年全国油料产量最低的年份，比 1957 年的

419.68 万吨少了 238.28 万吨；1962 年全国茶叶产量 7.4 万吨，是 1959 年至 1962 年全国产业产量最低的年份，比 1957 年的 11.2 万吨少了 3.8 万吨；1961 年全国水产品总产量 231 万吨，是 1959 年至 1962 年全国水产品总产量最低的年份，比 1957 年的 312 万吨少了 81 万吨；1960 年全国农林牧渔业总产值 457 亿元，是 1959 年至 1962 年全国农林牧渔总产值最低的年份，比 1957 年的 537 亿元少了 80 亿元。①

从 1963 年到 1965 年，中央实行下放土地政策，减轻农业税收，开展"农业学大寨"运动，狠抓农田基本建设，改善生产条件，推广科学种田，粮食产量大幅提高，经济出现快速恢复和发展。1965 年，全国粮食总产量达到 19452.5 万吨，基本恢复到 1957 年的 19504.5 万吨的水平；茶叶产量 10.1 万吨，基本恢复到 1957 年的 11.2 万吨的水平；水产品总产量 298 万吨，基本恢复到 1957 年的 312 万吨的水平；油料产量达到 362.62 万吨，距离 1957 年的 419.68 万吨还有一定差距；棉花产量 209.9 万吨，超过了 1957 年的 163.9 万吨的水平；农林牧渔业总产值 833 亿元，超过了 1957 年的 537 亿元的水平。②

从 1966 年开始，中国又进入长达十年的"文化大革命"。由于人们忙于政治运动，尽管口号是"抓革命，促生产"，但农业生产处于低速运行状态。从全国粮食总产量来看，1966 年 21400.9 万吨，1967 年 21782.3 万吨，1968 年 20906 万吨，1969 年 21097.3 万吨，1970 年 23995.5 万吨，1971 年 25014 万吨，1972 年 24048 万吨，1973 年 26493.5 万吨，1974 年 27527 万吨，1975 年 28451.5 万吨，1976 年 28630.5 万吨，1977 年 28272.5 万吨，除 1968 年、1972 年较上年粮食减产外，其余年份均有小量增幅。据《中国灾情报告》记载，1972 年属于严重干旱年份，北方春夏连旱，大范围少雨，南方部分地区伏旱严重，灾情严重，全国受旱面积 4.6 亿亩，受灾 2 亿亩，农业生产受到影响。

这一时期的农业生产发展缓慢，国民经济发生了严重困难。1981 年 6 月 27 日中国共产党第十一届中央委员会第六次全体会议一致通过的《关于建国以来党的若干历史问题的决议》指出："主要由于'大跃进'和'反右倾'的错误，加上当时的自然灾害和苏联政府背信弃义地撕毁合

---

① 中华人民共和国国家统计局："国家数据"，http：//data. stats. gov. cn/workspace/index? m = hgnd。

② 同上。

同，我国国民经济在一九五九年到一九六一年发生严重困难，国家和人民遭到重大损失。"①

（三）改革与快速发展阶段

从 1979 年到 2000 年，改革开放为中国经济社会发展注入了新的活力，激发了中国人民的极大热情，使中国经济社会快速发展。改革开放包括对内改革和对外开放。我国的对内改革首先从农村开始，安徽省凤阳县小岗村开始实行"家庭联产土地承包责任制"，成为我国对内改革的起点，对外开放是我国的一项基本国策。改革开放是强国之路，也是中国农村经济快速发展之路。

1978 年 12 月 18 日至 22 日党的十一届三中全会在北京召开，全会的中心议题是讨论把全党的工作重点转移到社会主义现代化建设上来。这次大会总结了新中国成立以来的正反两方面经验，将党和政府的工作重点转移到经济建设上来，拉开了我国改革开放的序幕，也翻开了中国农业生产发展史上崭新的一页。

1979 年至 1984 年，农村改革实现新的突破。党的十一届三中全会，破解了长期束缚农村经济发展的桎梏，全面实行了以土地集体所有制为基础，以家庭联产承包为经营形式的生产责任制，农民获得了生产经营自主权，大大解放和发展了农村生产力，农业生产有了突飞猛进的发展。1984年全国粮食、棉花、油料、茶叶、水产品总产量分别从 1978 年的30476.5 万吨、216.7 万吨、521.79 万吨、26.8 万吨、465.35 万吨，提高到 1984 年的 40730.5 万吨、625.84 万吨、1190.95 万吨、41.42 万吨、619.34 万吨，分别增长了 33.65%、188.8%、128.24%、54.55%、33.09%。

1985 年至 2000 年，农村改革进一步推动了农业生产力的发展。农村改革主要表现在农村土地承包制、农产品流通体制、农业产业结构等方面的调整和改革。将土地承包期再延长 30 年，赋予农民土地承包和依法流转的权利；推行以粮食等主要农产品流通体制改革，鼓励农民发展多种经营，优化种植业结构；以市场为导向调整农业产业结构，加快贸工农一体化、农业产业化发展，乡镇企业异军突起，撑起了农村经济的半壁江山，农业生产和农村经济得到繁荣和发展。全国粮食、棉花、油料、茶叶、水产品总产量分别从 1985 年的 37910.8 万吨、414.67 万吨、1578.42 万吨、

① 《十一届三中全会以来重要文献选读》上，人民出版社 1987 年版，第 312 页。

43.23 万吨、705.15 万吨，提高到 2000 年的 46217.52 万吨、441.73 万吨、2954.83 万吨、68.33 万吨、3706.23 万吨，分别增长了 21.91%、6.53%、87.20%、58.06%、425.59%。

（四）全面与持续发展阶段

2001 年至今，农村社会经济得到了全面发展。1998 年 10 月 14 日，党的十五届五中全会通过了《中共中央关于农业和农村工作若干重大问题的决定》，总结了农村改革 20 年来的基本经验，提出了跨世纪发展的目标和方针。进入 21 世纪以来，自 2004 年起中央连续下发解决"三农"问题的十二个"一号文件"，逐步深化农村改革，实施了一系列农民增收、农业发展、农村繁荣的政策措施，"生产发展、生活宽裕、乡风文明、村容整洁、管理民主"的新农村建设稳步推进，农业的基础地位得到进一步强化，农业产业化、标准化、规模化快速发展，优质、高产、高效、生态、安全农业加快推进。由此可以说，伴随着时代进入 21 世纪的步伐，我国农业进入全面、协调、可持续发展阶段。

近年来，我国在经济社会各项事业跨越发展的同时，统筹推进城乡经济社会与资源、环境协调发展，建设和谐社会，取得了令人瞩目的成就，民生工程也在不断完善。我国坚持以人为本，始终把惠民富民、改善民生放在首位，扎实推进民生工程建设，群众生活质量不断提高，农村面貌不断改善，得到了全国各族人民的支持和拥护。维护民利以解决民生问题，加快社会保障体系建设，扩大社会保险覆盖面，积极组织农村劳动力技能培训，加强就业创业指导工作，引导农村富余劳动力向非农产业转移，拉动了农业生产力的发展。

第三节　农业生产力

正确理解农业生产力，要从了解生产力的概念开始。对于什么是生产力，理论界、学术界、教育界的研究和争论从未停止过，可谓"百花齐放，百家争鸣"。尽管说法不一，观点各异，但也形成了诸多共识。如生产力所表明的是"人类改造世界的能力"；生产力所反映的是"人与世界的关系"；人类改造世界的能力使得人类在处理人与世界关系的改造世界的实践过程中，获得了维系自身存在和发展的生产、生活资料；等等。既然生产力"是人的能力"，那么它就存在于人自身，而不能存在于外，只是在施展自己能力、处理与世界关系的时候，表现于外而使世界发生着变化。既然生产力反映的是"人与世界的关系"，那么这种关系就包含着人与自然界、人与社会、人与人自身的关系，因为世界包含着主观世界和客观世界，或者包含着自然界、人类社会、人类思维三大领域，不管怎样说，"人与世界的关系"就包含着人与自然界、人与社会、人与人之间的关系，如此等等，就逻辑推论而言，生产力就是实践着的人们在合理开发和利用自然资源、社会资源、人力资源的过程中，正确处理人与自然界、人与社会、人与人之间的关系，显示出来的人类获取生产、生活资料的能力。

一　农业生产力的本质

什么是农业生产力？农业生产力由哪些要素构成？这是当前农业经济研究中有争论的理论问题，也是"三农"问题中亟待解决的现实问题。要研究和解决这个问题，必须从农业生产实践来考察。农业生产是以大自然为对象的物质再生产，其生产过程是人和大自然进行物质变换的过程。进入人类实践范围的自然界的一切物质要素几乎都与农业生产有关，农业生产也与地球上各个自然圈有密切关系，并与太阳、宇宙密切相连。没有大自然就不可能有农业生产。从人与自然的这个视角来考察，农业生产活动是一种直接征服自然、改造自然的活动。农业生产过程是农业劳动者直接与自然界进行物质和能量变换的过程。在一系列直接与自然界各种物质和能量的对接与撞击、转换与变革过程中，形成了农业生产力。当然农业生产力发展，也离不开社会资源和人类自身。

(一) 农业生产力的含义

农业生产力是从事农业生产的人们在合理开发和利用自然资源、社会资源、人力资源的过程中，正确处理人与自然界、人与社会、人与人之间的关系，显示出来的人类获取生产、生活资料的能力。

实证显示，生产力是以人类改造世界的实践过程为基点的，人类改造世界的实践包括改造自然的实践、改造社会的实践以及改造人类自身的实践。正是在这些实践活动中人们获得了维系自身生存和社会发展的生产、生活资料。而这些资料既有维持生存和生命延续的物质生产、生活资料，也有发展自身和发展社会的精神生产、生活资料，还有协调人与人、人与社会、人与自然的关系，实现协调、全面、可持续发展所需要的生产、生活资料。因此，生产力是一个复杂的自组织系统，实现了内涵和外延的统一，同时实现了构成要素和载体系统的统一。从内涵来看，它是人们合理地开发和利用自然资源、社会资源、人力资源改造世界获取生产、生活资料的能力；从外延来看，它是物质生产力、精神生产力、人类自身生产力的统一体；从构成要素来看，它是体力和智力的统一体；从载体系统来看，它是由主体性要素、实体性要素、渗透性要素、运筹性要素、潜在性要素、准备性要素组成的有机整体。

　　人类改造世界的实践活动使得世界和自身发生着变化，也就是说，人类改造世界的能力改变着世界，包含改变着自身，在这一过程中获取了维系自身和社会发展的生产、生活资料，形成了各种各样的产业，概括为第一产业、第二产业、第三产业。第一产业就是农业生产力的杰作。这里无意把生产力分为农业生产力、工业生产力、服务业生产力，但实际上从产业发展的视角，对生产力做这样的划分，也是成立的。农业生产力就是人们在第一产业生产的过程中，在合理开发和利用自然资源、社会资源、人力资源的过程中，正确处理人与自然界、人与社会、人与人之间的关系，显示出来的人类获取生产、生活资料的能力。它是从事农业生产的人们所具有的体力和智力的综合，或者说是体力和智力的统一体，包含农业生产过程中展现的物质生产力、精神生产力、人类自身生产力。

　　从事农业生产的人们在合理地开发和利用自然资源的过程中，正确处理人与自然界的关系，显示出人类获取生产、生活资料的能力。农业对自然资源的依赖性远远超过第二产业和第三产业，特别是农作物的生长与自然环境的温度和湿度密切相关，尽管人们利用科技手段创造着适宜农作物生长的条件，但终究不能脱离其生长环境的大自然。自然资源是人类生存和发展不可或缺的物质基础，也是进行社会生产的基本前提，它主要包括水资源、能源资源、矿产资源、土地资源、气候资源和生物资源等。自然资源突出的特点是有限性和不可再生性，这就告诫人们，在对自然资源进行开发、利用的同时，要注意保持自然资源的再生增殖和换代补给；对自然资源进行多目标开发的同时，要做到自然资源的科学利用；在保护资源与环境的同时，要注重保持生态平衡，以实现经济社会的可持续发展。人们在开发利用天然资源时，必须具有全面和整体、长远和发展的观念，采取得力措施防止滥采乱伐，对天然资源进行合理开发和综合利用。人类对资源利用的方式、程度和水平，在很大程度上反映了社会生产力的发展程度。人类要创造真正高水平的农业生产力，显示改造世界获取生产、生活资料的巨大能量，必须在尽可能少的消耗自然资源的基础上，在维系自然生存环境平衡的前提下，合理开发、综合利用自然资源，创造社会财富，提高人类的生活水平和生存发展质量，实现人类社会和人类自身发展的良性循环。

从事农业生产的人们在合理地开发和利用社会资源的过程中，正确处理人与社会的关系，显示出获取生产、生活资料的能力。广义的社会资源是指整个社会所拥有的资源，包括自然资源、物质资源、财力资源、人力资源、文化资源、信息资源、管理资源等。狭义的社会资源是指除自然资源和人力资源以外的文化资源、信息资源、财力资源、管理资源、经济体制资源、政治制度资源、社会组织资源、意识形态资源、风俗信仰资源等，这里所说的社会资源是狭义的社会资源。社会资源具有可开发性和共享性，它对生产的发展起着直接的作用，使生产力迸发出强大的力量，如信息资源、管理资源、教育资源，等等。总的来看，在农业生产中，生产组织主体对社会资源的开发和利用状况与农业生产的发展有着密切的联系，由于社会资源通过宏观调控方式或直接参与的方式影响着农业生产过程，改变着农业的生产环境，促进着农业生产者获取生产、生活资料能力的提高，因而社会资源的拥有状况特别是开发利用状况，决定着农业生产力发展的水平，决定着农业的综合社会经济地位，甚至影响着该国家在国际社会中的形象和地位。目前的中国正处于发展中国家，提高综合国力以及国际地位要依靠生产力的发展，当然包括农业生产力的发展，而发展农业生产力必须重视对社会资源的拥有量以及对所拥有的社会资源的开发和利用程度，逐步缩小与经济发达国家的差距，尽快赶上世界农业经济发展的步伐，力争使我国的农业发展水平达到中等发达国家或高度发达国家的水平。我国是农业大国，21世纪中叶实现整个国民经济达到中等发达国家水平的目标，农业经济发展是关键，提高农业生产力发展水平至关重要。

从事农业生产的人们在合理地开发和利用人力资源的过程中，正确处理人与自身的关系，显示出获取生产、生活资料的能力。人力资源是指一定范围内的人口中所有具有劳动能力的人的总和，是能够推动经济和社会发展的、具有智力劳动和体力劳动能力的人的总称。人力资源的能量与人类自身生命的延续直接相关，只要人类世代相继，人力资源就可以取之不尽，用之不竭。前一代人对人力资源开发所产生的智慧和科技成果能为后代人所享用，并且可以发扬光大，还可以作为新起点创造出新的智慧和财富，因而人力资源是实现生产力可持续发展的重要源泉。目前，人们已经认识到了人力资源合理开发和利用的重要性，讲求生活资料的质量，增强人的体能；重视教育的发展，培养和提高人的智能；实行优生优育政策，保证人口数量的合理增长和质量的优化提高，如此等等，对农业生产的人力资源而言，显得尤为重要。随着经济的发展和技术的进步，世界正进入知识经济时代，知识将成为主要的经济发展因素，拉动社会生产中各种劳动形式向以脑力劳动为主的方向发展，以实现经济发展的可持续化、信息发展的智能化、生产力发展的高水平化，而生产和传播知识的人力资源将成为最重要的战略性资源。大家知道，增加物力、财力的投入，无疑会增加产品的产出量，提高劳动生产效率，但由于受到财力、物力稀缺性的限制，必然会使国民经济发展受到约束，或者只能以付出高昂代价的形式来换取经济的增长和生产力的发展。增加人力资源的投入，特别是增加高质量智力资源的投入，比增加财力、物力投入所取得的效益会更加显著。因此，大力开发和利用人力资源，是增强知识经济发展的后劲力量，是提高生产力水平的不竭源泉，是促进国民经济可持续发展的重要保证。不仅如此，人类在开发和利用人力资源的过程中，越来越显示出了自身的价值，越来越显示出了改造自然、改造社会、改造自身获取生产、生活资料的巨大能量。[①]

（二）农业生产力的构成要素

农业生产力在其发展过程中，形成了独具特色的自组织系统，这与它的构成要素有密切关系，那什么是农业生产力的构成要素呢？农业生产力是从事农业生产的人们自身内在的体力和智力要素组成的有机统一整体。

农业生产者的体力有广义和狭义之分。广义的体力是指农业生产者从事某种农业生产活动时出自于他的肌体且以肢体活动的具体行为得以表现的一种物质力，它包含劳动能力和其他形式的身体运动能力，具体表现为生产能力、运动能力、全身耐力、适应力、抵抗力、免疫力、恢复力、代偿力等。狭义的体力是指农业生产过程中人的身体在足以支持的限度内所

---

① 朱秀英、黄玉桂：《论生产力的内涵与外延》，《东岳论丛》2006 年第 5 期。

付出的一种物质力，它出自农业生产者的生命肌体，是农业生产者肌体因肌肉收缩和韧带拉动而引起的骨骼杠杆作用而出现的结果。

在现实的农业生产过程中，农业生产者体力的作用往往通过生产工具指向劳动对象，因为农业生产者要使用生产工具（哪怕是简单的工具）进行农业生产劳动，这就使农业生产者的体力显示出了更大的能量。正如马克思所说，"这样，自然物本身就成为他的活动的器官，他把这种器官加到他身体的器官上，不顾圣经的训诫，延长了他的自然的肢体。"① 农业生产是人类所从事的最早的生产活动，一开始的生产工具是从自然界直接获得并稍作修整而形成的，由于延长了农业生产者的肢体，发挥出来的能量超出了其自身体力的范围，但这一时期所超出农业生产者自身的能量是极其有限的。后来农业生产者改进生产工具，出现了加工和提炼自然物的精华而重新制造的手工工具，这些工具是根据生产的需要，历经改革创新而制造出来的各种各样的手工工具，它们的制造和使用使农业生产者能量的发挥达到了空前的水平，但大于农业生产者自身体力的部分也相当有限。只是到了机械能生产工具的时代，其能量大于农业生产者体力的部分就要用算术级数计算；假如农业生产使用的是电能生产工具，其能量大于农业生产者体力的部分就要用几何级数计算；假如农业生产使用的是智能的生产工具，其能量大于农业生产者体力的部分恐怕用几何级数也难以计算了，因为智能工具的使用，时常会发生人们意想不到的结果。但是不论是什么样的生产工具，只不过是人的自认肢体的延长，它们都是人制造出来的，并且是发挥智力优势适应人的肢体制造出来的，同时也是人操作的，离开了人的体力劳动和智力活动，它们将无从产生和运作，也无任何能量。②

农业生产者的体力，就个体而言是随着生命的诞生而出现，随着生命的变化而发展，随着生命的结束而消失的。其实，体力是对人体生命最直观、最简洁的说明。因而，在人从生到死的整个生命历程中，它与生命随时相伴，而且一直贯穿始终。农业生产者的体力，就集体或者群来说，生命是一代又一代人的延续，集体的力量以各种形式凝结、储存、集结起来，并且世代相传。随着时间的推移，集体力量的积累使得人类的力量呈现越来越强的趋势。人类正是借助于这种力量脱离了动物界，并且离动物

---

① 《马克思恩格斯选集》第二卷，人民出版社 2012 年版，第 171 页。

② 朱秀英：《论生产力的自组织系统》，《齐鲁学刊》2007 年第 6 期。

界越来越远；同时借助于这种力量，不断地"人化着自然"；还借助于这种力量，从事了丰富多彩的社会活动。可见，体力是人们赖以生存的基本能量，也是从事各种社会活动的物质基础。

农业生产者的智力是依赖于大脑而形成的以思维能力为主的认知客观事物规律以及谋划农业生产经营活动的一种精神力。毫无疑问，它与农业生产者的先天素质密切相关，但主要是后天习得的，即经过后天学习和实践获得的。现实中，农业生产者的一生毕竟处在各种社会关系之中，时时参与农业生产和其他社会实践活动，不断接受他人影响和社会熏陶，经过实践锤炼和思维加工，通过长期积累和反复筛选的过程，逐渐形成了在农业生产劳动中所必须支出的智力。显然，智力实则为个人社会化的必然产物。一般说来，智力在任何时候都取决于一个人认知客观事物、掌握知识的广度与深度，可以说，一个人的智力往往与其认知客观事物规律的程度和掌握知识的广度与深度成正比例关系。提高智力的根本途径分为立足于社会实践和立足于学习理论两种，人们通过实践获得直接经验（个人实践获得的知识），通过学习获得间接经验（别人实践获得的知识），但从本质上讲，人的智力是按照人如何学会改造自然、改造社会和改造自身而不断地增强和发展的，这是深思现实生活所领悟出来的一条普遍规律。在现实生活中，人们通过学历教育提高智力是不言而喻的，但那些善于实践，并善于在实践中反复思考、认真总结、努力学习的人，同样可以具有超凡的智力。身处社会各种行业中的普通劳动者，如果广开眼界，注目现实，也能成为行业技师、能手、学者、专家、名人，如许志超等英模人物就是很好的见证。因此，学历不等于智力，智力也不等于学历。其关键在于后天的个人主观努力，即通过各种途径不断掌握知识以使其智力不断增长的"奋斗效应"。而这种奋斗效应与其所达到的智力高度成正比例关系。也就是说，奋斗效应越高，所达到的智力高度就越高；反之，所达到的智力高度则越低。人的智力是一种特殊的社会存在，它总是以人为本地随着社会的发展而处在不断提高、不断发展的过程之中，而且也总是把改造客观世界同改造主观世界紧紧地联系在一起同时进行。也正是在改造客观世界的实践中不断地改造主观世界，人的智力随着生命的延续得以快速发展。①

---

① 朱秀英：《论生产力的自组织系统》，《齐鲁学刊》2007 年第 6 期。

　　纵观农业发展的历史，就单个个人而言，农业生产者的智力实属人力之本与其生命价值的根本所在；对农业生产来说，人的智力则是其得以产生和发展的根本依据。农业发展从古至今，之所以呈现出日趋文明、不断繁荣和越发壮观的发展前景，其根本原因则在于农业生产者智力的发展，而任何时代农业经济的现实，都是其当时农业生产者智力发展水平的物化反映，即当时农业生产者的集体智慧的结晶。

　　在现实的农业生产过程中，农业生产者的体力和智力相结合、相互作用而不断发展。可以说，只有农业生产者体力和智力结合才会出现生产作为，并且体力和智力相结合的最基本的一项活动就是农业生产劳动。农业生产劳动实质上是农业生产者的体力和脑力的支出或使用，体力和脑力是劳动的主体基础和条件。由于体力、脑力内在于劳动主体自身，是劳动主体的内在的一种关系，具有不可分割性。因此，任何劳动者的任何劳动总是体力和脑力的不同程度地同时支出，而仅有的区别只在于体力支出的多些，还是脑力支出的多些；或者是以体力支出为主，还是以脑力支出为主。但不管怎样支出或者支出多少，人的脑力对体力总是居于支配的地位。这便是劳动者主体内在的体力和脑力之间的辩证关系。农业生产者的劳动能力就是其内在体力和脑力的支出和外化，农业生产者合理地开发和利用自然资源、社会资源、人力资源改造世界获取生产、生活资料的能力就是农业生产者体力和智力的有机统一整体。

　　体力和智力是存在于人的身体之内，外化于农业生产过程之中、加工在劳动产品之上同时又凝结在劳动产品之中的特殊存在，表现为物质生产能力、精神生产能力、人的体力和智力的再生产能力等，而农业生产力就是这些能力的总和。

　　（三）农业生产力的外延

　　农业生产者在合理地开发和利用自然资源、社会资源、人力资源的过程中，既改造着自然又改造着社会；既改造着外部世界又改造着自身；既锻炼了体能又提高了智力水平，一句话，农业生产者在改造世界的过程中充分显示了自身体力和智力的水平，即农业生产力发展的水平。

　　农业生产力从外延来看，是由物质生产力、精神生产力、人类自身生产力构成的统一整体。因为社会生产包括物质生产、精神生产、人类自身再生产三个组成部分，与此相适应，人类作为社会生产的主体，必须具有物质生产能力、精神生产能力和人类自身再生产的能力。不言而喻，生产力作为人自身或类自身的能力，只能是这三种能力的有机统一体。农业生产是社会生产的一个组成部分，农业生产者所具有的物质生产能力、精神生产能力和自身再生产能力的统一就构成了农业生产力。

农业生产者的物质生产力是其利用自然资源、社会资源、人力资源等生产物质产品或物质财富的能力。一般来说，人类要生存就需要衣、食、住、行等生活资料，而要获取这些生活资料就要进行物质资料的生产，在物质生产过程中所表现的生产满足人们衣、食、住、行所需要的物质资料的能力就是物质生产力。农业生产者的物质生产力有其自身的特点，它是农业生产者通过农业生产劳动直接将自然资源、社会资源、人力资源与农业生产过程结合而进行的物质资料生产中显示出来的能力，而它本身又通过农业生产过程将生产资源转化为物质产品或物质财富，其中的一部分再直接进入农业再生产过程，而另一部分则直接进入人们的生活过程。因此，农业生产者的物质生产力是人类社会存在、发展的基础和决定性因素，正如马克思说的，"任何一个民族，如果停止劳动，不用说一年，就是几个星期，也要灭亡，这是每一个小孩子都知道的。"[1] 马克思这里说的劳动，实质上就是农业生产劳动。农业生产者的物质生产力状况决定着社会生活的质量和状况。人类要生存、要发展，必须首先解决物质生活资料的生产问题，随着农业生产者的物质生产力水平的提高，农产品数量的丰富和质量的提高，人们生活的质量就会不断提高。物质生产决定其他各种类型的生产，其中农产品的生产是物质生产的基础。无论是人类自身生产，还是精神生产都离不开物质生产提供的物质生活资料，其中农产品占据物质生活资料的绝大部分。所以，农业生产者的物质生产力在社会生产中起着基础性的决定作用。

农业生产者的精神生产力是其利用自然资源、社会资源、人力资源生产精神产品和精神财富的能力。一般来说，人类在改造世界的过程中，一方面有目的地创造了各种思想、观念、意识、文化、艺术和科技等精神产品，不断地满足自身生存发展的精神需要；另一方面，不断地创新自己的价值观念、思维方式、道德水准、精神面貌和文明健康的生活方式，以实现自身的全面发展。正是在这一过程中显示了人类改造世界的精神生产能力。精神生产力是社会存在和发展的精神支柱。随着社会形态的演化，精

---

① 《马克思恩格斯选集》第四卷，人民出版社 2012 年版，第 473 页。

神文明的作用越来越重要，现在没有哪一个社会、哪一个阶级能够离开或放弃精神文明这个社会凝聚力的支柱而能正常运行。一个国家如果忽视精神文明建设，抛弃精神生产力这个社会凝聚力的支柱，社会生产和社会状态将处于混乱状态，社会的发展就因受到阻碍而停滞不前。一个民族，如果失去了她赖以存在的精神支柱，无论其物质怎样发达，也会失去其凝聚力，失去其存在的根基，所建构的强大的物质体系就会坍塌。苏联的解体、东欧的剧变，不就是很好的例证吗？因此，精神生产力在某种程度上比物质生产力更具有不可估量的社会意义，可以说它是社会存在的凝聚力，社会发展的助推力，社会强盛的向心力。农业是国民经济的基础，农业生产者的精神生产力是国民经济繁荣和发展的精神源泉。随着农业经济的不断发展，农业产业结构的不断优化，农产品技术含量的不断提高，使比较简单的农业生产劳动和低下的农业生产者素质无法继续有效地推动农业生产的增长和农业经济的发展。相形之下，农业生产者的精神生产力对农业经济发展的作用尤其突出，特别是在知识经济到来之际，智力资源对农业经济的增长和农业生产的发展起着越来越重要的作用。农业生产者的精神生产力的发展能够创造丰硕的社会精神财富，提供丰富的精神食粮，充实农村的精神文化生活，这与农业生产者的物质生产力的提高能够创造物质财富一样。农业物质文明满足农业生产者的物质生活需要，即"生存与安居"的需要，农村精神文明满足农业生产者的精神生活需要，即"发展与乐业"的需要。实践证明，农业生产者的精神生产力越发达，农业生产者的精神状态越好，农村的社会风气也就越好，整个社会也就越安定，农村精神文明也就搞得越好，反之亦然。邓小平同志曾经说过，人们的精神垮了，物质搞上去又有什么意义呢？物质文明无论多么先进，如果精神文明搞不上去，也会垮掉的，还谈什么社会生产力呢？从这个意义上讲，农业生产者的精神生产力是社会文明特别是农村精神文明发展的源泉和动力，是农业生产力发展的巨轮之一，离开了农业生产者的精神生产力，"生产发展、生活宽裕、乡风文明、村容整洁、管理民主"就无从谈起。

农业生产者的自身生产力或农业生产者的自身再生产的能力，是指农业生产者利用自然资源、社会资源、人力资源进行生命生产和智能生产的能力，包括农业生产者的自我生命生产的能力、他人生命生产的能力和智能生产的能力。一般来说，人类自身的再生产过程包含两个相互联系的方面，一方面是指人类生命的再生产，另一方面是指人类智能的再生产。人类生命的再生产是指"种的繁衍"或生命的延续，包含生命自我的自己生命的再生产和相对生命自我的他人生命的再生产。人类智能的再生产是指人类的睿智、能力、素质的再生产，包含着单个人智能的提高和整个人类智能的发展两个方面。人类历史自古至今，时时展示着人类在生产劳动中的自我诞生、自我创造、自我完善、自我发展的过程，并展示着人类自身本质力量的升华，展示着作为历史主体的各种角色、各种规定、各种关系、各种作用的显露、形成和迸发，一句话，展示着人类自身再生产的巨大能量，即人类自身生产力。人类自身生产力的水平表现为特定社会历史条件下与人类生存和发展相适应的最佳人口数量和质量（或素质）。人类自身生产力是社会发展特别是知识经济时代社会前进的基础和动力。与此相适应，农业的基础地位决定了农业生产者的自身生产力对农业生产乃至整个社会发展中的作用。

　　首先，农业生产者的自身生产力是农业生产和社会发展的前提，因为生产力首先存在于人的生命有机体内，农业劳动者是农业生产活动的主体，没有农业劳动者的体力和智力的支出，就没有农业生产力。一定数量和质量的人口，是特定社会赖以形成和存在的前提，一个人、几个人不能构成社会。马克思曾经说过："全部人类历史的第一个前提无疑是有生命的个人的存在。"[①] 这里非常清楚地告诉人们，人类社会的史迹起点就是农业，人类开始生活的居住点就是农村，人类开始的身份就是农民，全人类历史的第一个前提无疑是有生命的农业生产者的存在。农业生产者的自身生产力的提高，意味着特定社会对人口数量自觉控制能力的提高，意味着特定社会对人口素质和综合能力的培养水平的提高，意味着整个社会的进步程度的提高。所以，农业生产者的自身生产力的提高对农业发展乃至整个人类社会发展都具有特殊重要的意义。其次，农业生产者自身生产力是农业生产发展的动力。因为农业生产者自身生产力的提高是农业生产发展的目的，农业生产乃至整个社会生产的发展，其最终目的是为人类的生存和发展创造理想的条件，从这个意义上讲，农业生产者的自身生产与社会生产的发展之间是目的和手段的关系。只有人类生存和发展的需要不断更新，社会生产才会不断发展，正是在"需要与生产"矛盾的不断产生

---

① 《马克思恩格斯选集》第一卷，人民出版社 2012 年版，第 146 页。

又不断解决的过程中，社会生产水平呈现出快速上升的趋势，农业生产也不例外，人们也就产生了日新月异的感觉。最后，农业生产者自身生产力是物质生产力、精神生产力向高层次发展的根本条件。随着科技知识更新速度的不断加快，人才的作用凸显出来，没有智力超凡的创新型人才，就没有技术与知识的更新和发展，从而也就没有社会物质生产和精神生产的扩大再生产，也就没有农业生产的持续、快速发展，物质生产力和精神生产力的发展也就无从谈起。因此，农业生产者的自身再生产特别是智力再生产，成了物质生产力和精神生产力的发展条件，成为推动农业生产力乃至社会生产力可持续发展的根本力量。

二 农业生产力的发展状况

农业生产发展的历史承载着农业生产力发展的历史。它们经历了由低级到高级的发展历程。就其中国农业生产力发展而言，在世界农业发展史上，是以著名而称谓的，古代中国也因此被称为"发达国家"。

（一）中国古代农业生产力的发展

农业生产工具经历了木石器时期。最初是木质工具跟石质工具并用，中国人在夏商西周时期进行农业生产就使用木制的耒耜、石头打磨制成的石刀、用蚌壳磨制的蚌镰等。后来发展到同一件工具上同时采用石质与木质材料，成为木石复合工具，如用细小石片镶嵌在木柄上的刀刃、匕首、枪头、箭头、刮刀、刻刀、木石锥子、木石锤子、尖形器、钻孔器、刮削器、切割器等。

据史料记载，中国在商周时期已出现青铜镰刀。大约从战国开始，铁镰逐渐取代铜镰。西汉以后，铜镰已基本消失，作为收割禾秸的铁镰基本定型。春秋时期出现了铁制的其他农具，在战国得以推广，在西汉普遍使用。

农业耕作方法经历了逐步发展过程。如犁耕方式，春秋出现牛耕，战国推广，西汉普遍使用耦犁。汉武帝时，时任"搜粟都尉"或"治粟都尉"的赵过发明了耦犁，或者用二牛一人犁耕，或者用二牛三人一组耕地，大大提高了耕地的效率。到了唐代，在东江地区发明了曲辕犁，又称江东犁。它最早出现于唐代后期，这是我国耕作农具成熟的标志。唐以前笨重的长直辕犁，回转困难，耕地费力。江南农民在长期生产实践中，改进前人发明的直辕犁，创造出了曲辕犁。曲辕犁由十一个部件组成，即犁铧、犁壁、犁底、压镵、策额、犁箭、犁辕、犁梢、犁评、犁建和犁盘。

其优点诸多，如操作时犁身可以摆动，富有机动性，便于深耕，且轻巧柔便，利于回旋。为适应犁地深浅不同的要求，发明制造了犁评和犁建。耕地时，将犁评推进，就可以使犁箭向下，用犁建固定，犁铧入土则深。若提起犁评，可以使犁箭向上，用犁建固定，犁铧入土则浅。将曲辕犁的犁评、犁箭和犁建三者有机地结合使用，既可以适应深耕或浅耕的不同要求，又实现了调节耕地深浅操作的规范化，还便于精耕细作，大大提高了翻耕土地的速度和效益。曲辕犁犁壁的作用十分明显，它不仅能碎土，而且可将翻耕的土推到外侧，减少耕犁前进的阻力，便于人畜在田间行进和操作。之后出现的双铧犁、多铧犁，直到当前使用的机械制动的旋铧犁，都沿用了中国古时候发明的犁壁。曲辕犁结构完备，轻便省力，是当时具有世界领先水平的耕犁。历经宋、元、明、清各代，推动了农业生产力的发展。在推广使用曲辕犁过程中，发现有些农民因缺牛而无法趁雨水土润时及时耕种。于是，赵过又接受前平都令光的建议，令农民以换工或付工值的办法组织起来用人力挽犁。人力挽犁的人可多可少，人多力量大，曲辕犁行进的速度快，一天可耕三十亩，人少的一天也可耕十几亩，与使用耒耜翻地旧办法相比，效率大大提高，使更多的土地得到垦辟。

西汉时期，赵过还推行了代田法，它是适应北方旱作地区的先进耕作方法。农民把耕地分治成圳（田间小沟）和垄，圳垄相间，圳宽一尺（汉一尺约当今0.694尺），深一尺，垄宽也是一尺。一亩定制宽六尺，适可容纳三圳三垄。种子播在圳底不受风吹，可以保墒，也可以保持地温。幼苗在圳中成长，也能得到较多的水分，生长健壮。在一次一次的松地锄草时，将垄上的土同草一起锄入圳中，培壅苗根，使禾苗根深叶茂。到了暑天，垄上的土削平，圳垄相齐，这就使作物的根能扎得深，既可耐旱，也可抗风，防止倒伏。第二年耕作时变更过来，以原来的圳为垄，原来的垄为圳，使同一块地的圳垄轮换利用，以恢复地力。实施代田法耕作的农田，其产量"超出常田一斛以上，善者倍之"。直到今天，有些农作物还沿用这种耕作方法，如山东章丘的大葱种植方法，葱可以长到一米以上，大大提高了亩产量，同时增加了葱茎的长度，优化了大葱的质量。

西汉时期的播种工具也出现了变化。当时使用一种畜力条播机，叫耧车，也叫"耧"、"耧犁"、"耩子"，由耧架、耧斗、耧腿、耧铲等构成。有一腿耧至七腿耧多种，以两腿耧播种较均匀。可播大麦、小麦、大豆、高粱等。从西汉赵过作耧，已有两千多年历史。我国在公元前2世纪发明的多管种子条播机耧车（后来印度也予以采用），才在历史上第一次有效地播种。这种条播机只需要用一头牛、一匹马或一匹骡子来拉，并按可控制的速度将种子播成一条直线，便于日后田间管理。公元前 85 年向京城地区推广耧车。在《正论》中保留下的片段曾说："牛拉三个犁铧，由一人操纵，滴下种子，并同时握住条播机（耧车）。这样，一天内可播种 667 公亩。"后来的农学家王祯对此做了较详细的描述。"劐……或播种用铧，是耧车播种时用的铧，类似三角犁铧，但较小些，中间有一高脊，10 厘米长，8 厘米宽。将劐插入耧车脚背上的二孔中并紧紧绑在横木上。这种铧入地 8 厘米深，而种子经过耧脚撒落下来，因此能在土中种得很深，并使产量大为提高。用耧车耕种的土地，如同用小犁犁过那样。"我国播种系统在效率上至少是欧洲系统的 10 倍，而换算成收获量的话，则为欧洲的 30 倍，而这正是经历 1700 年的情况。在整个这个期间，我国在农业生产率方面比西方要先进很多。一人在前面牵牛拉着耧车，一人在后面手扶耧车播种，一天就能播种一顷地，大大提高了播种效率。汉武帝曾经下令在全国范围里推广这种先进的播种机，还改进了其他耕耘工具，加以提倡代田法，这对当时农业生产发展起了推动作用。现代的机播不还是利用了耧车的原理吗，区别只不过是机械制动，播机宽大，一次可播 10 垄不等。

据西方农业史记载，直到公元 16 世纪还没有条播机时，农业耕种可见有多落后。西方在使用条播机之前，种子是用手点播或撒播的。人们常常要把当年收成的一半谷物留作翌年播种的种子，造成极大的浪费。用手把种子撒播到地里，发芽后长成植株时，诸多禾苗聚集在一起，互相争夺水分、阳光和营养，而且松土保墒、除草管理等问题，都不好解决。据记载，公元 1566 年，威尼斯参议院给欧洲最早的条播机授予了专利权，其发明者是卡米罗·托雷洛。史料留下详细介绍的最早条播机是公元 1602 年波伦亚城的塔蒂尔·卡瓦里纳的条播机，由于简单显得极其原始。欧洲第一个真正条播机是公元 1700 年后不久，杰思罗·塔尔发明、生产，并推广使用的。但对此介绍描述的文章，发表于公元 1731 年。公元 18 世纪，詹姆斯·夏普发明了被欧洲称为较好的一种条播机，还只是单行播种，而且太小，虽其功能较好，但价格昂贵，也没有引起农界的足够重视。可以说，欧洲在公元 19 世纪中叶以前，由于未能利用耧车固有的原理，制造和使用种子条播机属于原始落后状态。一直到公元 19 世纪中叶，欧洲才有足够数量的坚实而质量又好的条播机。

适应农作物的生长规律，利用水文运行规律，开凿河道进行水利工程建设。农作物的生长离不开水，浇水和排水成为农业生产的需要。中国古代就认识到了它们之间的关系，有了"大禹治水三过家门而不入"的动人故事。当时正处于原始社会末期，生产力极端低下，生活非常困难。我国发生了一次特大的洪水。面对到处是茫茫一片的洪水，人们只得逃到山上去躲避。部落联盟首领尧，为了解除水患，召开了部落联盟会议，推举了鲧去完成这个任务。由于他用的是"堙"、"障"等堵塞围截的方法，治水九年，不但没有治住，反而越来越大。尧死后舜当了部落联盟首领，将鲧治罪。推举鲧的儿子禹承担治水任务。禹精明能干、大公无私，总结过去失败的原因，寻找根治洪水的办法。根据水往低处流的道理。根据地势的高低，顺着水流的方向，决定开挖河道把水引出去。于是一方面要加固和继续修筑堤坝，另一方面，改鲧过去"堵塞"的办法为"疏导"来根治水患，一场规模浩大的治水工程便展开了。大禹亲自率领二十多万治水群众，浩浩荡荡地全面展开了疏导洪水的艰苦卓绝劳动。在大禹领导下，广大群众经过十多年的艰苦劳动，终于疏通了九条大河，使洪水沿着新开的河道流入大海。大禹死后，其子启继位，建立了夏朝。从夏朝已有的原始水利，到春秋时期所建的邗沟，战国时期都江堰、郑国渠；秦开通秦渠、灵渠和江南运河；到西汉六辅渠、白渠，文帝、武帝治理黄河；东汉明帝时王景治理黄河；三国时期魏在淮河流域兴修许多水利工程，蜀维护都江堰；到五代十国，吴越修筑钱塘江海塘；等等。特别是唐朝在黄河、长江流域开灌渠，兴建和修复了诸多水利工程，促进了农业生产的发展。

农作物本身也经历了由低级到高级的发展过程。母系氏族时期的半坡种植粟、菜、麻；河姆渡种植水稻。商朝时期有了黍、稷、麦、稻、桑、麻；西周的农业种植物包括了后世大部分作物。秦汉时期从西域传入葡萄、苜蓿、核桃、胡萝卜等。南朝开始种植小麦并推广，水稻栽培技术有了大大提高。人们还认识到农作物生长规律以及与气候的关系，扩大种植区域和种植面积。唐朝时期小麦、荞麦、豌豆、蔬菜种子传入西藏并开始种植，新疆吐蕃开始种植青稞。北宋时期，粟、麦、黍、豆等从淮北传到江南。茶树在福建和长江中下游广泛种植。南宋时期太湖流域盛产稻米，棉花种植从闽粤扩展到江淮。明朝时期江南双季稻，岭南三季稻。桑、麻、棉等广泛种植，促进了纺织业发展，棉布成为人民主要衣料。

畜牧业发展历史反映了农业生产力的发展历程。母系氏族时期的半坡就养殖猪、狗、牛、羊、鸡；河姆渡养殖猪、狗、水牛。商朝时期猪、狗、牛、羊、马的养殖形成规模。北魏的《齐民要术》介绍禽、畜和鱼类饲养。到了唐朝，吐蕃饲养牦牛、马、猪、独峰驼，出现了靺鞨放牧猪群。

人力资源作为农业生产力的主体系统不断发展。特别是隋唐时期大量垦荒，粮食布帛增多，人口增长，唐玄宗时期的人口是唐太宗时期人口的3 倍之多。清朝初期的 100 多年里，耕地增加 40% 以上，人口大量增长。人口数量的增加一方面反映了农业经济的发展，另一方面也为农业生产力可持续发展储备了主体要素的有力支撑。

综上所述，中国作为农业大国，古代农业生产力的发展是处于领先水平的地位，相比西方国家农业生产的发展情况，可以说是"发达国家"，西方国家应该是"发展中国家"。然而，中国农业生产力发展道路并非一帆风顺，中国农业近代化也是历经坎坷。那么，是什么阻碍了中国农业近代化的前进步伐？中国农业生产力发展的主要障碍是什么呢？

（二）近代中国农业生产力缓慢发展及其原因

农业的基础地位决定了农业是社会生存不可缺少也是不可代替的产业，农业生产是一切社会生产得以进行的前提条件，农业生产力水平对国民经济发展起着不容忽视的影响作用，各个国家对此非常重视，尤其是作为农业大国的中国，更要引起足够的重视。一是我国是人口大国，以不足世界 10% 的耕地养活世界 1/4 的人口。二是农业的发展是否稳定直接关系到社会的发展与和谐。有史以来，农业都与社会稳定密切相关，社会制度、社会意识形态等方面的差异往往影响并决定着农业政策，这在近代中国表现得尤为明显。

中国作为农业大国，农业始终是国民经济最主要的生产部门。然而，近代以来农村经济的发展经常处于停滞不前的状态，农业生产呈现出不景气的局面。整个农业经济发展缓慢，致使中国成为经济落后的国家，求其原因不乏复杂。从社会制度与土地政策等方面分析，近代中国农业发展滞后的主要原因有：一是封建土地所有制的制约。土地的封建所有制严重束缚了农业生产力的解放与发展，这是中国农业发展滞后的根本原因。二是农业生产技术十分落后的影响。农业种植养殖技术水平低下，困扰着农业生产力的发展，这是中国农业发展滞后的关键因素。无论何种生产，技术落后导致劳动生产率低下，农业也不例外。三是经营规模狭小限制着农业生产的发展。近代中国由于人口的急剧增长，致使人均耕地面积逐渐减少，加之土地私有制的生产经营规模受限，这是中国农业发展滞后的重要原因。大家知道，耕地面积的狭小不利于生产工具和技术的更新，不利于土地的合理利用和水利的兴修，阻碍了农业生产的进一步扩大和农业生产力的发展。四是农业生产条件恶化的影响。由于人口增速较快，增加了对土地的需求，在大面积垦荒的过程中，只顾其一而不顾其余，破坏了生态环境，旱涝等自然灾害频发，涝灾造成水土流失，旱灾致使农作物不能成长，严重影响了农业的丰收，致使农业生产力停滞不前。

由于以上原因，中国近代呈现出农业发展滞后的趋势。土地是人类生存之本、衣食之源，被少部分人占有违背了事物发展规律，必然导致作为主要依赖土地资源运行的农业生产畸形发展。到了19世纪80年代初，清王朝统治实行封建剥削制度，在农村实行地主土地所有制，地主阶级在农村经济生活中占据垄断地位。封建地主阶级凭借对土地的占有权，残酷地剥削农民，无地少地的农民只能受其奴役、剥削和压迫。由此，无地者日益贫困，土地所有者日益富有，贫富两极分化日趋严重，阶级矛盾激化，导致了农业发展的不平衡性，为近代中国农业发展滞后埋下了不良隐患，对近代中国农业的畸形发展起了推波助澜的作用。

鸦片战争后，帝国主义入侵使得中国社会沦为半殖民地半封建社会。帝国主义通过对中国农副产品出口的掠夺，通过不平等条约攫取的政治经济特权，利用买办以发放高利贷、预购、包销等形式，推行殖民地经济，在中国农村采取更直接的剥削方式。中国农民深受帝国主义和封建统治双重压迫，农民发展农业生产的积极性遭到严重影响，农业经济日益丧失了独立性，逐渐形成了一种具有半殖民地性质的农业经济。随着帝国主义侵略程度的加深，清政府和北洋军阀也继续掌握着统治权力，他们对农业加紧进行搜刮，破坏了农业生产，使农业经济陷入衰退的境地。

综上所述，帝国主义和封建主义势力是中国农业近代化的最大障碍，而地主阶级土地占有制以及对农民的剥削和压迫则是中国农业发展滞后的直接障碍。

新民主主义时期，中国共产党诞生之后，通过对国情的不断探索，形成了农民、农村、农业问题的新认识。1931年建立了完整的土地革命路线，依靠贫雇农，联合中农，限制富农，保护中小工商业者，消灭地主阶级，变封建半封建的土地所有制为农民土地所有制。抗日战争时期，实行减租减息政策。解放战争时期，将减租减息政策变为没收地主的土地分配给农民的政策。在各地土改的基础上，于 1947 年 10 月 10 日公布了《中国土地法大纲》，废除封建半封建剥削的土地制度，实行耕者有其田的土地制度，农民积极性大大提高，农业生产率大幅度提升，农业生产力得到前所未有的发展。

（三）新中国成立后农业生产力的发展历程

新中国成立初期，农业生产大幅度增长。原因是新中国的成立为农业的发展提供了政治保证；新中国成立初期的土地改革，彻底废除了封建剥削制度，解放了农村生产力；党和政府采取措施恢复农业生产，发展了农业生产力。

新中国成立初期的中国农村，农业生产因几千年来封建土地制度的桎梏和长期战乱的破坏而陷入停滞；大多数农民因没有自己的土地和连年的积贫积弱而陷入贫困状态；人数占据比例很小的地主因占有大部分的土地而占据经济优势地位。为了满足刚得到解放的广大农民对土地的迫切需求，为了解放农业生产力，为了发展农村经济，为了逐步实现向社会主义的过渡，新中国在全国大部分地区实行了土地改革。

1950 年，中央人民政府颁布《中华人民共和国土地改革法》，废除封建剥削的土地所有制，实行农民阶级的土地所有制。到 1952 年年底，全国已基本完成了土地改革，彻底废除了在中国占统治地位具有数千年历史的封建土地剥削制度，广大农民从封建制度的压迫和剥削下解放出来，实现了耕者有其田，真正实现了政治、经济上的翻身，为农业生产力得到解放开辟了道路，为农业生产的发展提供了制度保障，为国家工业化的实现奠定了坚实基础。土地改革以后，在农业生产经营方式上，党和政府引导农民开展互助合作运动。在保证旱涝保收的措施上，开展大规模的兴修水利工程。农业生产得到空前发展，到 1952 年，农产品产量超过了中国历史上的最高水平，农民生产的积极性大幅度提高，农业生产力水平达到空前的高度。

我国解放初期，从总体上看，农业经济属于封闭式的小农经济，据资料统计，当时个体农户耕地很少，每人 2—3 亩土地，一户总共十来亩土地，无法实现大规模生产经营，生产工具严重不足，贫雇农每户平均仅占有耕畜 0.47 头，犁 0.41 部；资金十分短缺，一个农户一年用来购买生产资料的支出仅 52.3 元，其中用于购买生产工具的为 6.5 元。诸多弊端不利于农业生产力的发展，如规模狭小不利于现代生产的社会分工，地块分割不利于兴办大规模的农田水利建设，经济实力弱小不利于集中力量抵御各种严重的自然灾害，农产品数量少不利于市场的需求，农产品品种少不利于满足社会主义工业化对农业提供越来越多工业原料的需要。

1953 年到 1956 年，为了改变分散、落后的小农经济束缚农村生产力发展的状况，国家开始对农业实行社会主义改造。采取积极发展稳步前进的方针，实行自愿互利的原则，通过典型示范逐步推进，从农业互助组、初级农业生产合作社到高级农业生产合作社，由低级向高级发展，走向社会主义道路。

1955 年，政府加快了农业合作化的步伐，全国掀起农业合作化高潮。到 1956 年，我国基本上完成了对农业的社会主义改造，个体农业经济转变为社会主义公有制经济。1957 年农业生产任务按计划完成。但因受自然灾害影响，粮棉等增产有限。在这一过渡时期，国家采取的措施有增补旧式农具，推广新式农具，发展提水机具，试办国营拖拉机站以及创办农机工业，农业的机械化有一定程度的发展。创办国营机械化农场，实行规模经营，收到较好的效果。

1958 年北戴河会上通过了在农村建立人民公社的决议，农业生产资料集体所有，统一经营，统一核算。同时以高指标、瞎指挥、浮夸风和"共产风"为主要标志的"左"倾错误严重地泛滥起来。1958 年 5 月，在中国共产党第八届全国代表大会第二次会议上，通过了毛泽东同志主持制定的"鼓足干劲，力争上游，多快好省地建设社会主义的总路线"，确认我国社会主义建设已经进入了"大跃进"时期。1958 年冬开始，尝试和推广人民公社这种农业集体化的模式，这种生产经营模式由于规模太大而不适合当时生产力的发展，损害了农民的利益，打击了农民生产的积极性，农业生产遭到极大破坏，农产品产量急剧下降。

1960 年冬，党中央意识到这些做法的缺陷，开始纠正农村工作中的"左"倾错误，对国民经济实行"调整、巩固、充实、提高"的方针，经济逐步恢复和发展。1962 年 1 月召开的有七千人参加的扩大的中央工作会议，初步总结了"大跃进"中的经验教训，采取了一些经济和政治的措施，从 1962 年到 1966 年农业经济得到了比较顺利的恢复，农业生产力在调整和徘徊中发展。

　　从 1958 年到 1965 年，中央认识到农业的根本出路在于机械化。组织力量大搞农具改革运动，实施了国营拖拉机站下放与重新收归国有的政策，发展与调整农机工业，建立农机修配网，农业机械化有了一定程度的发展，但仍处于探索和调整阶段。1966 年"文化大革命"开始，十年"文革"使得极"左"路线盛行，社会动荡，农业学大寨畸形发展。农村经济和农村生产秩序遭到严重破坏，农业产量长期停滞不前。

　　总之，从 1947 年开始就颁布土地法大纲，废除封建土地所有制，极大地调动了广大农民的生产积极性，促进了农村生产力的发展。新中国成立后，继续推行改革。到 1952 年，实行农业社会主义改造，一定程度适应了当时农业生产力的发展，农业经济在回复中得到发展。到了 1958 年，人民公社制度开始建立，农业生产力收到挫伤。直到 1978 年党的十一届三中全会，农业生产力发展受到政治运动的影响，一直处于徘徊前进状态。党的十一届三中全会之后，农业生产力在实行家庭联产承包责任制，解放和发展了农业生产力，调动了农民的生产积极性，推动了农业发展，农村开始了历史性变革，也为工业和服务业的发展准备了条件。与此同时，农村经济体制改革还推动了城市经济体制改革。

　　（四）改革开放以来农业生产力发展

　　中国共产党领导中国人民历经六十余年的艰难探索，特别是三十余年的改革开放，推动中国农村经济步入了质量和效益全面提升的新阶段，呈现出农业增产、农民增收、农村稳定的良好局面，新农村建设日新月异，成果显著。

　　实行家庭联产承包责任制，解放和发展农业生产力。十一届三中全会后社会主义现代化农业建设新时期，1978 年冬，安徽省凤阳县小岗村 18 位农民签订的一张包产合同书掀起了包产到户的序幕。1982 年 1 月 1 日，中共中央批转《全国农村工作会议纪要》（1982 年"中央一号文件"）承认"包产到户"和"包干到户"是社会主义的农业生产经营方式，实现了社会主义认识上的飞跃，实现了农业经营体制的突破。1983 年 1 月，中共中央印发《当前农村经济政策的若干问题》的通知（1983 年"中央一号文件"）。全面彻底地肯定了家庭联产承包责任制。从此全国范围内农业上开始普及家庭联产承包责任制，适应了当时农业生产力发展状况，推动了农业生产力的发展。

　　稳定农村土地承包关系是土地改革的亮点。1993 年 3 月 29 日，第八届全国人民代表大会第一次会议通过的《中华人民共和国宪法修正案》，把家庭承包责任制和双层经营体制写入了宪法。1993 年 7 月 2 日，第八届全国人民代表大会第二次会议通过了《中华人民共和国农业法》，强调"国家实行农村土地承包经营制度，依法保障农村土地承包关系的长期稳定，保护农民对承包土地的使用权。"① 并用法律的形式确立农业产业化经营的主导地位。1993 年 11 月 5 日颁布的《中共中央、国务院关于当前农业和农村经济发展的若干政策措施》提出，"为了稳定土地承包关系，鼓励农民增加投入，提高土地的生产率，在原定的耕地承包期到期之后，再延长三十年不变。"② 同时还提出，"从明年起，国家定购的粮食全部实行'保量放价'，即保留定购数量，收购价格随行就市。"③

实施粮食等主要农产品流通体制改革，解放和发展农业生产力。随着农业基本经营体制的确定和农业生产效率的提高，农产品流通体制改革势在必行。从 1979 年开始，中国政府就逐步减少农副产品的统派购任务和派购种类。1994 年国务院发布《关于深化粮食购销体制改革的通知》，提出粮食经营实行政策性业务和商业性经营两条线运行机制，构建了粮食流通体制改革的框架。1995 年 4 月，下发《国务院关于深化粮食棉花化肥购销体制改革的通知》，对农产品的统派购制度进行全面改革，取消了粮食、棉花的统购任务，改为合同订购方式，实行价格"双轨制"。并规定定购以外的粮食、棉花可以自由上市，同时放开各类农产品的价格，由市场的供求关系决定。1986 年又适当减少了合同订购数量，调动了农民生产粮食的积极性，实现了包括粮食在内的主要农产品从长期短缺到供求基本平衡、丰年有余的历史性转变。

进入 21 世纪，粮食流通体制改革取得了突破性进展。2004 年 4 月 23 日，《国务院关于进一步深化粮食流通体制改革的意见》发布，新一轮粮食流通体制改革正式启动，粮食购销完全实现了市场化，重新实行了最低保护价收购政策。至此，农产品流通体制改革取得成功，促进了粮食生产力的发展。

发展乡镇企业增加收入，为发展农业生产力注入活力。伴随着农产品流通体制的改革，鼓励农民发展多种经营，优化种植业结构，还鼓励农民

---

① 《中华人民共和国法律》，人民出版社 2013 年版，第 1429 页。
② 《十四大以来重要文献选编》上，人民出版社 1996 年版，第 481 页。
③ 同上书，第 482 页。

利用手中积累的资金从事工商业生产，这极大地促进了农村乡镇企业的发展，形成乡镇企业异军突起的意想不到的局面。十一届三中全会以来，我国乡镇企业即社队企业改名的乡镇企业迅猛发展，对壮大农村集体经济，支持农业生产力发展，推动农村第二、第三产业快速发展，增加农民收入和承接农村劳动力转移，促进全国经济的发展发挥了不可替代的重要作用。20世纪90年代，是乡镇企业发展的第二个高峰期。1992年至1996年，乡镇企业总产值从17659.7亿元增加到68343亿元，年均增长率为41.86%。诸多地区充分利用了农产品资源优势，以加工企业为龙头，实行种养加工一体化、产供销一条龙，有效缓解了就业压力，优化了农村劳动力结构，解决了农业比较效益低的问题，促进了农产品的增值、增效，为农业适度规模经营、提高劳动生产率创造了条件，有力地促进了工业化与城镇化、经济与社会的协调发展。

实施农业产业化经营战略，解放和发展农业生产力。在强调土地承包经营的稳定性，稳步推进粮食等主要农产品的流通体制改革的同时，党的十四大提出，要使农业和农村经济的发展建立在一个新的起点上。1992年9月国务院发布了《关于发展高产优质高效农业的决定》，明确提出要以市场为导向，继续调整农业产业结构，加快高产优质高效农业的发展。1993年年初，山东省潍坊地区首次提出了农业产业化的概念。1996年出台《中共中央、国务院关于"九五"时期和今年农村工作的主要任务和政策措施》，强调贸工农一体化、农业产业化在农业商品化、产业化、现代化中的作用，为农业生产力开辟了新的发展空间。

建设社会主义新农村，整体推动农业生产力发展。1991年11月29日党的十三届八中全会通过了《关于进一步加强农业和农村工作的决定》，指出："建设有中国特色社会主义的新农村，进一步巩固工农联盟"。[①] 1998年10月14日党的十五届三中全会通过了《关于农业和农村工作若干重大问题的决定》，再次提出"建设有中国特色社会主义新农村"。[②] 2005年10月中共中央召开十六届五中全会通过的《"十一五"规划纲要建议》，把社会主义新农村建设作为现代化进程中的重大历史任务提出来，并规定"二十字"新农村建设的内容，即"生产发展、生活宽裕、

---

① 《十三大以来重要文献选编》下，人民出版社1993年版，第1760页。
② 《十五大以来重要文献选编》上，人民出版社2000年版，第576页。

乡风文明、村容整洁、管理民主"。① 这反映了我们党把繁荣农村经济、增加农民收入、提高生活质量、优化农村环境、提升农民素质、强化农村民主建设等作为系统工程来加强建设，从整体上推进农业生产力的可持续发展。

实施城乡统筹发展战略，解放和发展农业生产力。1998 年 10 月 14 日，党的十五届五中全会通过了《中共中央关于农业和农村工作若干重大问题的决定》，总结了农村改革 20 年来的基本经验，提出了跨世纪发展的目标和方针。2005 年 12 月 29 日，十届全国人大常委会第十九次会议通过决议，新中国实施了近 50 年的农业税条例被依法废止。仅减免税一项，国家每年减轻农民负担 1335 亿元。这一阶段农业和农村政策的最大变化，废除农业税、以工补农、以城带乡的城乡统筹发展战略的实施，标志着我国农业生产力进入历史性发展新阶段。

实施科技兴农战略，解放和发展农业生产力。自改革开放以来，我们实施了农机具革新、优良品种培育、农业技术培训、农村文化大院等有效措施，推动了农业生产力的发展。人们可以看到，农村面貌发生了很大变化，农业的机械化以及农业的教育，技术体系更是得到了很大程度的发展。普及使用大型农业机械提高了生产效率，普遍推广优良品种提高了农产品产量，农民的科学技术水平日益提高，农业科技人才作用充分发挥，农业科技成果不断涌现，如此等等，标志着我国的农业生产力发展迎来了一个全面发展的新时代。

综上所述，中国作为发展中国家又人口众多，要实现全面建成小康社会的目标，农业发展必须实现全面繁荣。改革开放以来，我国农业经济发生了翻天覆地的变化，在保障农产品供给、保证食品安全以及保持社会稳定等方面发挥着重要作用，但距离全面建成小康社会的要求还有很大差距。克服差距，加快农业和农村经济可持续发展，必须大力发展农业生产力，逐步形成农业物质生产力、精神生产力、农业生产者自身生产力全方位发展，农业生产力构成要素和载体要素多层次协调发展格局。

---

① 《十六大以来重要文献选编》中，中央文献出版社 2006 年版，第 1050 页。

第三章 农业生产力的载体系统

  农业及农业生产发展的历史证明，农业发展、农村经济繁荣的大好景象都是农业劳动者能力即农业生产力外化的结果。既然农业生产力是人们在农业生产中合理开发和利用自然资源、社会资源、人力资源正确处理人与自然界、人与社会、人与人之间的关系显示出来的人类获取生产、生活资料的能力，是从事农业生产的人们所具有的体力和智力的统一体，包括物质生产力、精神生产力、人类自身生产力，那么它存在于人的身体之内就无疑了，可是它又怎样表现于外，怎样形成引起现实世界变化的一种能力或力量呢？再进一步说，从事农业生产的劳动者有能力认识和改变外部世界，有意识指导自身与外部世界进行物质与能量的转换而使得自身的能力迸发出来，这不得不使人们联想到，达到此目的必须有连接农业生产者自身与外部世界的桥梁，更确切地说，必须有能量转换和能力迸发的载体系统，即农业生产力的载体系统。那么，农业生产力的载体系统是什么呢？不言而喻，农业生产者的物质生产能力、精神生产能力、人类自身生产能力，在农业生产过程中通过载体系统即主体性要素、实体性要素、渗透性要素、运筹性要素、潜在性要素、准备性要素而形成巨大的能量释放出来，在生产过程结束时生产出诸多农产品，创造出大量的物质财富和精神财富，因而使得农业生产力成为人类的"专利"，而非他物所共有。

  众所周知，生产力是人们在生产过程中显示出来的认识和改造世界的能力，既然如此，人的能力必须存在于人自身或类自身，必须由人自身的、内在的力量所组成，这种人或类的内在力量包含体力和智力两个方面，所以生产力的构成要素应该是人内在的体力和智力，而不是存在于人体之外的东西。如果这种推论成立的话，那么平时人们所称的生产力构成要素即劳动者、劳动资料、劳动对象，就不是生产力即人的能力本身的构成要素，而是生产力载体系统的构成要素。因为人的内在力量表现于外才能发挥或者显示出来，这就需要有载体要素来支撑。随着科学技术的巨大进步、经济增长因素的日趋复杂化，其载体系统呈现多元化的发展趋势，主要包括主体性要素、实体性要素、渗透性要素、运筹性要素、潜在性要素、准备性要素等。与此相适应，农业生产力的载体系统也是由主体性要素、实体性要素、渗透性要素、运筹性要素、潜在性要素、准备性要素组成的有机整体。

农业生产者内在的体力和智力的发挥离不开农业生产者的生产活动，农业生产者作为主体要素将自己的能力施加在生产资料上，这样劳动资料和劳动对象就成了承载农业生产力的实体性要素。农业生产者使用生产工具加工劳动对象，需要知识和技术等渗透性要素。农业生产不是单个人的生产，而是集体的社会的活动，这就需要管理和组织等运筹性要素。农业生产的各个部门，需要了解和掌握事物存在和变化的情况制定行动方案和决策，这些事物存在和发展变化的信息就成了农业生产力发展的潜在性要素。当然农业生产者还要学习知识和技术，提升生产能力和操作水平，这就需要教育等准备性要素。因此，这些主体性要素、实体性要素、渗透性要素、运筹性要素、潜在性要素、准备性要素等，就形成了承载农业生产者体力和智力的载体系统。

第一节　农业生产力载体系统的主体性要素

农业生产力是获取生产、生活资料的能力，既然是一种能力，就不是实体性范畴，而应归属于属性的范畴，是某物或某现象的一种属性，内在地包含在某物或某现象之中，那么，某物或某现象就是该属性的承载体。这种承载体如果是人或人类，就可以直接称为主体承载体；如果是人之外的其他客观事物或现象，就可以称为客体承载体。何为农业生产力的主体性承载体呢。

一　农业生产者是农业生产力载体系统的主体性要素

农业生产力载体系统的主体要素是指农业劳动者或农业生产者。农业生产力是获取生产、生活资料的能力，这一能力主体就是农业生产者，也就是说，这种能力是农业生产者的能力，而非他物所具有的。

马克思曾经指出："劳动过程的简单要素是：有目的的活动或劳动本

身，劳动对象和劳动资料。"① 马克思所说的"有目的的活动"，就是劳动者在劳动过程中运用劳动资料改造劳动对象的活动。马克思所说的"劳动本身"，就是在劳动过程中付出体力劳动以及脑力劳动的劳动者本身。劳动者是指具有一定生产经验、劳动技能和智能的人，包括单个人的个体、集体结合的组织和整体统一的人类。② 由此可知，农业劳动过程也包括劳动者、劳动对象和劳动资料，农业劳动者运用劳动资料，将自己的体力和智力加工在劳动对象上，形成现实的农业劳动过程。农业劳动者是体力和智力的所有者，是农业生产力载体系统的主体要素。农业生产者从传统的意义上讲主要指农牧民，现在一般是指从事农业（包括种植业、养殖业、林业、牧业、水产养殖业）生产的单位和个人。

二　农业生产者的主体作用

农业生产者可以是单个人，也可以是集体或组织。农业生产者作为农业生产力载体系统中的主体要素，在农业劳动过程中起着主导作用。

农业生产者发挥主观能动性，提升农业生产力发展水平。农业生产者之所以在农业生产力载体系统中发挥主体作用，是因为农业生产者具有主观能动性，与其他劳动者一起，既能认识世界，又能改造世界，能通过自己的劳动，按照客观事物的情况调整人与自然、人与社会以及人与人的关系，发展农业生产，提高农业生产效率。农业生产者发挥主观能动性，认识农作物的生长规律，认识农作物生长与大自然的关系，利用自然条件促进农作物的生长。如充分认识农作物与阳光和温度的关系，在冬天建立温室，利用大棚种植蔬菜，解决北方冬天的生活问题，提高人们的生活质量，发挥智力作用，增强人的体力体能，促进自身生产力提高的同时，也促进了农业物质生产力水平的提高。现实的农业生产中所有遵循农作物生长、动植物生长、天体运行、气温变化等规律，改变农作物、动植物原生长时间和空间的技术和生产，都是发挥农业生产劳动者主观能动性的结果。

农业生产者发挥创造性，提升农业生产力发展水平。农业生产者之所以在农业生产力载体系统中发挥主体作用，是因为农业生产者还具有创造性，在劳动过程中把劳动资料、劳动对象、信息等要素有机地结合起来，

---

① 《马克思恩格斯选集》第二卷，人民出版社 2012 年版，第 170 页。

② 朱秀英：《生产力是什么》，《当代思潮》2004 年第 5 期。

制造新型农产品，增加农产品产量和质量，创造农产品的新价值或者使农产品产生价值增值。如果没有生产劳动者的主体要素，只有物的、客观的要素，就不可能有农业生产力，只有发挥农业劳动者的创造性作用，积极地、富于创造性地参与农业劳动过程，才能使农作物、饲养物的因素"活"起来；才能使农业生产过程中主体性要素与实体性要素、渗透性要素、运筹性要素、潜在性要素、准备性要素等合理有效地结合于生产过程之中；才能使农业生产工具的制造、操作和改进以及农业劳动对象的利用和扩展成为现实；才能使改造自然获取物质资料的能力或力量迸发出来，形成现实的农业生产力。如果没有农业劳动者的体力优势做支撑，认识世界、改造世界的活动就无法形成，人们改造自然获取物质资料的能力或力量就变成不可思议的东西了。如果没有农业劳动者的智力优势，就没有农业科学技术的发现，农业科技的开发和利用就无从谈起。如果没有农业劳动者运筹帷幄的能力，农业生产过程中的各种要素就不能实现有效的结合，就无法进行农业生产。

综上所述，只有发挥农业生产者的主观能动性、创造性，才能对农业生产过程进行规划、组织、协调和控制，使农业生产力载体系统中的诸要素有机地结合，最优化和最大化、最充分地发挥其效能，提高农业劳动生产效率，确保农业生产力的可持续发展。

第二节 农业生产力载体系统的实体性要素

农业生产力作为农业生产者获取生产、生活资料的能力，除了主体承载体之外还有客体承载体。客体承载体又包括实体性要素、渗透性要素、运筹性要素、潜在性要素、准备性要素等。何为农业生产力客体承载体的实体性要素呢，或者何为生产力载体系统的实体要素呢？

一 劳动资料是生产力载体系统的实体性要素

现实的农业生产劳动过程，是农业劳动者运用农业生产工具等劳动资料作用于劳动对象的过程，是农业劳动主体作用于客观实体物所形成的获取生产生活资料的实实在在的劳动实践过程。劳动资料和劳动对象在农业生产过程中承载着农业劳动主体付出的体力和智力，可以说农业生产力作为体力和智力的统一体是农业劳动主体所付出的，印记在劳动对象和劳动资料之上的或者说通过劳动资料和劳动对象显示出来的农业生产者的能力或力量。那么，农业生产力载体系统的实体要素理所当然的就是农业劳动资料和劳动对象了。

众所周知，无论何种生产，其劳动资料都是劳动者作用于劳动对象并使其发生变化的工具、手段等媒介体和传导物，劳动资料是过去人们征服和改造世界获取物质资料的能力或力量的载体，也是今后人们形成新的征服和改造世界获取物质资料的能力或力量的工具。① 正像马克思所说的："这样，自然物本身就成为他的活动的器官，他把这种器官加到他身体的器官上，不顾圣经的训诫，延长了他的自然的肢体。"② 也就是说，劳动资料特别是生产工具加在劳动者身体器官上，延长了劳动者的肢体，至于何种劳动资料，延长劳动者肢体到什么程度，都与当时的社会历史条件密切相关。劳动资料具有历史性特点。就农业生产而言，农业劳动资料是农业劳动者作用于农业劳动对象并使其发生变化的工具、手段等媒介体和传导物，从其与自然的关系来看，经历了接近自然、对天然物稍加改造的原始阶段；改造自然、对天然物进行锻造改变其形状的进化阶段；创新自然、对一种或几种自然物进行融合加工生成新物质或改变其性能的创新阶段。从农业劳动资料自身的性质来看，经历或正在经历石器时代、金属时代、电子时代、智能时代。

农业劳动资料是一个结构复杂、范围广泛的物质载体系统，其中包括农业生产过程中所必备的生产工具以及除劳动对象之外的其他物质资料，如场地、动力和能源设备、运输设备、储藏设备等，在现代化农业生产中，还包括自动化控制系统以及与此相连的信息传递系统等。

二　劳动对象是生产力载体系统的实体性要素

就一般意义来说，劳动对象是指纳入生产过程中的被加工和利用的一切对象，包括天然存在的劳动对象即纯自然物，如矿藏、自然森林、江河湖海水力资源、土地资源、空气等；还包括经过劳动加工过的劳动对象即人化自然物，如织布用的棉纱、炼油用的原油等。劳动者只有使用生产工具作用于劳动对象的时候，才能进行生产劳动；也只有将自己的劳动附加

---

① 　朱秀英：《生产力载体系统的解析与重构》，《生产力研究》2006 年第 3 期。

② 　《马克思恩格斯选集》第二卷，人民出版社 2012 年版，第 171 页。

其上，才能形成现实的生产过程，并在这一过程中显示认识和改造世界的能力或物质力量。

就农业生产的劳动对象来说，是指农业生产者通过劳动工具、劳动技能、资金和物资的作用，生产粮食、糖料、油料、蔬菜和水果等农产品的对象，如土地等。农业劳动对象除具备劳动对象的一般特点之外，还有自身的特点。在人类初期，土地是农业最基本的劳动对象，人类依赖于土地进行生产，劳动对象极其狭窄。农业劳动对象常常是未经人类劳动加工过的自然物，如种植物的种子、养植物几乎都是来自天然生长物，只是随着时间的推移，劳动周期循环的多次重复，自然物的遗传变异，才逐步成为经过人类劳动加工过的物品，慢慢地失去了纯自然物的原生态性，成为人化自然的产物。历史发展至今天，这种趋势更加强烈和凸显，以致似乎没有了纯自然物而形成的劳动对象的踪影。

随着社会的进步，人们的日常生活用品特别是食品更加讲究原生态，追求野生性，如鱼类食品，什么野生带鱼、野生海参、野生对虾、野生螃蟹、野生鲍鱼等，就连饭店名称也改成了什么野生鲍鱼馆等。随着市场经济的发展，这种野生食品与养殖食品的价格差异很大，有的是一两倍，有的甚至是十倍以上。有的经销商为了让人们相信是野生的，采取了诸多办法，其实随着养殖技术的提高，除了生长时间有长有短外，其余的差异并没有像人们说的那么神乎其神。但是，一些牲畜和家禽的饲养食料，乃至食料中的添加剂，的确是值得人们注意的食品安全性问题。这就为农业生产带来了冲击和挑战。

种植物的种子是否转基因问题，是人们十分关注的食品安全问题，也是对农业生产挑战性极强的问题。近年来，农业种植物的产量提高很快，除了农业生产管理和土肥地力的优化外，品种的培育也起了很大作用。其中，的确有品种转基因的现象，它有可能带来多倍的收成，但是对人类成长的优化以及人类遗传变异的负面影响也不可小觑。1983 年，全球第一例转基因烟草在美国问世，30 余年来转基因食品的研究开发迅猛发展，农产品品种数量及亩产量也成倍增长，有关转基因食品的问题日渐凸显。目前转基因品种主要有抗虫转基因作物，抗除草剂转基因作物，既抗虫又抗除草剂即"双抗"转基因作物三类。转基因作物具有增加单位面积产量、降低生产成本、增强抗虫害和抗病毒等能力、提高农产品保鲜性和耐贮性、缩短农作物开发时间、摆脱季节和气候影响而四季低成本生产、打破物种界限培植新物种等优点，显示了劳动对象范围扩大和质量优化的发展过程。但是，在基因食物进入人体后可能会影响抗生素对人体的药效，农作物中的突变基因可能会导致新的疾病，基因的人工提炼和添加，有可能增加和积聚食物中原有的微量毒素，甚至会产生新的毒素。对于生态系统而言，转基因食品是对特定物种进行干预，使自然生存法则时效性破坏，引起生态平衡的变化，其危害是不可逆转的，必须进行研究和鉴定，以尽快得出结论。

第三节　农业生产力载体系统的渗透性要素

农业劳动者在运用农业生产工具等劳动资料作用于劳动对象的过程中，起始阶段非常的简单，没有什么科技含量，只是利用简单的生产工具靠着大自然的赐予进行生产劳动。随着历史的发展和社会的进步，农业生产中越来越多地渗透着科学知识和科学技术。所以，按照唯物主义的观点，应该实事求是地把科学技术称为农业生产力载体系统的渗透性要素。

一　农业科学技术是农业生产力载体系统的渗透性要素

科学技术是指以知识形态存在的关于自然、社会、思维的本质及其规律的科学知识体系以及人类将科学知识应用于生产过程中所积累起来的经验、方法、技巧、工艺、能力等因素的总和。严格来说，科学和技术是可以分开的，科学一般是指人们对某一领域的客观事物及其规律的正确认识和准确把握，以知识形态而存在。技术则是人们在对事物正确认识的基础上，按客观事物的运行规律对客观事物的掌控、加工、锻造等方法和技巧等。后者是对前者的利用，前者往往是后者的基础。现实中往往又难以区分，常常交织在一起，所以人们就形成了连起来称谓的习惯。

科学技术与生产力的关系如何呢？人们常常把科学技术称为生产力或第一生产力，这不是将二者等同，而是强调科学技术在生产力中的地位。其地位是什么呢？马克思指出："生产力中也包括科学"。[①] 又说"劳动生

---

① 《马克思恩格斯选集》第二卷，人民出版社 2012 年版，第 777 页。

产力是随着科学和技术的不断进步而不断发展的"。① 邓小平同志指出："科学技术是第一生产力。"② 江泽民同志指出："科学技术是第一生产力，而且是先进生产力的集中体现和主要标志。科学技术的突飞猛进，给世界生产力和人类经济社会的发展带来了极大的推动。未来的科技发展还将产生新的重大飞跃。"③ 这些都从一般意义上说明了科学技术在生产力中的地位。用一句话可以概括为，科学技术是生产力载体系统的渗透性要素。不言而喻，农业科学技术就是农业生产力载体系统的渗透性要素。

农业科学技术是揭示农业运行规律的知识体系及其在农业生产中应用的各种操作方法和技能。人们在农业生产中，逐步认识和掌握了农业生产及其内在联系，长此以往，将获得的认识概括成知识体系，形成了农业科学知识。将农业科学知识运用于农业生产过程，转化为农业生产者的技术和技能，又形成了农业科学技术。农业科学技术的产生和应用，推动了农业生产乃至农业生产力的发展。

二　农业科学技术的渗透作用

农业科学技术作为农业生产力载体系统的渗透性要素，扩散和渗透于农业生产力载体系统的各个要素及相互结合的方式中，以提高农业生产力的发展水平。

农业科学丰富农业生产者科学知识水平，农业技术促进农业生产者的劳动技能或生产技术极大提高，促使农业生产者由体力型向体力智力的结合型转变，进而再向科技型、智能型转变，形成"人化"的科学技术。农业的丰歉与人们对农业发展规律的认识有密切的关系，农业生产者掌握和运用农业科学知识于农业生产过程中，就能按照农作物生长规律或畜禽生长规律来运作相应的生产过程，使之健康生长，实现效益最大化。农业生产者将科学知识内化为种植、养殖技术或其他操作技能，提高劳动生产率。还可以运用与农业生产相关的其他科学知识，加强农业管理、防止病虫害、防旱防涝等，确保农业丰收，提高农业生产力水平。

农业科学技术促进农业劳动资料的变革和革新，特别是促使农业生产工具由手工工具过渡到普通型机械工具，再过渡到自动化机器设备、智能型综合机械体系，形成"物化"的科学技术。农业及其相关的科学技术

---

① 《马克思恩格斯选集》第二卷，人民出版社 2012 年版，第 271 页。
② 《邓小平文选》第三卷，人民出版社 1993 年版，第 373 页。
③ 《江泽民文选》第三卷，人民出版社 2006 年版，第 275 页。

在农业生产中的运用，除提高劳动者的知识技能，就是革新农业生产工具，并且对农业生产工具的改进和创新，是农业科学技术渗透到农业生产力之中的最为突出的表现。因为农业生产工具不论是外观的改变还是性能的改变，都是外化于人们视野之中的，其作用也是显而易见的，常常人们智力提升、科技水平提高也是通过生产工具的改进来实现的。科学技术日新月异的今天，农业科学技术渗透于农业劳动资料之中，使之发生创新而显示出来的威力更为显现。到将来农业智能型综合机械体系的产生与应用，其作用会更加巨大，到那时农业生产力的水平有可能是现时代的人们预想不到的。

农业科学技术促进农业劳动对象范围的扩展，促使农业劳动对象的合理利用、优化利用、综合利用，提高农业生产效益，提升农业生产力发展水平。科学技术水平的不断提高，使人们的实践范围逐步扩大，进入人的实践范围的事物越来越多，随之劳动对象的范围也逐渐扩大。劳动对象具有功能的多重性，就农业劳动对象的生产功能来看，具有为人类提供营养需求、品尝需求和原料需求的农产品的生产功能。如土壤具有固定农作物和为农作物提供养分、水分、温度等功能；水具有为农作物提供营养输送和有机物合成的功能；生物具有利用土壤、气候和水生产农产品的功能。农业科学技术可以开发农业劳动对象的新生产功能。如优良品种的培育；可以对同一种劳动对象的多种功能进行综合利用，发挥最大效能。如水资源的利用等；可以对多种劳动对象的多种功能加以综合开发和利用，实现优化组合，形成整体的系统功能。如土壤、气候、水和生物功能的发挥都是以综合形式存在的，土壤栽植农作物过程中表现出稳固农作物的作用，但是，土壤中的养分和水分必须经过农作物根系的吸收才能进入农作物的体内，并通过农作物生理生化的作用形成有机物质，使农作物生长出根、茎、枝、叶、花、果等，而养分和水分被吸收状况还受到温度的影响，适合农作物生长的温度有利于养分的分解、转化，有利于养分和水分的吸收，温度高或低则不利于作物的生长，甚至会导致养分和水分吸收停滞或根系生长缓慢，严重者可导致农作物死亡。农业科学技术还可以使劳动对象的时间和空间发生变化，如冬季的大棚种植技术、南水北调工程、高位池养虾技术等。总之，科学技术使农业劳动对象的主要成分由自然资源变成再生型、扩展型的人工资源，使农业劳动对象的功能改变单一孤立型，实现资源的合理开发、利用和优化，形成可持续发展的农业生态环境。

农业科学技术促使生产力载体系统的各个要素优化组合和良性运行，使多要素、多动因、多变量的生产力复杂系统出现良性制衡和发展的最佳取向，由此按几何函数推动生产力的跳跃式发展。① 生产力载体系统的各个要素优化组合是提高农业生产力发展水平的关键问题，现代农业发展方向是提高生产力载体系统的各个要素配置效率，发展的重点是在农业生产中形成一个物质、能量和信息良性循环的生态系统，从而实现生产力载体系统内多环节、多层次、循环综合利用，形成主体性要素、实体性要素、渗透性要素、运筹性要素、潜在性要素、准备性要素等高效率配置的良性运行机制，推动农业生产力的可持续发展。

第四节　农业生产力载体系统的运筹性要素

从系统论的视角看，农业生产力本身是一个有机统一整体，农业生产力载体系统也是一个有机统一整体，整体包含着诸多部分，系统包含着许多要素，无论是部分组成整体，还是要素组成系统，都离不开构成成分的有机整合。然而，构成成分的有机整合又是通过管理才实现的。所以，管理要素在生产力载体系统中占据重要地位。同样的道理，农业管理在农业生产力载体系统的作用也是不容忽视的。

一　农业管理是农业生产力载体系统的运筹性要素

管理是指管理人员对所从事的实践活动和拥有的资源进行有效的决策、计划、组织、领导、控制，以便达到既定组织目标的行为过程。从宏观来看，可以按照管理的性质划分管理的基本形式，包括政治管理、行政管理、经济管理等；可以按照管理的范围划分管理的基本形式，包括工业管理、农业管理等。农业管理是指农业管理人员对农业生产经营活动和拥有的农业发展资源进行有效的决策、计划、组织、领导、控制，以便使农业发展过程中的诸要素有机结合，充分发挥其作用的农业管理行为，是由农业管理者、管理方法、管理行为构成的有机整体。从微观来看，就农业管理而言，可以按照管理的项目划分管理的基本形式，包括农业经营管

---

① 朱秀英：《论生产力的自组织系统》，《齐鲁学刊》2007 年第 6 期。

理、农业生产管理、农业物质资源管理、农业人力资源管理、农业财务管理、农业质量管理、农业技术创新管理等。特别指出的是农业生产管理，它是指管理人员对其生产经营活动进行规划、组织、协调和控制，使农业生产力系统中的诸要素有机地结合，充分发挥其效能，提高经济效益的行为，是由管理者、管理方法、管理行为构成的有机整体。

对于管理与生产力的关系，人们的看法各异，有人直接把管理看作生产力，即管理就是生产力。还是那句话，生产力是人的能力，存在于人自身或类自身，要发挥出来或表现于外的话，需要有载体来承载；而人的这种能力又是多方面的，其载体也是多方面的，管理就是其中的一种载体，是发挥运筹作用的载体。管理要素作为生产力载体系统的运筹性要素，马克思和恩格斯在《德意志意识形态》中就有过类似的论述。马克思和恩格斯指出，生产力始终与人的共同活动不可分割，"而这种共同活动方式本身就是'生产力'"。① 这里的共同活动方式就是说的发挥运筹作用的管理要素。马克思在《资本论》第三卷中指出："凡是直接生产过程具有社会结合过程的形态，而不是表现为独立生产者的孤立劳动的地方，都必然会产生监督和指挥的劳动。"② 这里的监督劳动和指挥劳动就是指的经营管理。人类劳动一开始就是集体的、社会的活动，最初的劳动所表现出来的低水平的生产力中就是通过载体要素表现出来的，其中运筹人与人、人与物的结合，并且使人类劳动具有社会性特征的因素就是管理。

农业管理作为农业生产力载体系统的运筹性要素，就是指管理行为主体对农业生产力的各种构成要素、农业生产力载体系统的构成要素进行有效的决策、计划、组织、领导、控制的管理行为，并通过其影响促进农业生产力诸要素优化自身，充分发挥其最大效能，使得各种要素优化组合，迸发出农业生产力整体的最大功效。

二　农业管理的运筹作用

随着社会的进步和发展，社会分工呈现复杂化趋势，农业管理因素在农业生产力载体系统中的地位日趋凸显，在农业生产力发展中的作用越来越重要。主要表现在人的要素和物的要素的结合以及人力资源的优化组合等方面。在现代生产条件下，农业产品的更新速度日趋迅速，农业生产过

---

① 《马克思恩格斯选集》第一卷，人民出版社 2012 年版，第 160 页。
② 《马克思恩格斯选集》第二卷，人民出版社 2012 年版，第 559—560 页。

程日趋复杂，农业生产范围日趋扩大，农业内部分工日趋精细，加之市场竞争日趋激烈，社会关系日趋微妙，加强农业管理日趋成为农业发展特别是农业经济工作中的重要任务。只有加强并且科学地进行农业管理，正确地进行农业经营决策，合理地安排农业生产要素，灵活地调度和使用农业发展资金，充分地利用人力资源，积极地开拓农产品市场，中国农业才能在世界农产品市场竞争中立于不败之地。这就要求农业管理者在农业生产决策、组织、领导、控制、创新、营销等管理活动中既要从事一般的体力劳动和脑力劳动，又要从事创造性地智力劳动，加大新产品的开发力度，加大农业生产和经营新工艺的研发应用力度，加大农产品新市场的开拓力度，加大农业生产者人财物的管理力度，实现创新性经营，创造出更高水平的农业生产力。

　　发挥农业管理的各种职能，实现农业生产各种要素的优化组合。发挥农业管理的计划职能，对未来的农业生产活动进行预先的谋划、设计，利用各种有利条件，形成资源优势，制定科学决策，编制切实可行的实施计划，落实生产的各项任务。发挥农业管理的组织职能，为实现组织目标，对生产经营组织中的每个组织成员进行科学合理的分工，科学安排工作任务，形成良性运作的分工协作关系，使各项农业经营活动实现组织结构、人员配备、组织运行、组织监督的科学管理闭环。发挥农业管理的领导职能，各级农业管理者要充分利用组织所赋予的权力，最大效能地发挥指挥作用，最大限度地影响和激励组织内部成员，为实现奋斗目标而努力工作。发挥农业管理的控制职能，保证农业经营管理组织的各部门、各环节能按预订计划正常运行，把握好计划的执行动态，按照拟订标准完成工作任务，实现预定的组织目标或达到预定目的，及时地追踪并监督执行，还要树立纠偏意识，利用反馈等手段，寻找农业管理过程中的偏差，及时下达纠偏指令，不断纠偏，防止人为失误造成的工作流程、产品规格、最终产品等缺陷。另外，农业管理者具备应变能力，制定紧急预案，及时处理突发事件，或者做好防御工作，预防突发事件的发生，实现事前预防、事中控制、事后纠偏控制的有机统一，以防不测，尽量避免农业生产过程的偏差。

　　近年来，随着管理科学的普及，农业管理在农业生产力发展中的运筹性作用，备受人们关注。其实，只要农业生产者有意识地加强农业管理，实现农业生产力各种要素的优化整合，就能收到事半功倍的效果。所以，我们把农业管理称为农业生产力载体系统的运筹性要素，是农业生产力可持续发展的客观要求，符合农业生产的发展规律。

第五节　农业生产力载体系统的潜在性要素

信息属于属性的范畴，事物的属性很多，可分为内在本质属性和外在表征属性。信息属于外在表征属性范围，是事物外在表征属性的一种属性。何为信息呢？信息与生产力是什么关系呢？

一　信息是农业生产力载体系统的潜在性要素

信息作为事物外在表征的一种属性，它是指事物运动的状态与方式。在这里，"事物"泛指一切可能进入人的认识和实践范围的对象，既包括外部世界的物质客体，也包括人自身或类自身，当然也包括人或类的主观世界的精神现象。"运动"泛指宇宙间一切事物、现象的一切变化和过程，包括机械运动、物理运动、化学运动、生命运动、社会运动和思维运动等。"运动状态"则是事物运动在空间上所展示的形状与态势。"运动方式"是指事物运动在时间上所呈现的过程和规律。由此可见，信息作为事物运动的状态与方式，是指事物或现象在时间和空间中存在、运动和变化的情况，如农业科学技术信息就是农业科学技术的存在、运动和变化的情况，等等。

作为农业生产力载体系统的潜在性要素的信息是指农业发展过程中的事物或现象在时间和空间中存在、运动和变化的情况。第一，它们是客观存在的，具有客观性特征，是客观事物和现象本身固有的，不因人的意志而存在、消失、再现。第二，信息具有动态性，客观事物总是处于不断发展变化之中的，对反映其变化情况的信息也是随之变化的，事前预测或及时掌握能对主体的决策和行为乃至客观事物的变化产生直接影响。第三，与此相联系信息具有时效性。信息的有用性和时间是密切相关的，信息越及时其价值就越大，而如果信息不及时，就失去价值甚至带来负面影响而造成损失。信息的这一特性与事物或对象的发展变化速度有关，事物或对象发展变化速度越快，相关信息的时效期就越短，反之亦然。第四，信息具有可感知性，它能够通过人的感觉器官被识别、接受和利用。其感知的方式和识别的手段因信息载体不同而各不相同，物体、色彩、文字等信息由视觉器官感知，音响、声音中的信息由听觉器官识别，物体温度的信息则由触觉器官感知。第五，信息具有可传递性，现代人们利用语言文字、网络视频、音频等方式进行信息的传递，由此可见，信息可以利用面对面的语言交流传递，也可以通过书信、报纸杂志、电报、电话、传真、广播、电视、网络等方式传递。第六，信息具有可加工性，人们对信息通过去粗取精、去伪存真地整理、归纳过程，从而获得更有价值的信息。农业信息具有一般信息所具有的特征，农业生产者可以认识和利用它们发展农业经济，提高农业生产力水平。同时对农业信息的发现、认识、筛选、利用等，反映了农业生产者的能力和水平，因此，农业信息是农业生产力载体系统的潜在性要素。

二 农业信息的潜在作用

农业信息作为农业生产力载体系统的潜在性要素主要是指信息在农业生产力发展中的作用，农业信息可以与劳动者、劳动资料、劳动对象一起构成现实的农业生产力基础，也可以通过优化其他要素的组合和配置结构，以提高农业资源的利用率，实现合理配置和优化组合，提升农业生产力发展水平。信息可以发展为信息技术，发挥农业生产力载体系统的功能绩效。

农业信息特别是农业信息技术的开发和运用，大大提高了农业劳动者的能力以及整体素质。农业信息的发现和利用并不是一蹴而就的，只有在农业劳动者具有一定的能力感知信息和利用信息时，才能使之成为现实。提高农业生产者的能力和素质是信息时代的客观要求，信息的感知和了解能够提升农业生产者认识和改造世界的能力，信息的反馈和利用、信息技术的开发和推广更需要农业生产者科学知识的积淀和技术能力的提高，正是在这一过程中，农业生产者的素质和技能不断提升到今天的水平。

农业信息和农业信息技术促进人们改革农业生产工具使其更新换代，实现农业机械化、现代化。农业信息和农业信息技术的运用，合理开发和利用劳动对象扩大其范围和提高其效能。农业信息和农业信息技术大大提高了农业生产者的科学技术水平，促进农业生产力发展。农业信息和农业信息技术可以提高农业管理者的组织、计划、协调等管理工作水平，提高农业管理的效率。农业信息和农业信息技术可以充实教育的内容，改进教育技术，培训现代化农业劳动者，如此等等，信息在农业生产力发展过程中的作用是显而易见的。

　　信息作为农业生产力载体系统的潜在性要素是古今农业生产力发展的应有之义，也是古今农业生产力发展不可缺少的因素。例如，古时候人们就根据农业产品的需求信息决定农业生产过程、规模、速度，选择农产品销售地点等，只不过那时候没有"信息"术语，人们不能用此进行表述和阐明罢了。随着系统论、信息论、控制论的出现和在社会发展过程中的广泛使用，信息作为流行的词语才被人们注意和重视，信息作为农业生产力载体系统的潜在性因素才成为人们的理论课题、实践课题，特别是农业信息技术的应用与推广，使农业生产力发生了质和量的前所未有的变化。农业信息技术的应用使得农业生产者（包括农业管理者、农业体力劳动者、农业科技人员等）再用不着事事"躬亲"，有时只需坐在控制室里通过操作电脑，就能掌握和了解大量的全球农业发展信息，制订农业发展规划，或者利用少量的人力使用农机具，耕种大量的土地，形成算术级数提高农产品产量的现代化农业生产，形成几何数级提高工作和劳动效率的现代农业发展局面。不仅如此，还能通过农业信息技术和农业现代化的操作工序改变农业生态环境，菜农可以使蔬菜四季生长，花农可以使花卉四季争艳，更惊人的是人们可以通过生物信息工程试用克隆技术使动物繁衍。随着农业信息技术的发展，将来还会有许多现代人不可想象的事实发生。

第六节　农业生产力载体系统的准备性要素

　　农业生产力是农业劳动者运用农业生产工具等劳动资料，作用于劳动对象过程中显示出来的体力和智力的统一体，而这种能力与先天因素有直接关系，但更重要的是后天练就和习得的。在后天锻炼和习得的过程中，教育起着很重要的作用，显然，教育就是农业生产力载体系统的准备性要素。

一　教育是农业生产力载体系统的准备性要素

　　教育有广义和狭义之分。广义的教育是指学校教育、社会教育、家庭教育、自我教育。狭义的教育仅指学校教育。学校教育是指受教育者在各类学校内所接受的各种教育活动，包括初等教育、中等教育和高等教育。

学校教育是人生中所受教育最重要的组成部分，受教育者在学校里接受系统性指导，集中时间专门地学习文化知识、社会规范、道德准则、价值观念，提高专业技能。社会教育指一切社会生活影响于个人身心发展的教育，也指学校教育以外的一切文化教育设施对青少年、儿童和成人进行的各种教育活动。社会教育是学校教育的重要补充。因为社会教育直接面向全社会，又以社会政治经济为背景，所以，比学校教育、家庭教育具有更广阔的发展空间，具有更广泛的影响面，具有对整个社会更有效的作用。家庭教育是指由家长对其子女实施的教育，是家庭生活中家庭成员之间的相互影响和相互教育。家庭教育是人生整个教育的基础和起点，是学校教育与社会教育的基础，是学校教育的补充和延伸。家庭教育是终身教育，是对人的一生影响最深的教育，它影响着人生目标的实现。自我教育又称自我修养，它是指受教育者以一定的世界观和方法论，认识主观世界和教育自己的全部过程。人们以自己的条件为基础，提出一定的奋斗目标，监督自己去实现这些目标，并自我评价实践结果的过程。

学校教育、社会教育、家庭教育、自我教育形成教育的整体系统，相互作用，共同促使人们向社会进步的方向发展，使之成为社会有用之人。教育还传播教育思想和科学文化知识，起着文化传承作用，使科学知识、技术技能历代相传，在生产力发展过程中起着重要作用。从提高领导者素质技能的视角看，教育起着准备性作用，主要推动着物质生产力和人类自身生产力的发展。从文化传承的视角看，教育主要起着推动精神生产力发展的作用。

二　教育的准备作用

国际 21 世纪教育委员会对教育的作用有过明确论述，于 1996 年将题为《教育——财富蕴藏其中》的报告提交给联合国教科文组织，其核心思想是：教育要使学习者"学会认知"、"学会做事"、"学会共同生活"、"学会生存"，为进入社会奠定基础，为生产力发展储备高质量的人力资源。教育同样在农业生产力发展过程中起着重要作用。教育是一种复杂的社会现象，它既有上层建筑的属性，也有生产力的属性。从农业生产力发展的视角看，教育作为农业生产力载体系统的准备性要素，其作用突出表现在以下四个方面：

首先，教育一方面为农业经济的振兴、农业生产力的发展培养有科技技能的知识性农业劳动者；培养农业生产过程的组织者、管理者；全面优化农业生产力各要素及其结合方式，直接为农业生产过程服务。另一方面培养大批的农业科学家、农业发明家、农业领导者，研究农业生产发展规律、农作物生长规律，制定农业发展的方针、政策和措施，维护农村和谐稳定、繁荣发展的大好局面，间接地为农业生产过程服务，以促进农业生产力的发展。从这个意义上说，教育是一种"特殊的农业生产"，即再生产具有劳动能力、组织管理能力、科学研究能力的"人才工厂"。

其次，教育一方面作为农业科学技术研发的平台，弘扬科学精神，传承古今中外的科学技术，发挥科研功能和优势，进行现代科学技术活动，为农业生产力乃至社会发展提供越来越多的新科学技术成果。另一方面发挥着把潜在的知识生产力转变为现实生产力的作用，即通过发挥社会服务功能，在农业科技产品产业化的过程中起着中介、桥梁、传播作用，促进科学技术的转化，并且利用兴办高科技产业为农业科技成果的应用研究提供发展的平台和空间。从这个意义上说，教育是科研基地或"科技工厂"。①

再次，从一般意义上说，教育一方面通过知识的传播、知识的转化以及知识的创新，传承、研发农业科技成果的同时，创造着大量的精神财富。另一方面随着知识经济的发展，教育功能的强化，产业结构的调整，教育（指学校教育、社会教育）具有了第三产业的属性。教育作为新兴起的第三产业的组成部分，本身就不断地增加着国民生产总值的数量，提升着各种产品的质量，增加和优化物质财富的总量和质量。从这个意义上说，教育是生产社会产品的"财富工厂"。国际 21 世纪教育委员会的《教育——财富蕴藏其中》报告所说的财富蕴含在教育之中就明确了教育是"财富工厂"。

最后，教育特别是学校教育质量的优劣是经济滞胀的首位原因。进入 21 世纪之后，世界范围内的人才竞争日趋激烈，科技竞争有增无减，两大竞争充斥着各种国际市场，支撑和调整着世界格局。然而，两大竞争都与教育有密切的关系。仅就经济发展局势来说，假如 20 世纪经济危机的根本原因是个别企业生产的有组织性与整个社会生产的无政府状态之间的矛盾、资本主义生产无限扩大的趋势与劳动群众有支付能力的需求相对缩小之间的矛盾引起的话，那么 21 世纪经济危机的爆发，除此之外的重要

---

① 朱秀英：《论生产力的自组织系统》，《齐鲁学刊》2007 年第 6 期。

原因就是教育的落后和教育质量的低劣，世界经济的发展已证明了这一点。①

　　由此可以得出结论，教育作为农业生产力载体系统的准备性要素，主要是因为教育在农业生产力发展过程中具有不可估量的作用。其作用又主要表现在：教育在农业劳动者后天锻炼和习得的过程中，为农业劳动者传授农业及其相关的科学知识，培训农业劳动者，显示农业生产者的知识才华，提高农业生产者的技术技能，为农业生产力的可持续发展奠定了坚实基础。

　　综上所述，农业生产力确实同其他事物一样，是一个复杂的多层次的自组织系统，从不同的侧面分析，它又有许多子系统，而这些子系统又处在运动、变化和发展之中，它们之间相互联系、相互影响、相互作用，不断地变化和耦合，实现着农业生产力载体系统的优化组合，推动着农业生产力的可持续发展。

---

　　①　朱秀英：《论生产力的自组织系统》，《齐鲁学刊》2007 年第 6 期。

第四章　农业生产力的发展动力

生产力是社会发展的决定力量，那么生产力自身发展又如何呢？这是生产力理论必须解决的根本问题。生产力理论是历史唯物主义的理论基石，对此有必要进行更加深入的研究和探讨，以形成对马克思主义理论的丰富和发展，并期待着生产力理论对人类改造世界实践活动先导作用的实现。这里从农业生产发展的视角研究农业生产力的发展动力，以期实现理论对实践的指导作用。

随着社会的迅速发展、科学技术的巨大进步以及经济增长因素的日趋复杂化，农业生产力的构成要素呈现多元化的发展趋势，并且农业生产力要素的内涵也越来越丰富。在现代经济条件下，侧重于静态上分析，农业生产力的构成要素包括体力要素和智力要素，载体系统包括主体性要素、实体性要素、渗透性要素、运筹性要素、潜在性要素、准备性要素等。农业生产力系统就是体力和智力要素之间以及这些载体要素之间的相互关联、相互依存、相互制约、相互影响的具有特定功能的有机统一整体。侧重于动态上分析，农业生产力发展过程中形成了由内在动力和外在动因构成的农业生产力发展的动力系统，推动着农业生产力由低级向高级不断发展。

农业生产力如同其他事物一样，本身是一个动态过程，处在永不停息的运动、变化和发展之中。农业生产力的各个要素相互作用，既有构成要素之间的相互作用，也有载体要素之间的相互作用，还有构成要素和载体要素之间的相互作用，它们之间不断地随机变化和组合，既有有序的，也有无序的；既有宏观的，也有微观的；既有整体的，也有局部的；既有规律性的，也有随机性的；既有暂时的，也有长远的，如此等等，实现着农业生产力系统的最佳组合和可持续发展。[1] 人类社会发展的历史充分证

---

[1]　朱秀英：《论生产力的自组织系统》，《齐鲁学刊》2007 年第 6 期。

明，农业生产力作为农业经济、农村社会发展的最终决定力量，推动着农村各项事业由低级向高级发展。那么，它本身的发展又是什么力量推动的呢？概括起来说，包括内在推动力和外在推动力两个方面。

第一节　农业生产力发展的内在动力

众所周知，事物的发展都是有原因的，其根本原因不在于事物的外部而在于事物内部的矛盾性，在于事物内部主要矛盾双方既相互对立又相互统一的矛盾运动，使其矛盾双方的力量此消彼长，事物的性质发生改变，事物由低级向高级发展。农业生产力的发展也不例外，其根本动力、直接动力构成了农业生产力发展的内在动力系统。

一　农业生产力发展的根本动力

不言而喻，农业生产力发展的内在根源和根本动力就是其自身的内部矛盾。农业生产力构成要素内部及其它们之间的相互作用是农业生产力发展的根本动力。农业生产力是体力和智力的统一体，农业生产力的发展有赖体力和智力内部矛盾以及体力和智力之间矛盾的解决。

体力的内部矛盾是指农业生产所需体力支出的要求与农业生产者的体质不能满足这一要求的矛盾。体力的大小与农业生产者肌体的强弱密切相关，农业生产者的体能与体质之间的既对立又统一的关系构成了体力要素的内部矛盾，由此推动着农业生产者体力的提升。农业生产者的体质是先天遗传和后天锻炼所形成的在个体形态结构和功能活动方面所固有的、相对稳定的特性。农业生产者的体质不同，表现在生理状态下对外界刺激的反应和适应性上的某些差异，表现在力量、速度、柔韧、技巧等身体素质水平的差异，主要包括与健康有关的健康体能和与运动有关的运动体能的差异，这就是平常所说的农业生产者体能的差异。人的体力即人身体的力量，体现在人所能爆发出的对外的作用力，蕴含在人的体能之中。增强人的体力要求增强人的体能，现实中如果农业生产者的体能与农业生产者的体质都处在优良状态下，所迸发出来的体力是相对强大的，如果出现相反的情况，就不适应体力支出的要求，农业生产力发展就会受到影响。这时支撑农业生产力发展支出体力所要求的农业生产者体能与农业生产者体质之间发生矛盾，农业生产力发展要求必须具有强大的体能以适应农业生产所需体力支出的当量，而农业生产者的体质状况不能支撑这一强大的体能，不能满足农业生产力发展所需体力支出的当量，矛盾日渐凸显，农业生产者就要想办法解决这一矛盾，使农业生产者具有健康的体魄，以增强农业生产者的体质，强化农业生产者的体能，来满足农业生产力发展所需体力支出当量的要求，使其矛盾得以解决。旧的矛盾解决了新的矛盾又出现了，如此循环往复，农业生产者的体质和体能不断增强，以满足农业生产对农业生产者支出体力的要求，推动着农业生产力的发展。

智力的内部矛盾是指农业生产所需智力支出的要求与农业生产者的智能不能满足这一要求的矛盾。农业生产者的智能与农业生产者大脑思维密切相关。人的一切智能都来自大脑的思维活动，人类的一切知识都是人类思维的产物。智能是知识与智力的总和。其中知识是一切智能行为的基础，而智力是认识客观事物获取知识并运用知识求得解决问题的能力，是头脑中思维活动的具体体现。农业生产要求农业生产者对相关事物和现象进行分析，在此基础上采取有目的的行动，有效地解决生产事宜和处理周围环境事宜，也就是说，要求农业生产者具有相当的智能满足一定智力的支出。假如不能满足农业生产所需智力支出的要求，就会发生矛盾或不一致的情况，农业生产就不能顺利进行。面对这种情况，农业生产者就会想办法解决，旧的矛盾解决了，还会出现新的矛盾，如此延续或不断循环往复，矛盾不断解决又不断产生，推动着农业生产者智力水平呈现上升发展趋势。

农业生产力作为人的能力，是体力和智力的统一体，体力和智力往往是不平衡、不协调、不一致的。不论是个人还是群体，从静态来说，并非体力强智力也高；从动态来说，也并非体力增强了，智力也提高了。在现实中，二者也不是此消彼长的关系。就人们改造自然、社会、人自身的活动而言，也不都是既需要人们付出较强的体力，也需要人们付出较高的智力，常常是需付出高强度体力的活动反而并不需要很高的智力才能完成，需付出高智力的活动也不需要付出高强度的体力来完成。现实中诸多事实使得人们不得不承认"智体支出悖论"，即智力劳动较为轻快，因不需要高强度体力支撑；而非智力劳动则很累，因需要高强度的体力支出。随着社会分工的发展，出现了对体力和智力需求不同的各行各业，出现了不同的工作群体，与之适应就出现了体力劳动和智力劳动的分工，这是社会发展中脑力劳动和体力劳动差别的根源。尽管如此，任一行业的任一生产都需要体力和智力共同支出才能完成，也就是说任何生产过程都需要体力和智力的支出，才能展示人们改造世界的能力，形成现实的生产力。因此，体力和智力是构成生产力的要素，二者的对立统一成为生产力发展的根本动力。

在现实的农业生产中，面朝黄土背朝天的体力劳动使得大部分农民感觉到对农业劳动的厌倦，想办法脱离农村，摆脱农业生产的束缚，甚至有人使用"不好好学习让你在农村待一辈子"的话语训斥孩子。的确，农业劳动与工业生产、管理活动相比，付出的体力劳动较为繁重，也正是基于此，历代农民都幻想自己或后代进城改变生产生活方式。也正是基于此，留在农村继续生产劳动的农民，想方设法减轻体力劳动的强度，增加智力劳动的投入，加上致力于农业生产研究的专家学者对农业发展和农作物生长规律的研究，出现了实现或正在实现农业生产机械化的趋势，减轻了农民体力劳动的负担。

在农业生产力发展中，人们不断地进行生产创新和生产工具的技术革新，投入大量的智力劳动，改进农业生产工具，延长农业生产者的肢体，替代农业生产者的体力支出，减少重体力劳动，减轻农民的劳动压力，以调动农民的生产积极性，提高农业生产效率，促进农业生产力水平的提高。如翻松土地，经历了由人工使用手工工具翻搅土地到牲畜畜力拉动犁地、由牲畜畜力拉动犁地到机械动力犁地的两大转变，大大提高了农业机械化水平，这正是农业生产者智力劳动投入的结果，减轻体力支出的同时节省了人力资源，促进了农业生产力的快速发展。此外，优良品种的选取与培育，也是投入智力劳动的结果，大大提高了农产品的产量，提高了农业生产的效益，显示了农业生产力发展的能量。如此等等，充分说明了农业生产者体能和智能的发展，特别是智力劳动的投入推动了农业生产力的可持续发展。

体力和智力是相辅相成的，优秀的体力天赋需要一定智力的驾驭，没有一定的智力支持将一事无成，甚至出现无序混乱现象。优秀的智力同样需要优秀体力的支撑，没有一定的体力支撑，没有强大体力为优秀智力开拓出足够的施展空间，其智力优势也无从展示，甚至只能流于小聪明而被人忽视或唾弃。只有体力和智力平衡发展，才能充分地发挥体力和智力的作用，成就各项事业的发展。农业发展历程反映出同样的道理，农业生产者的体力天赋也需要智力驾驭，否则将成为笨拙的蛮干；农业生产者的智力同样需要强壮体力的支撑，没要强大体力开拓出施展智力的足够空间，再优秀的智力也无济于事，甚至变得无关紧要。只有农业生产者体力和智力平衡发展，才能最充分地发挥和发展体能和智能，这是农业生产者素质提高乃至全面发展的关键问题，是农业生产力可持续发展的根本动力，也是整个人类全面发展的共同方向。

在农业生产的发展过程中，农民职业决定了他们有着优秀的体力天赋，加之农业种植、养殖等各项生产需要不断解决生产中出现的新问题、新情况，不断克服新困难，不断提升生产效率，不断改进生产工具，如此等等，促进了农业生产者智力的发展。正是智力与体力的开发、利用和发展，推动了农业生产效率的提高，推动了农业生产力的发展。所以，农业生产者体力和智力作为矛盾双方既对立又统一，构成了农业生产力发展的内部矛盾，推动着农业生产者合理地开发和利用自然资源、社会资源、人力资源促进农业发展获取生产、生活资料的能力的提升。不言而喻，农业生产者体力和智力的相互作用，就构成了农业生产力发展的根本动力。

分析至此可以得出结论，要推动农业生产力的发展，必须下大力气，制定得力措施，提升农业生产者的体力和智力水平，提升农业生产者的整体素质，优化农业生产者自身发展的空间和环境，解决农村各方面条件落后的问题，解决农业生产力载体要素弱势存在和不能优化组合的问题，这是中国"三农"问题存在的现实反映，也是解决中国"三农"问题的硬道理。

二 农业生产力发展的直接动力

从理论和现实相结合的视角，生产力发展的内在根源和根本动力就是其自身的内部矛盾性。在生产力发展的现实性上，这一矛盾常常表现为人类的生存发展需要与人类不具备生产满足这些需要的产品的能力之间的矛盾，或者说，常常表现为人们提高体力、智力的需要与人们生产满足这些需要产品的能力之间的悖论关系。简言之，就是人的需求与人的能力之间矛盾。

人类之初，自然界的事物能够以现成的形态基本满足人的生存需求。随着社会的发展，生活水平的提高，人的需求欲望强烈且复杂多样，自然界的事物和现象越来越不能以现成形态满足人的生存和发展的内在需求。这时，人们开始以自身能力为基点，根据需要想办法改变自然物，使之满足和基本满足自身需求的强烈欲望。人的需要既有物质需要，也有精神的需要；既有生存的需要，也有发展的需要。而自然界的任一事物和现象都不会自动地呈现在人的面前，更不会自动地使人的需要得到满足，只有靠人的生产实践活动，通过生产力内部诸要素和载体系统诸要素的相互影响、相互作用，使得外界事物或现象向着有利于人类发展需要的方向转化，才能实现人的需要满足。原有的需要满足了，新的需要又产生了，生产力的发展就是在人的需要的产生和不断得到满足的过程中实现的，人的生存发展需要和人不具备生产满足这些需要的产品的能力之间所发生的矛盾不断地得以解决，而每一次矛盾的解决就会使生产力水平提升一个层次，历史发展至今，生产力经过层次性阶梯发展历程，才达到今天这样的高度。回眸生产力发展的历史，人类生存发展需要与人不具备生产满足这些需要的产品的能力之间的矛盾，最早发生在农业生产中，农业生产的发展或者农业生产力的发展就是在这一矛盾的不断产生又不断解决的过程中实现的。

　　人的生存发展需要与人不具备生产满足这些需要的产品的能力之间不仅存在着矛盾，还存在着协调发展的问题。原始社会生产力水平极其低下，人受外部自然的驱使，往往把自然视为威力无比的主宰和神秘力量的化身。人们在多数情况下本能地依赖自然而生活，以现成自然物为生产和生活资料，人类的生存在很大程度上受到自然力的威胁，"适者生存"的规律正是反映了这一阶段人类对自然界的依赖性。随着社会的发展和生产力水平的提高，人类不断地认识、掌控、征服和改造着自然，使之向有利于满足人类需要的方向发展。正是在这个时候，人们得出了两种相悖的结论，一是人们在自然界面前主动性增强了，时而改变着自然，对自然界的依赖性减弱了；二是由于人们使自然向着有利于人类需要方面转化，改变着自然甚至违背自然规律而受到自然界的惩罚，使人们感觉到对自然界的依赖性又增强了。在经历了无数次的失败之后，诸多教训使人们逐渐地认识到了人类与自然界协调发展的重要性，形成了可持续发展的新观念。在这一过程中，人们已开始不把生产力的发展只看成物质财富的增长，经过理性反思，意识到无限制的挖掘自然财富，不仅使自然物质遭受到摧残，而且人类自身常常面临不可摆脱的困境。因此，生产力的发展应该是也必须是自然、生态、社会、人类协调统一的可持续发展。农业生产力的发展又何尝不是如此呢？

　　农业是人类直接与自然界打交道而形成的第一产业。农业生产活动是人类直接认识自然、驯服自然、改造自然引起自然界发生直接变化的人类初期的实践活动。农业生产过程是农业劳动者直接与自然界进行物质和能量的变换过程。正是农业生产者在直接与自然界进行物质和能量转换过程中，形成了农业生产力。因此，把人的生存发展需要和人不具备生产满足这些需要的产品的能力之间的矛盾作为农业生产力发展的直接动力显得更为贴切。

　　农业生产力发展过程，就是农业生产者不断地解决人的生存发展需要与自身的能力不能满足这些生存发展需要之间矛盾的过程。人们在直接与自然界打交道的过程中，产生了诸多的需要，而且随着时间的推移，生存和发展的要求越来越高，需要维持生存和促进发展的产品越来越多，时常与人的生产能力发生矛盾，也就是说人的能力还达不到足以生产这些产品的水平。这时，人们如果认识到这一点，就能想方设法提升人们生产满足这些需要的产品能力，而这一过程就是解决人的生存发展需要与农业生产者不具备满足这些需要的能力之间矛盾的过程。换言之，就是农业生产力的发展过程。因此，人的生存发展需要和农业生产者不具备生产满足这些需要之产品的能力之间所发生的矛盾，就是农业生产力发展的直接动力。现实中，正是这一矛盾的产生—解决—再产生—再解决，如此循环往复的过程，使得农业生产力水平达到今天这样的高度。

　　综上所述，人的生存发展需要与人不具备生产满足这些需要的产品的能力之间的矛盾是农业生产力发展的直接原因和现实根源，这一矛盾在农业生产实践过程中不断地产生又不断地解决促进农业生产力发展，这毫无疑问地揭示了农业生产力发展的客观必然性。但是，人的生存发展需要和人不具备生产满足这些需要的产品的能力之间矛盾的解决是在现实农业生产过程中展开和实现的，它有赖于农业生产力构成要素即体力和智力的相互结合、相互作用和相互影响。因此，农业生产力发展在其现实性上，人的生存发展需要和人不具备生产满足这些需要的产品的能力之间的矛盾不断产生和不断得以解决，而究其内部根本的深层次的原因，农业生产力系统的发展则是农业生产力内部诸要素之间相互作用的结果。

　　按照唯物辩证法的观点，系统和要素之间存在着对立和统一的辩证关系，系统由要素组成，对要素来说，系统是归宿。系统结构的性质由构成要素的质量、数量及其联结、组合方式等因素决定的。在系统中各要素有自身特点、功能和特定地位，它们不是简单相加，而是按一定的组合方式组成了系统的有机整体。农业生产力系统也不例外，对农业生产力整体来说，体力和智力要素缺一不可，它的发展就在于构成要素的综合变化，也是由构成要素自身质量、数量及其联结、组合方式等因素决定的。

然而，由体力和智力构成的农业生产力系统，又由其载体系统来支撑，其发展又与载体系统的相互作用密切相关。事实证明，农业生产力载体系统的构成要素，即实体性要素、渗透性要素、运筹性要素、潜在性要素、准备性要素在现实的农业生产中相互作用、相互影响、相互促进，不断推动农业生产力由低级向高级发展，形成了农业生产力自组织系统不断积累的、连续的、可持续发展的历史链条。

第二节　农业生产力发展的外在动因

人们在改造世界的农业生产过程中，形成了人与自然的关系、人与人的关系，也形成了人与社会的关系，这些关系是生产过程本身固有的客观关系，它们相互联系、不可分割，形成了农业生产力的发展环境。从它们与农业生产力的关系来看，从不同侧面对农业生产力发展起着这样和那样的作用，形成了农业生产力发展的外在动力。

一　农业生产力发展的外在助力

农业生产力发展的外在助力是指生产关系和上层建筑对生产力的反作用。相比生产力发展的内在动力而言，生产关系和上层建筑对生产力的反作用只是外在的助推力量。假如扩大范围从社会基本矛盾的视角研究生产力发展动力的话，可另当别论，但这里主要是以生产力自身发展为基点的。

生产力和生产关系构成了统一的物质资料生产方式。在生产方式这一共同体中，生产力和生产关系构成矛盾双方，其中生产力是矛盾的主要方面，对生产方式的变革和发展起着决定作用。就生产力和生产关系而言，生产力是活跃的因素，处于经常的变动之中，生产关系则是相对稳定的，在一定时期内维系生产力的发展。

生产力和生产关系的联系集中表现为它们的相互作用，即决定作用和反作用。一方面，生产力决定生产关系。生产力决定生产关系的产生和存在，生产力发展到一定阶段，要求建立与之相适应的生产关系；生产力决定生产关系的性质，一般来说，有什么样的生产力，就有什么样的生产关系。生产力决定生产关系的发展和变革，与生产力相适应的生产关系产生以后的一段时间内，总体上或者基本上是适应生产力发展状况的，随着时间的推移和生产力的发展，出现了不适应或阻碍生产力发展的情况，这时生产力发展要求变革生产关系，历史上所呈现的生产关系的变革都是由生产力发展所引起的。

另一方面，生产关系反作用于生产力。当生产关系适合生产力发展的时候，就会推动生产力的发展，起积极作用；当生产关系不适合生产力发展的时候，就会阻碍生产力的发展，起消极作用。生产关系一定要适合生产力发展状况的规律是社会基本矛盾运动的普遍规律，这一规律的作用使得生产关系不能长期地落后于生产力的发展状况。适应生产力的发展要求，落后的生产关系总要得到变革，而变革后的生产关系又会重新推动生产力的发展，使得生产力的发展和生产关系的变革总是处于一种循环往复、不断交替的波浪式前进之中，从而形成社会基本矛盾的运动，推动着社会向前发展。

由于生产关系的反作用相对生产力而言是一种外部因素，因而它只能通过生产力内部因素才能起作用，这时，内因是变化的根据，外因是变化的条件，外因只能通过内因而起作用的客观辩证法所决定的。比如说，适合生产力发展的生产关系是指人们在生产过程中结成的生产协作方式和组织管理形式等，能使生产力内部各要素相互协调、结构优化，能较好地解决人或人类提高智力和体力的需要与人的能力之间的矛盾；而所有制关系以及由此决定的产品分配关系，也能适应当时社会环境中人们产生的生存和发展需要。这种生产关系通过调动劳动者的积极性，发挥劳动者的主动性和创造性，利用先进的科学技术改进生产工具，充分利用劳动资料，搜集大量的信息，实现各要素结合的最佳方式，从而推动生产力的发展。由此我们不得不说，生产关系的变革是生产力发展的外在助力。

农业生产力和生产关系的关系也是如此，它们之间的作用和反作用维系着整个农业生产过程的运行。历代农业生产关系的变革也是作为生产力发展的外部因素起着积极的反作用，推动着农业生产力的发展。其外部的助推作用既表现在社会形态的更替过程中，也表现在同一社会形态的发展行进过程中。前者是生产关系性质的改变，后者则是生产关系的调整；前者常常通过社会革命来完成，后者则是在社会改革中进行；前者是质变的过程，后者则是量变的过程。从人类社会发展的历史进程来看，历经原始社会到奴隶社会的更替，奴隶社会到封建社会的过渡，再由封建社会向资本主义的变革，直到社会主义的产生，新生产关系替代旧生产关系的每一次变革，都推动了生产力的发展。而每一社会形态运行过程中，对生产关系所进行的调整，都在不同程度上推动了生产力的发展。当前我国进行的经济体制改革，极大地解放了生产力，促进了生产力的发展。回顾改革的发展历程，正是农村改革引发了中国改革的大潮，正是农业经济体制改革促进了农业生产力的大幅度提升，真正显示了农业生产关系改革对农业生产力的巨大促进作用。

农业生产关系对农业生产力的作用无论多大、多么重要，都是属于反作用的范畴，都是农业生产力之外的外在因素的影响，不属于农业生产力自身之物，不属于农业生产力内部要素的力量。这种外在作用即外因是通过内因的变化而发生的，即使是促进作用，也必须通过调动农业生产者的积极性，使得农业生产者的体力和智力有效迸发出来，才能大大提升农业生产力的发展水平。

二　农业生产力发展的社会动因

经济全球化的巨大影响是农业生产力发展的社会动因。经济全球化是指世界经济活动超越了国与国的界限，通过对外贸易、技术转移、资本流动、提供服务等形式而形成的相互联系、相互依存、相互影响的全球范围的有机经济整体。经济全球化几乎把整个世界连接成为一个有机统一的大市场，各个国家在这个大市场中发挥自己的作用，从而实现资源在世界范围内的有效配置和优化组合，任一国家想脱离这个市场成为一个独立的"经济王国"，都已是不可能的了，这也是全球化趋势客观所不相容的。世界经济紧密联系日趋发展为一个统一整体，使得各个国家的发展置于这个整体之中，孤立发展一国经济已成为历史。经济全球化是当代经济发展的重要特征之一，也是今后经济发展不以人的意志为转移的大趋势。

追溯历史，人们清晰地看到20世纪50年代以后，以电子计算机、电视和人造卫星为核心的"跨时空"的信息网络，使世界经济全球化的进程大大加快，即使是一个经济发达大国的市场也显得过于狭小窄束。跨国生产以及国际投资、国际贸易的进一步发展，企业跨国家和跨行业联合的形式不断更新，促使经济活动按全球互联网络加以组织和进行，使跨国公司和跨国经营的规模和份额在世界经济中占据主导地位。人们可以直接跨越许多时空限制，及时、准确、综合性地传递、加工、存储、创造信息，无论处在何时何地，一旦被纳入现代信息网络系统，便可同时知晓世界上正在发生的种种经济变化。某一区域的经济变化，通过现代信息网络系统，可以产生全球性的影响。

随着经济全球化的扩展和深入，农业生产力的发展呈现开放化趋势，某一区域特别是发展中国家农业生产力的发展将面临新的竞争压力；某一地区人与自然矛盾的激化将影响到整个人类与自然界的关系；生产和消费的矛盾在某个地区、某个国家缓和了，而在另一地区、另一国家甚至在多数地区、多数国家加剧和升级了，如此等等，这表明经济全球化为经济和社会的发展带来了新的机遇和挑战。中国处于发展中国家的位置，农业更是处于欠发达状态，抓住发展机遇，迎接严峻挑战，唯一的办法就是加快农业生产力的发展步伐，繁荣农村经济，形成世界经济竞争的有利态势。因此，经济全球化的影响就成了助推农业生产力发展的重要因素。

从目前经济全球化的状况来看，所谓的全球化实质是发达资本主义国家为主导的经济运动，是资本主义国家占优势的"全球化"。经济全球化从生产力的视角来看，它是指各种生产资源在世界范围内流动和配置，从而使得各个国家的经济密切地联系在一起，相互依赖、相互影响、相互作用，逐步形成有机统一的历史发展过程。从生产关系的视角来看，经济全球化主要是因为资本的扩张本性和增值需要，使世界各个国家和地区经济日益紧密地相互融合为一体，逐渐形成全球性经济关系的发展过程。所以，资本增值、剩余价值的生产和占有是经济全球化的最深刻原因。

经济全球化是一把"双刃剑"，对世界经济的影响具有双重性，既有积极的作用，也有消极的影响。从积极方面来说，它具有助推现代生产力发展的巨大作用。首先，经济全球化使各种生产要素以空前的规模快速在世界范围内流动，以寻求最适合的位置，进行最优化的资源配置。从目前世界范围内生产要素的流动来看，主要是以对外投资的形式进行的以资本、技术、劳动力为主的生产要素流动。生产要素全球化流动的直接原因是为了获取高额利润。随着经济全球化的发展，利益驱动使得对外投资的规模不断扩大，其水平达到了相当高的程度。这有利于资源配置，有利于生产力的发展。因为各种生产资源从效益低的地方流动到效益高的地方，达到了节约生产资源、提高经济效益、推动经济发展的目的。其次，由于经济全球化的发展，逐步形成生产网络化体系，对外投资现象日益凸显外向化趋势，从而有力地推动世界经济结构的调整和产业结构的升级。生产网络化是指跨越国界的世界性大公司，为降低成本获取利润，垄断市场竞争取胜，在世界各地建立了分公司或子公司，进行全球化的生产和销售。跨国公司的生产行为势必扩大了生产规模，在一定程度上解放了生产力，促进了生产力的发展。再次，经济全球化使贸易自由化的范围迅速扩大，使金融国际化的进程以最快速度推进，为生产力的发展提供资金支持，为生产产品的销售开辟广阔的空间，促进了生产力发展有可能向现实转变。世界各国相继放宽对本国贸易、金融的限制，不断开放市场，使国际贸易、国际金融的规模不断扩大，促进了各国经济繁荣，推动世界经济发展。最后，经济全球化带动和促进了科学技术在世界范围内的广泛传播和研发应用，推动了社会生产力量的提升和质的快速发展。随着经济全球化的日趋深入，拥有先进技术的大公司，尤其是跨国公司，在扩大对外投资的过程中，基于摄取超额利润的目的，把先进的生产技术和科技人员带到分散于世界各国的生产销售基地，提高本企业生产效率的同时，也提高了当地的生产力水平。加之世界范围内产业结构的转移和调整，使先进的科学技术在世界各地广泛传播，社会生产力水平得到普遍提高。

中国作为农业大国，农业生产力的发展也置于其中。我们可以通过世界市场配置有效资源，尽可能地扩大生产规模，提升农产品的质量，推动农业生产的规模和结构尽可能地适应世界市场对农产品的需求。我们可以引进适合我国农业发展的、先进的农业科学技术，缩短科研周期，改造我国的传统农业，提升科技含量和农业生产力发展水平。我们可以引进适合我国种植、养殖的优良品种，提高农产品的产量和质量。同时向外推广我们的优良品种，扩大影响的同时提升农业产品的推广度。另外，可以向外输出农业劳动力，缓解国内就业压力的同时，使得他们在国外学到科学技术和先进操作方式，回国后推广。也可以引进国外农业科学家和种植养殖能手，传授知识和操作技术，做到不为所有，但求所用。加速中国城镇化进程，优化农村经济的产业结构。经济全球化使中国能更快地纳入世界经济体系之中，充分利用发达国家进行产业结构调整的机会，将其技术相对先进的劳动密集型产业或农业生产环节转移过来，再把生产的产品销售出去，加速中国农业的国际化进程。根据国内和国际市场对农产品的需求，不断调整和优化农业结构及出口农产品结构，强化农业经济的竞争实力。所以经济全球化并非不是好事，只要我们利用好，就能快速地、大幅度地提升农业生产力的发展水平。

但是我们也应该清醒地看到，由于经济全球化是以发达资本主义国家为主导地位的，是在国际经济旧秩序中进行的。因此，经济全球化必然会产生消极的影响。比如，市场经济的盲目性、自发性在世界范围内表现得更为突出，世界范围经济危机的"传播性"增强，影响力增大，且不易恢复。再如，对外投资是资本越出国界，加之追求利润的资本本性凸显，引发了世界性的社会问题，其中生态环境问题更加突出。目前，发展中国家急于发展经济的愿望强烈，部分经济发达国家借机向发展中国家转移环境污染，致使发展中国家的经济、社会、生态环境都受到严重影响。还有经济全球化进一步加剧了世界范围内的贫富两极分化。全球化的经济发展中，资本主义国家占主导地位，诸多经济活动主要代表垄断资产阶级的利益。追逐最大限度的利润一直是垄断资产阶级一切活动的目的，经济全球化过程中不可避免地充满剥削与被剥削的关系，两极分化将不可避免地在发达国家和发展中国家之间扩展开来，一些发展中国家特别是经济极不发达国家存在被"边缘化"的倾向，甚至出现崩溃的危险。此外，随着经济全球化的快速发展，经济问题凸显的同时，涉及许多国家前途命运的政治问题也日渐凸显。以少数发达资本主义国家为首的垄断资产阶级集团，不仅仅竭力推进经济全球化，并且在政治上按照自己的设想和要求改变整个世界，力图成为全世界的"领袖"，使世界各个国家都屈从于他们的经济制裁和政治统治。这种政治图谋对社会主义国家来说更加明显。资本主义国家加紧对社会主义国家实施"西化"、"分化"，常常打着帮助搞经济建设的旗号，推行"和平演变"战略。借口推动社会主义国家融入经济全球化的理由，在与社会主义国家接触、建立经济联系的同时，试图颠覆社会主义制度，实现资本主义全球化的图谋。东欧剧变、苏联解体就是发达资本主义国家致力于推行"和平演变"的结果。沉痛的教训使得人们认识到，经济全球化对社会主义发展中国家来说，既有机遇又有挑战，还不乏危机。假如在经济全球化的发展过程中，全面拒绝经济全球化，将自己的国家孤立于经济全球化之外，是完全错误的；全面迎合经济全球化，屈服于发达资本主义国家的压力，顺从发达资本主义国家的意志，更是极端错误的。

面对经济全球化的发展格局，对经济全球化本质要有全面足够的认识，对经济全球化所带来的利弊得失要有符合实际的预测，对中国经济全球化要做好充分的准备，制定切实有效的趋利避害措施，等等。除此之外，中国还要面对处于社会主义初级阶段的发展实际，一定要在深化社会主义经济体制改革同时，识破并防止推行的私有化的图谋和做法；一定要在学习引进国外先进经验和科学技术的同时，坚持独立自主、自力更生的方针；一定要在扩大对外开放同时，与发展中国家一道建立平等互利的国际经济新秩序；一定要在维护世界和平与稳定的同时，与广大发展中国家团结一致有效地反对霸权主义。

中国农业的发展状况相对发达国家来说是落后的，这是不得不承认的事实。落后的中国农业要在经济全球化的形势下达到或接近发达国家农业发展水平，使得我们不得不反思中国的农产品怎样融入世界市场、中国的农业生产怎样引进发达国家的先进技术、中国农民怎样学习外国先进经验等一系列问题，这些问题是在经济全球化大潮中实现农业生产力可持续发展必须解决的问题，而这些问题的解决一定会推动中国农业生产力的发展。我们要充分利用经济全球化有利因素，克服不利因素的影响，促进农业生产力的又好又快发展。

第五章　农业生产力的发展环境

世界是普遍联系的整体，任何事物的发展都与其他事物联系着，孤立的事物是不存在的，事物之间的相互联系形成了无数发展链条，这些链条又相互衔接，构成了宇宙联系之网。农业生产力就是宇宙联系之网的一个环节，它的发展离不开周围的事物，离不开周围的环境。这些环境主要概括为生态环境、经济环境、法政环境、社会环境和人文环境等。

第一节　农业生产力发展的生态环境

环境是人类赖以生存的各种条件的总和。人类为了满足自身生存和发展的需要，在认识世界和改造世界的过程中，不停地与周围环境中的事物或现象进行着物质和能量的交换。在这种交换中，人类的行为对农业生态环境造成了影响，从而导致了环境质量的改变。

一　农业生态环境和农业生产力的关系

农业生态环境是指直接或者间接影响农业生存和发展的土地资源、水资源、气候资源和生物资源等各种要素的总和，包含农业生物赖以生存和繁衍的各种天然条件和经过人工改造的各种因素两大类。农业生态环境是农业生产存在和发展的前提，是农业生产力发展最重要的物质基础。早在20世纪末，《江苏省农业生态环境保护条例》就对农业生态环境做过描述，农业生态环境是指"农业生物赖以生存和繁衍的各种天然的和经过人工改造的环境因素的总体，包括土壤、水、大气和生物等。"农业生物是指"作物、果树、蔬菜、栽培的中草药和树木花草、蚕桑、家畜、家禽、养殖鱼类等。"①

---

① 《江苏省农业生态环境保护条例》，江苏省九届人大常委会七次会议于 1998 年 12 月 29 日通过，1999 年 2 月 1 日起施行，http：//www.jsnyst.com/detail.jsp？id＝bafb948da6934b63bcdb2b8a5691f8f6。

从系统论的视角分析，农业生态环境是由多种因素按照一定结构组成的复杂系统，是一个由自然、社会、人类生产活动交互作用而形成的有机统一整体，它是一个"自然"再生产过程与经济再生产过程相结合而生成的生物物质生产过程的庞大系统。就"自然"再生产过程而言，农业生产包括种植业、养殖业与海洋渔业等。"自然"再生产过程实质上是生物体的自身再生产过程，它不仅受自身固有的遗传规律支配，还受到自然规律的支配，即受到外界的光、热、水、土、气候等多种天然因素的影响和制约。就经济再生产过程而言，农业生产是按照人类经济目的进行的投入和产出，要受到社会经济规律的支配，即受到经济和技术等多种社会条件的影响和制约。人类进行农业生产，既要尊重客观事物自身固有的遗传规律，也要尊重自然规律，还要按照社会经济规律办事。大家知道，绿色植物具有光合作用，农业生产中可以利用植物的光合作用，促进太阳能向化学能转化，促进无机物向有机物的转化，维系农业生态系统的平衡，为生产尽可能多的社会需要的农产品，提高农业生产率。人类在农业生产中，运用经济杠杆和科学技术来协调人和自然的关系，提高农业生产力的同时保护自然生产力，提高经济效益。

农业生产力发展与农业生态环境保护之间存在着密切关系。一方面，优良的农业生态环境可以使潜在的农业生产力转化为现实的农业生产力，所以要保护好农业生态环境。保护农业生态环境能够发展农业生产力，如果忽视农业生态环境保护，或者使农业生态环境失去平衡，就会影响农业生产力水平的提高。另一方面，农业生产力发展，经济实力增强，为保护生态环境提供雄厚的物质基础，实现生态环境的良性循环。

摆在21世纪全人类面前的共同问题是"加强生态建设，维护生态安全"，这也是中国经济可持续发展的重要问题。生态环境是人类赖以生存和发展的基本条件，是农业生产力和农村经济发展的基础。我们必须走生产发展、生活富裕、生态良好的文明发展道路，维护生态安全，实现经济发展与人口、资源、环境的协调，实现人与自然的和谐相处，加快推进社会主义农业现代化建设，才能完成全面建成小康社会的历史任务。发展农业生产，繁荣农村经济，是全面建成小康社会的重中之重。保护与建设和治理农业生态环境，构建良性循环的生态农业，是实现我国农业可持续发展和农业现代化建设的一项重要任务。

20世纪末到21世纪初，我国在环境保护与生态建设和治理方面做出了巨大的努力，取得了显著成效。农业生态环境取得了明显改善，为我国农业生产和农村经济继续保持稳定、健康的发展势头打下了坚实的生态基础。但是，我们必须牢记保护农业生态环境的任务还很艰巨，农业生态环境质量还不尽如人意，农业生态环境形势严峻。

二　农业生态环境形势严峻

中国农业生态环境建设和保护虽然取得了巨大的成就，但是农业生态环境污染的形势依然十分严峻，农业生态环境保护工作任重道远。

工业废气、废水、废渣对农业生态环境的污染仍然严重。工业特别是乡镇企业的发展，加之其中有相当一部分企业人员素质较低，设备比较简陋，处理"三废"的工艺相对落后，技术含量不高，导致生产过程中大量排放的废气、废水、废渣污染了农业生态环境。这些污染物直接排入河流，农业生产者利用河水灌溉土地，进入农田后造成农业种植物的严重污染，成为农产品和农业环境的最大威胁。20世纪五六十年代清清河水、蓝蓝天的生态环境，如今已经不复存在了，有的地区甚至形成黑黑河水、昏暗天的景象，严重危害着人们的身体健康。由农业生态环境污染引发的恶性事故时有发生，直接形成威胁社会安定的隐患，给农业经济造成了严重损失。

农业生产的污染对农业生态环境的影响日益加重。目前，种植业和养殖业都不同程度地存在生态环境的污染问题。在种植业生产中，化肥使用总量、农药使用总量逐年上升，并且随着农业现代化水平的提高和农村经济的发展，预计今后的化肥、农药使用量仍然呈现递增趋势。化肥、农药使用技术落后，有效利用率亟待提高，普遍存在大量残留物或者积累于土壤中，或者流失到河流中，或者散发在空气中的现象，导致农业生态环境质量特别是土壤、河水、空气的质量逐年下降。种植业产品遭受多次污染，产品品质下降。加之农产品季节性较强，较正常成熟期提前上市和保鲜存放延后上市的产品价格差异很大，利益的驱使和影响，有的产品采用药物处理方式催熟上市，有的产品采用药物处理方式保鲜存放，导致农产品的又一次污染。诸如此类的现象，严重威胁着人们的身体健康。今后要发展温棚和冷库，按照蔬菜、水果等农产品的生长规律和保鲜放置方式，调节温度和湿度，以人造的"自然环境"适应农作物的成长，防止和杜绝污染，保持良好的生态环境，建设适宜人类居住的自然环境，形成维系人类身体健康的社会环境。在养殖业生产中，也存在环境污染问题。随着农村改革的不断深化，农业产业化结构的优化和调整，养殖业大力发展，养殖业的数量规模不断扩大，养殖业的分布范围不断扩展，形成规模化、产业化的发展势头，经济效益斐然。但是，养殖业产生的大量畜禽养殖废弃物，综合治理手段落后且治理不到位，大部分畜禽养殖场周围环境极差，阴雨天畜禽粪便臭水漫流，非阴雨天蚊蝇成群弥漫。大量的污水、污物直接或间接进入河流，直接深入地下，土壤和地下水成为新的环境污染源，空气污染也相当严重。据有关资料介绍，一个年产万头肥猪和一个年养 20 万只蛋鸡的现代化养殖场相当于一个 10 余万人口城镇的排污量。今后发展养殖业要有配套的污秽物处理设备和治理措施，不能出现抓芝麻漏西瓜或者只顾其一不顾其余的短期行为，也要有相应的责任追究制度，加强治理力度，上下齐抓共管，维持和建设优良的农业生态环境。

居民生活垃圾对农业生态环境的污染日趋严重。随着改革开放的深入，社会进步的步伐加快，城镇居民居住条件明显改善，生活水平普遍提高，饮食结构不断优化，烹饪方法日渐复杂，生活垃圾日趋增多，食品容器塑化日益严重。当前，广大农村对生活垃圾处理方法极其简单，传统的顺其自然的方法不适应现代生活方式，预防和抑制污染的意识淡薄，垃圾集中处理不到位，严重存在着生活垃圾随处乱倒的现象，暴露垃圾随处可见，随时可闻，河道被堵，农田被占，塑料袋满天飞舞、满河漂流，大量的生活垃圾造成了对大气环境、土壤环境、地下水环境的严重污染。不但对农业生态环境造成严重的破坏，污染农产品，而且严重影响村容村貌，更不能容忍的是危害人民身体健康。我国南方有在河里淘米、洗菜、洗衣的习惯，污水污染河流所造成的影响无法估量。

水土流失及农田耕地面积急剧下降，危及农业和农村生态安全。我国是世界上水土流失最为严重的国家之一，几乎普遍存在于国内所有大江大河流域。由于砍伐森林、开垦山坡地，造成水土流失而毁掉的农田逐年增加。耕地农田面积急剧下降，土地质量降低。我国的人均土地面积仅为 0.777 公顷，是世界人均土地资源量的 1/3；人均耕地面积为 0.101 公顷，不足世界人均耕地的一半。由于基本建设等对耕地的占用，目前全国的耕地面积正以每年平均数十万公顷的速度递减。与此同时，耕地的土壤质量呈下降的趋势，全国耕地有机质含量平均已降到 1%，明显低于欧美国家 2.5%—4% 的水平。东北黑土地带土壤有机质含量由刚开垦时的 8%—10% 已降为目前的 1%—5%。因此，我国缺钾耕地面积已占耕地总面积的 56%，约 50% 以上的耕地微量元素缺乏，70%—80% 的耕地养分不足，20%—30% 的耕地氮养分过量。① 另外，因泥沙淤积造成诸多湖泊面积日渐缩小，使得江河引洪能力降低，洪涝灾害频发。如 1998 年长江特大洪水，这是自 1954 年以来发生的又一次全流域性大洪水。1954 年之后的四十多年中，洞庭湖的湖底抬高 1 米，1998 年长江水灾期间，洞庭湖连接长江的城陵矶处的洪水水位比 1954 年的历史最高水位高 60 多厘米。但是，如果洞庭湖湖床不淤积抬高达 1 米之多，实际上 1998 年长江洪水的水位比 1954 年还低 30 多厘米。又如，1998 年夏季湖北沙市长江段的洪水流量只相当于长江荆江段二十年一遇的洪水流量，但洪水水位却超过了1954 年的历史最高水位 44.67 米，也是河床积淤河底面抬高的缘故。

三 保护农业生态环境发展生态农业

早在 20 世纪 90 年代中共中央就十分重视农业生态环境建设，1997 年 12 月 9 日江泽民同志在中央经济工作会议上作了《全面推进改革开放和现代化建设各项工作》的报告，明确指出："农业生态环境必须引起高度重视，要以强烈的责任感和紧迫感，早下决心，下大决心，经过长期奋斗，使农业生态环境有比较明显的改善。"② 针对农业生态环境现状，我们必须加强生态环境建设，发展生态农业。

（一）提高农业生产者的生态意识

加强农业生态环境的保护和建设力度，必须提高农业生产者的生态意识。通过各种新闻媒体的宣传手段，加大保护农业生态环境的宣传力度，提高农业生产者乃至全国人民的生态意识。农业对自然生态环境的依赖性很大，农业生产绝大部分是裸露的生产形式，实际上就是一个露天"工厂"，农作物的生长特性决定了其终身与空气、水、土壤接触，并从中吸收其养分，空气、水、土壤等任一要素的污染就直接影响农作物的成长。如果不保护农业生态环境，农产品受其污染，食品安全问题就无法保证。全民都应该认识到农业生态环境对人类的意义，认识到保护和建设农业生态环境是何等重要。真正搞清楚如果严重破坏了生态环境，自然生态链条紊乱，政策再好、投入再多、农业技术再先进、劳动者再勤奋，都不能使

---

① 余志伟：《我国农业和农村生态环境面临的严峻挑战及对策》，《中共云南省委党校学报》2008 年第 2 期，第 125 页。

② 江泽民：《全面推进改革开放和现代化建设各项工作》，人民网，http://cpc. people. com. cn/GB/64184/64186/66698/4495116. html。

农业获得丰收。在保护资源的前提下，良好的生态环境是农业生产诸多要素中的第一要素，是农业生产力可持续发展的首要基本条件。所以，必须在全国范围内深入开展保护农业生态环境的多层次、多形式、全方位的宣传教育，提高全民环境保护意识，增强全民保护农业生态环境的紧迫感和责任感。广泛动员全国人民和各级社会组织积极参与农业生态环境保护，把加强农业环境保护和改善农业生态环境的各项工作列入各级政府的议事日程，并落实责任制，采取得力措施做细做扎实。

（二）建设农业环境监测体系

1992 年联合国环境与发展大会通过了《21 世纪议程》，中国政府做出了履行《21 世纪议程》等文件的庄严承诺。1992 年 7 月由国务院环委会组织编制，1994 年 3 月 25 日经国务院第十六次常务会议审议通过了《中国 21 世纪议程》。《中国 21 世纪议程》又称《中国 21 世纪人口、环境与发展白皮书》，是中国政府制定国民经济和社会发展中长期计划的指导性文件，是中国可持续发展总体战略、计划和对策方案。《中国 21 世纪议程》第 11 章第 53 条明确要求：“加强农业环境监测体系建设。下世纪初逐步加强重点省地（市）和县级农业环保站、牧区、渔区和农垦区环保站的建设，形成全国性农业环境监测网络，逐步实现全国农牧渔业态环境和产品质量的监测和信息传递。”经过 20 余年的农业环境监测体系建设，制定了相关法律、法规和文件，组建了各级农业生态环境监测站，依法强化了对农业环境和主要农产品的污染监测和管理。今后，要继续加强农业环境和农产品质量的监测、评价和管理，把关系到人民群众的身体健康和生命安全的“米袋子”、“菜篮子”工程做大做强，以增强我国农产品的国际竞争力。

（三）提升农业生态环境质量

广泛开展农业生态环境建设，不断提升生态环境质量。保护生态环境，建设生态农业，是当前农业发展的重要任务。完成这一任务最根本的是实现经济、社会、环境三方面效益统一的农业生产目标。过去人们往往只注意经济效益，忽视社会效益，有时候牺牲生态效益而实现经济效益。今后要彻底改变这一做法，因地制宜，使农业资源得到循环有效利用，讲求农业的投入和产出比率，节约能源降低成本，杜绝污染物排放，提升农业生态环境质量。第一，调整城镇工业的产业结构，淘汰落后生产工艺，实现节能降耗，推进清洁生产，消除污染源头。研发和实施废水、废渣等综合治理和有效利用项目，对污染源限期治理，实现达标排放和综合利用。第二，调整农业产业结构，逐步实现种植、养殖、加工一条龙的农业生产一体化，建立农林牧渔多元协调发展的农业体系。第三，通过农业生产技术革新，提高农业管理水平，控制和消除农业内部的自身污染。如化肥的有效利用，研发配方施肥技术，减少化肥的使用次数和使用量，提高化肥利用率。再如，病虫害的综合防治，研发生物链病虫草害防治技术，提高病虫草防治效果，减少农药的使用量。第四，建立绿色食品生产基地，保障食品安全，增进人民身体健康。绿色食品是指按特定生产方式生产，并经国家有关的专门机构认定，准许使用绿色食品标志的无污染、无公害、安全、优质、营养型的食品。绿色食品是在无公害农产品的基础上进一步提高食品质量而形成的。但不能满足于此，有条件的地方可以建立有机食品生产和加工基地，实现无公害农产品、绿色食品向有机食品的过渡。有机食品是根据有机农业生产要求和相应标准进行生产加工，并且通过合法的、独立的有机食品认证机构认证的农副产品及其加工品。绿色食品侧重对影响产品质量因素的控制，有机食品侧重对影响环境质量因素的控制。发展绿色食品、有机食品有利于保护生态环境，有利于推进农业产业化进程，有利于农业生产力的可持续发展。

（四）加强排污管理强化综合治理

目前，广大农村的排污问题一直是困扰农业生态环境治理的难题，分散居住的地方是每家每户自有的小型生活垃圾、粪便、灰尘等处理坑池，相对集中处理后运到农田施肥，污染问题不十分突出。集中居住后排污成为问题，因为没有处理设备，没有集中存放、处理场所，有的流到河里，造成河水、地下水、土地的污染。还有家庭的畜禽分散和规模养殖，畜禽粪便的处理更是难题。在当前农业结构调整时期，畜牧业的发展需要区域化、规模化，而粪便治理需要高投入和高成本，这在一定程度上，又制约着规模化畜牧生产的发展，形成了畜牧生产规模发展悖论，解决不好这个矛盾将直接影响到农业生产环境保护和畜牧业产业化的发展。所以，各地要因地适宜，尽快制定和出台有关畜禽养殖场管理办法，大力开展畜禽粪便排污管理，强化综合治理。开展畜禽粪便的综合治理，消除畜产公害、防治畜牧污染，是一项充分体现社会效益和生态效益的工作，也是功在当代、利在千秋的工作。因此，各级政府及其有关部门必须制订科学计划、采取有力措施，加大对生活垃圾、规模养殖场粪便处理设施建设的投入，以便推进生活垃圾和畜禽粪便污染治理工作的开展，做到加强排污管理，强化综合治理。

（五）保护农业生态环境提高科技含量

加强环境保护科学技术的研究和开发，努力保护农业生态环境，提高环境保护的科学技术含量。农业环境保护是最近发展起来的系统性、综合性、技术性整合一体的多学科、跨领域的新兴行业。要在认真总结和吸取保护农业生态环境得失成败经验和教训的基础上，进一步加大科技投入，强化农业生态环境科学研究。我国目前在秸秆还田和综合利用技术、水稻节水栽培技术，病虫草害综合防治技术、配方施肥技术等方面积累了丰富的经验，要积极推广和应用这些先进的农业环保技术。还要组织一定规模的技术力量，对有机食品开发、生物农药（肥料）研制、生活垃圾和畜禽粪便综合处理利用、农村物质能量多级利用和生物链技术、消除塑料制品对土壤危害技术等进行研究，开展科技攻关，取得更多的科技成果，不断提高农业生态环境建设的科技含量。建立农业生态环境安全预警系统，制定预警方案，有效防治农业生态环境的污染。

四　实现农业生产力的可持续发展

我国农业生产力的发展紧紧耦合着农业、农村、农民的根本问题，是农业管理制度创新、农业生产结构创新、农业科学技术创新的基础和动力。要在目前农业生产中提高绿色食品的整体质量，确保农产品的生产安全，必须在现有的农业经营组织规模上提高一个台阶，必须把农业生产水平推向一个更高的阶段，构建更加先进的生态环境建设制度和治理机制；创建自然资源质量效益型利用方式，构筑农业生态环境屏障；实现垃圾堆肥的科学化处理，保障可再生资源高效利用；落实土地保护政策，确保土地流转后农村经济的可持续发展，才能实现中国农业生产力的可持续发展。

（一）利用生态环境建设治理契机，提高农业综合生产能力

农业生产现代化的主要表现是农业生产的专业化、规模化、区域化和市场化，这是传统农业适应新形势要求，不断向现代农业转化，发展新型农业经济的增长点。近年来，国民经济持续增长，粮食和工业生产的部分消费品出现了结构性供大于求的情况，在调整种植业结构的同时，必须有计划、有步骤地为农业生产和农村生活的自然生态环境的治理和改善提供条件。实践证明，生态环境的改善对于农村种植业发展，畜牧养殖区、种

植养殖交错区的畜牧业发展都具有重要保障作用。部分地区的退耕还林和退耕还草工程为畜牧养殖业生产提供了安全保障。畜牧养殖业防护林、速生灌木林等，在保护牧区生态环境，维护和改善牧区草场的生态状况，增加抵御风沙、防止干旱灾害的能力等方面起重要保护作用。林业发展实现了以林护草，促进了畜牧业可持续发展的同时，为中国的生态安全提供了可靠的保障。随着生态环境的改善，农业科技的进步，农田灌溉面积的增加，大量中低产田的改造，粮食单产连年提升，复种指数不断增强，我国种植业和养殖业的综合生产能力也普遍提高。

（二）创建资源效益型利用方式，构筑农业生态环境保护屏障

近年来，通过加大对森林、草地、水资源保护、管理、监督的执法力度，提高了全国各族人民保护森林、草地、水利等资源的环保意识，特别是森林资源管护经营责任制和草原承包制的实施，明确了责任、权利、义务，毁林毁草造田、乱砍滥伐林木开垦、污染水源、侵占湿地洼地等行为逐渐减少。通过森林资源管理体制改革，深化林业的分类经营，调整不适应林业发展的政策，发展现代林保护天然林，林木资源呈可持续发展态势。通过改变草原资源利用方式，变传统的粗放数量型为质量效益型，保护草地资源，天然草场植被得以迅速恢复，牧草资源逐渐丰实。通过实施流域与区域水资源总量分配制度，加强南水北调工程建设，合理调配生活、生产和生态用水，改善了水资源的宏观布局。通过提高科技含量，以高新技术改造传统产业和淘汰落后的生产方式，使我国自然资源的可持续利用上了一个新台阶。通过采取退耕还林、发展种植林业、宜林荒山荒地造林、平原绿化及其绿色通道建设等措施，农业生产安全得到保障，风沙、旱涝等自然灾害对农业生产造成的损失大幅度减少。今后要继续加大生态建设力度，以林业重点生态建设工程为主体，构筑农业农村生态环境保护屏障。

（三）实现垃圾堆肥科学化处理，保障可再生资源高效利用

工业垃圾、生活垃圾处理是保护生态环境的核心问题。垃圾堆肥科学化处理，是近年来采取的有效措施和科学方法。垃圾堆肥处理是指利用微生物的降解作用，通过好氧、厌氧的发酵反应，使垃圾静态稳定化的处理过程。在我国城市垃圾的处理过程中，堆肥方式是使用最早的方式，同时也是使用最多的方式，大部分垃圾堆肥处理场所，采用的是敞开式静态堆肥方式，个别有条件的地方采用填埋方式。经过发酵处理的堆肥产品，可

作为肥料或土壤改良剂。改革开放以来，在国内城市各种垃圾处理中，陆续开发了利用翻堆机进行槽式动态堆肥方式，这种机械化程度较高的动态堆肥技术，仅次于垃圾填埋处理方式。城市垃圾堆肥是实现垃圾资源化、减量化的重要途径。垃圾堆肥法就是利用微生物的活动将垃圾中的易腐有机质分解，转变成富含有机质和氮、磷、钾等营养元素的有机质肥料，使垃圾实现从自然界来又回归自然界的良性循环。垃圾作为可利用和回收的资源，利用堆肥技术处理之后，施入农林种植环境之中，一方面消纳了城市废弃物，改善了城市环境；另一方面又对农林种植环境产生了良好的生态效益和经济效益。①

第二节　农业生产力发展的经济环境

　　农业生产力发展的经济环境是指农业生产力面临的社会经济条件及其运行状况、发展趋势、产业结构、交通运输、生产资源等综合情况的统一体，对农业生产力的发展起着关键作用。

　　目前我国农业生产力的发展具备诸多有利条件和积极因素。工业化、信息化、城镇化、农业现代化的深入推进，将为扩大内需、发展实体经济提供广阔的市场空间。党的十八届三中全会全面深化改革将更加充分发挥市场在资源配置中的决定性作用，政府职能加快转变、支持农村经济发展的政策不断优化农业生产力的发展环境，将进一步激发农业生产力发展活力。在结构调整取得积极进展和全社会对转型升级重要性、必要性、紧迫性的共识不断增强的情况下，创新驱动发展战略继续深入推进，将进一步增强农业发展后劲。同时也要看到，当前国内外影响农业生产发展思维不稳定、不确定因素仍然较多，在农业潜在增长率下降的情况下，多年积累的深层次问题与城镇化建设投入不足的矛盾更加突出，只有全国人民共同努力，才能保持农业生产力平稳健康发展。

一　世界经济复苏的影响

　　2008 年至今世界经济不景气造成的影响不可小觑。从国际范围来看，

---

① 徐升：《城市垃圾堆肥在农业中的应用及发展》，《现代农业科技》2006 年第 12 期。

2013 年下半年至 2014 年，世界经济恢复步伐有所加快，外贸形势得到一定程度改观。根据国家信息中心发布的"2014 年世界经济形势分析与2015 年展望"一文的分析，2014 年全球经济复苏步伐弱于预期，美国经济复苏势头较好，但欧元区和日本经济出现停滞不前现象；受金融动荡及乌克兰危机影响，新兴经济体增速继续放缓，但改革力度较大的印度经济表现较好；全球就业市场出现积极变化，但青年失业率仍处较高水平；发达国家物价低位徘徊，新兴经济体仍存在较大通胀压力；全球贸易低速增长。预计 2015 年世界经济表现将好于 2014 年，但仍属缓慢复苏，IMF 预计增速将在 3.8% 左右。[①] 这些将对中国农业经济发展带来机遇。但影响世界经济发展的不确定性甚至消极因素依然较多，国际市场竞争激烈，贸易保护主义日趋加剧，这些都对我国对外贸易增长形成制约。尽管预测世界经济恢复步伐加快，但受不稳定因素的影响，其速度会受到限制。这必然对中国农业经济的发展带来严峻挑战。

从世界经济复苏的趋势来看，一是随着美国经济的复苏、稳定程度的加强，美联储宣布将逐步退出量化宽松政策。但即便美国完全退出量化宽松，其利率水平依然处于极低水平，超宽松政策还将延续相当长的时间，仍需密切关注全球经济金融市场反应。二是在逐步实施一系列紧缩的财政货币政策后，欧洲主权债务危机最危险时期已经过去，但危机并没有彻底结束。紧缩政策已对欧洲竞争力形成损害，欧元区为应对危机付出巨大代价，经济已持续数个季度衰退，债务危机的影响还将对 2015 年欧元区经济产生不可忽视的影响。三是美联储量化宽松的货币政策退出将会对新兴市场国家形成一定冲击。主要原因是新兴市场国家经济面临困难，一些重要市场在财政和国际收支方面都可能出现双赤字，值得特别警惕。新兴国家金融市场出现剧烈动荡，并直接影响了经济增长。尽管新兴国家经历了2014 年的考验，2015 年仍将受到或大或小的冲击，受冲击严重的国家将会被动调整货币政策。[②] 如此这般，对我国农业生产力的发展，对农产品及其再生产品的出口可以说利弊并存。所以，中国要抓住机遇，发展农业生产，提高农业生产力水平。

---

① 国家信息中心：《2014 年世界经济形势分析与 2015 年展望》，http：//politics. people. com. cn/BIG5/n/2015/0104/c1001 –26320089. html。

② 国家信息中心：《2014 年世界经济形势分析与 2015 年展望》，http：//politics. people. com. cn/BIG5/n/2015/0104/c1001 –26320089. html。

二 国内经济局势的影响

面对国际经济市场充满不确定性的经济局势，我国在推进国内经济结构调整、提高经济增长质量等方面，注意宏观政策特别是财政政策、货币政策的有效协调，采取了得力措施防止意外波动对国内经济结构调整大局产生负面影响。

从国内看，扩大内需潜力巨大，但制约因素也在增多，国内需求增长不容乐观，面临一定下行压力。技术改造投资力度加大，房地产投资增速放缓，部分三线、四线城市房地产开发呈现出供大于求的迹象，2013 年以来房屋新开工面积和土地购置面积均处于低水平运转状态，并且必然导致房地产投资增速缓慢甚至停滞。

投资和消费结构必须进一步优化。随着党的十八届三中全会后民间投资和融资环境的不断改善，诸多企业技术改造投资力度的持续加大，2014 年民间投资和技术改造投资活动会比较活跃，在稳定投资增长、提高投资效益、促进工农业生产等方面发挥了重要作用。但是，由于受地方融资平台监管收紧和财政收支矛盾等因素影响，基础设施特别是农村基础措施投资增长后劲不足，农业生产总体仍维持低速增长格局。综合分析，2015 年国家农业投资增速稳定，但民间投资和技术改造投资有望保持较快增长，农业投资结构进一步优化，将持续发挥促进农业经济增长的关键作用。

从消费情况看，2014 年年底社会消费品零售总额呈现稳中有升的发展态势。农业发展中信息消费增长较快，成为农产品消费增长中的亮点。在国家加大对信息消费等新消费热点培育力度的作用下，今后几年信息消费将呈现持续快速增长势头，为农业生产带来发展机遇。

总的来看，我国经济发展仍处于大有可为的重要战略机遇期，农业经济运行将延续稳中有进的态势，不发生特大自然灾害的情况下，农业生产增速在稳定区间运行，农业生产转型步伐加快，改革红利将得到进一步释放，农业生产产业化经营有望得到改善，农业经济增效、农民增收的经济环境会得到改善，将促进农业生产力的发展。

三 中国特色社会主义市场经济的影响

中国特色社会主义市场经济是农业生产力发展的土壤。社会经济发展到一定阶段，就会实施市场经济这一特定经济运行方式，而市场经济常常被认为是一种经济体制或经济制度的具体表现形态。我国还处于社会主义初级阶段，其经济体制是带有一定国家宏观调控的市场经济体制，它使得生产资源的配置主要通过市场机制的调节来实现。这是农业经济增长的空间，也是农业生产力发展的土壤。所以我们研究农业生产力的变化和发展，必须把它置于社会主义市场经济的运行环境中去分析和把握。根据市场经济的发展客观要求，必须把农业生产的各个环节、各个方面纳入市场运行之中，构建多方面、多层次的农产品市场调节系统，逐步实现农产品的商品化、市场化、货币化与个性化。20世纪80年代进行的改革开放，使得经济运行的格局既实现了计划控制向市场机制的转变，也实现了由供给导向型经济向需求导向型经济的转变，还实现了由投资需求推动经济发展向消费需求推动经济发展的转变。三大转变使得农业生产要利用市场经济的优势，调整资源配置，包括人力资源的调整。把这些问题解决好，就会促进农业生产力的发展。

20世纪六七十年代，高度集中的计划经济体制排斥商品经济的运行机制。经济运行中，不能正确处理生产与市场、需求与市场之间的客观联系，忽视价值规律和市场的调节作用。在经济政策上不重视农产品的发展，更不重视农产品加工业的发展，农业生产要素的配置处于计划调拨的状态下，农产品价格低于价值出售，与工业产品交换时出现"剪刀差"，影响了农业生产的发展。改革开放以后，把农业生产推向市场经济大潮，使之在市场竞争中发展壮大，增强了农业经济发展的后劲。农业生产者利用自己的聪明才智，生产适销对路的产品，开发农产品市场，引导市场向着有利于提高农业生产水平的方向发展，所有这些都是农业生产力发展的重要内容。所以，社会主义市场经济为农业生产力发展创造了条件。

第三节　农业生产力发展的法政环境

法政环境主要是指国家的政治制度、政府制定的有关法规与政策等因素所构成的环境统一体。一个国家的法政环境对农业经济的发展具有很大的促进或制约作用。一个好的法政环境，能对农业生产力发展保驾护航，即通过政策、法规等一系列有效的措施，促进农业生产力水平的提高，创造稳定、和谐的发展空间，为农业生产力的发展奠定坚实基础。

一　国际政治环境急速变化

进入 21 世纪以来，中国面临的国际政治环境处于急剧变化过程之中。国际格局发生了重大变化，其中心从欧美转向亚洲。改革开放之后，中国经济、政治、文化等各方面都得到发展，并且崛起之后频繁出现在国际舞台上，出现了中国历史发展过程中民族复兴的大好时机。但是，中国在发展过程中所面临的形势极其艰难程度同样实属罕见。中国的发展冲击了强国称霸的国际秩序，打破了欧美中心的世界格局，引起了世界关注当然包括敌视的态度；周边国家的外交关系有好有坏、时好时坏，很费周折去适当处理。中国经济发展模式在世界范围内引起了关于发展模式之争，如英国剑桥大学教授彼得·诺兰的"第三条道路"，美国前国务卿赖斯的"权威资本主义"，美国著名左派学者、杜克大学的阿里夫·德里克的"后社会主义"等。我国的经济发展模式不同于西方民主自由的模式，之所以说是中国模式，就是因为它具有中国的特点。那么，中国模式接下来怎样走，走向何方，依然是值得我们思考的首要问题。中国模式下的中国农业怎么发展，向哪里发展，也是必须解决的问题。

世界政治多极化态势与经济全球化趋势并存。一国主宰的单极世界难以构筑，各种力量协同推动世界发展的多极化趋势不可逆转。世界经济格局的多极化必然要求并导致政治格局的多极化。21 世纪以来的国际形势表明，单极世界局面难以形成，多极世界趋势不可逆转，各种不同类型、不同规模、不同层次的经济中心的变化和增生，致使发达强国之间的实力对比差距相对缩小。但也必须看到，在经济发展中具有相对强大实力的国家，必然在政治领域中要求取得相应的显赫位置。在近现代国际关系发展史上，经济强国本身就意味着具有了不容忽视的国际地位，其内政外交特别是外交关系在很大程度上影响着世界格局的发展变化。历史上由经济大国跻身政治强国行列的国家并不鲜见，现实中经济政治并驾齐驱强国地位的国家也不少见，国际关系中的群雄逐鹿态势决定了世界政治舞台的多极化趋势。总之，世界经济联系的全球化为经济实力多极化提供了发展舞台，经济实力的多极化为世界政治多极化奠定了经济基础，并使政治多极化的发展成为世界格局变化的必然趋势。

经济全球化严格来说是经济关系的全球化，它是世界发展进程的重要组成部分，是世界发展格局的经济基础，它不可能使一极世界构筑的可能性变成现实性。经济全球化的重要特征就是世界各国经济的相互依赖性增强，形成经济全球化的主要原因是跨国商品范围扩大、服务贸易形式多样、国际资本流动性增强、生产经营技术广泛迅速传播等。世界各国经济相互依存的关系以及共同发展的局面，对谋求以实力和强权推进单极进程的超级大国具有强有力的掣肘作用。任何一个国家即便是最强大的国家，从本国的实际利益考虑，也不可能完全不顾忌国际规则的约定而盲目行事，更不能不分时间、地点等情况而一意孤行。现实世界发展所面临的诸多牵一发而动全身的全球性问题也是任何一个国家所无法单独处理的，必须通过各国之间的共识与合作才能妥善解决，即便是弱小国家、发展中国家的力量都不能忽视。这说明只有发挥多国的力量才能解决客观现实问题，而不是由哪一个国家自己说了算的，也不是凭借一国力量能解决得了的。冷战后的世界变化局势表明，超级大国企图实现单极世界的战略目标以确立自己的世界霸权，与和平发展的世界局势是相悖的。和平与发展的世界潮流客观上要求建立多极格局，因为多极格局有利于各种力量间的相互制衡，有利于全球和平稳定与健康发展。而超级大国建立单极世界的霸权主义行为，阻遏了世界和平与发展进程，长此以往只能搅得世界不得安宁。因此，世界上越来越多的国家立场坚定，推动世界多极格局的建立，推进世界和平与发展的进程，使得和平与发展成为当今世界的主题。

根据世界局势，确立和平与发展主题的是相对于历史上战争与革命主题而言的。冷战尚未结束，邓小平同志审视卓识以政治家敏锐的头脑审视世界，提出和平与发展的世界发展主题，形成了国际经济政治发展局势的科学判断，并认识到世界局势正朝着有利于我国进行现代化经济建设的方向发展。虽然 20 世纪末冷战格局不存在了，但是冷战思维依然存在；虽然国际新秩序正在建立，但是国际旧秩序依然存在，并且有的国家依然极力维护其存在。正因如此，促使霸权主义和强权政治的表现手法有了变化，实际上这种变化本身就是霸权主义在和平与发展潮流下被迫做出的策略调整，其性质没有改变。霸权主义是世界局势动荡不安的根源，只要霸权主义存在，世界就不可能完全和平。但是，当今世界的霸权主义既逆历史潮流，又违背多国愿望和利益，其作用毕竟是有限的，"既阻挡不住和平与发展的潮流，又不会改变世界的基本矛盾"。因此，和平与发展仍然是当今的时代主题。

正确认识世界发展局势，准确把握时代发展特征，对于我国制定发展战略无疑具有重要的现实意义。农业经济是国民经济的命脉，是中国经济发展的基础，是国家自立的基础。中国是农业大国，其独立自主能力相当程度上取决于农业的发展。如果农产品不能保持自给，过多依赖国外进口，必将受制于人。一旦国际局势发生变化，势必陷入被动状态，甚至危及国家安全。因此，中国农业基础地位是否牢固，关系到中国人民的切身利益，关系到中国社会的安定和整个国民经济的发展。因此，发展农业生产力是关系我国在国际竞争中能否坚持独立自主地位的重大问题。我们必须发展农业经济，必须大力发展农业生产力，必须为农业生产力的发展创造一个良好的政治法律环境。

二　国内政治环境

政治环境是指一个国家的政治制度和政府制定的有关法规与政策的综合系统。一个国家内部的政治局面对农业的发展具有很大影响，适合农业发展的国内政治环境能促进农业生产力发展；反之，不适合农业发展的国内政治环境就会制约农业生产力发展。

国内政治环境就是指一个国家一定时期内的政治背景，是变动而非静止的，如政府的更迭，制度的变迁，政策的变动等，但一个时期的政治背景是相对稳定的。这里分析的农业发展的国内政治环境就是当前时区的政治形势。

国内政治环境是各种不同因素的综合反映，如政治制度的存在、政治体制机制的运行、政府从事的政治活动、国家做出的政治决策、政局稳定状况等，都是影响一个国家一定时期内政治环境的重要因素。它们综合起来形成的国内政治局势在不同程度上影响着农业的发展，特别是有关农业、农村、农民即"三农"问题的政治制度、体制改革、法规政策等，在很大程度上影响农业生产力的发展。

目前，我国已经建立了以农村村民委员会为主要内容的农村基层民主自治体系。广大农民在乡村群众性基层自治组织中，依照法律直接行使民主选举、民主决策、民主管理和民主监督等民主权利，对其基层自治组织的公共事务实行民主自治，践行着具有中国特色的最直接、最广泛的民主实践。

中国作为一个农业大国，目前在广大农村生活着 62961 万之多的人口，占总人口比重为 46.27%。① 如何加强农村基层民主建设，真正使农民在自己的乡村当家做主，行使广泛的民主权利，是中国民主政治建设亟待解决的重大问题。经过多年的探索和实践，实行村民自治是中国共产党领导农民群众找到的一条适合中国国情的推进农村基层民主政治建设的根本途径。回顾历史，村民自治发端于中国改革开放初期，发展于20世纪80年代，普遍实行于20世纪90年代。从性质来看，村民自治是一项保障广大农民直接行使民主权利的基本制度，在这一制度下，实行自我教育、自我服务、自我管理，农民依法行使自己的权利，用民主方法处理自己的事情。从形式来看，村民自治是当今中国农村扩大基层民主的一种有效方式，是提高农村治理水平的一种有效方式。从法律地位来看，《中华人民共和国宪法》规定了村民委员会作为农村基层群众性自治组织的法律地位。《村民委员会组织法》贯彻《中华人民共和国宪法》的精神，对村民委员会的性质、职能、产生程序和任期等相关问题作了明确规定，使农村基层民主自治具有了法律依据。目前，全国31个省、自治区、直辖市已经制定或修订了"村民委员会组织法实施办法"或"村委会选举办法"，为村民自治制度以及村民自治的实施提供了更加具体的法律法规保障。

村民自治的主要内容是民主选举、民主决策、民主管理和民主监督。民主选举指的是按照宪法、村民委员会组织法等法律法规由村民直接选举或罢免村民委员会成员的选举方式。在选举过程中，村民委员会成员候选人由村民直接提名和参加投票选举，当场公布选举结果，做到公正、公开、公平。民主决策指的是凡涉及村民利益的重要事项，都由村民会议或村民代表会议讨论，按多数人的意见做出决定的决策方式。为保证决策民主，设立了村民代表议事会的村民代表会议制度。因为村庄规模大小不一，居住人口多少不一，分散居住和集中居住形式并存，村民会议召开难、组织难、议决难，所以就在居住人数较多并且居住分散的村庄，可以按规定、按程序设立村民代表议事会，行使民主决策权利。民主管理指的是依据国家法律法规和有关政策，结合本地实际情况，由全体村民讨论制定或修改村民自治章程或村规民约，并以此为依据管理村民事务的管理方

---

① 中华人民共和国国家统计局：年度数据·人口，http：//data. stats. gov. cn/workspace/index？ m = hgnd。

式。村民委员会和村民按照村民自治章程、村规民约，实行自我管理、自我教育和自我服务。目前，中国80%以上的村庄制定了村民自治章程或村规民约，建立了民主理财、财务审计、村务管理等制度。民主监督指的是村民通过村务公开、民主评议村干部、村民委员会定期报告工作、对村干部进行离任审计等制度和形式，监督村民委员会工作情况和村干部行为的监督方式。民主选举、民主决策、民主管理和民主监督的村民自治制度，受到村民的普遍欢迎。

村民自治制度是中国共产党领导亿万农民发展中国特色社会主义民主政治的伟大创举。村民自治的成功实践，扩大了农村基层民主，实行村民自治大大激发了广大农民当家做主的积极性、创造性和责任感，掀开了中国农村民主政治建设的新篇章，极大地调动了农民的积极性，推动了农业生产力的发展。

改革开放以来，中共中央连年发布"一号文件"，十分重视"三农"问题。大家知道，一号文件是指中共中央每年发的第一份一号文件。回顾历史，查阅文件，从1982年到1986年针对解决"三农"问题连续发布了5份一号文件，从2003年到2015年还是针对解决"三农"问题连续发布了12份一号文件。这些文件承载着解决"三农"问题政策法规，包含经济、政治、文化、社会、农业生态等各个方面的内容，对解放和发展农业生产力起着巨大作用。

三　法律环境

法律环境是指法律意识形态及其与之相适应的法律规范、法律制度、法律组织机构、法律设施所形成的有机整体。人们按照法律意识形态构建法律组织机构及法律设施，制定法律规范、法律制度，所以，法律意识形态是法律组织机构、法律设施和法律规范、法律制度的内在依据，法律组织机构、法律设施和法律规范、法律制度是法律意识形态的外在表现。在一定意义上说，法律意识形态是软环境，法律组织机构、法律设施和法律规范、法律制度是硬环境。农业生产力发展的法律环境也是硬环境和软环境的统一。

农业发展的法律环境还可分为比较稳定和易变化的两个方面。国家有关农业发展的法律、制度规范体系受制于国家的社会制度和社会体制的，一旦形成便比较稳定。而以国家基本法律为依托形成的部分法规，则具有一定的弹性，容易发生变化。如市场经济变幻莫测，商品货币、交易活动瞬息万变、稍纵即逝，因而与此有联系的合同法、破产法、银行法、税法、会计法等法律就经常调整，以适应市场经济变化的需要。根据国家法律法规制定的农业经济发展的各种具体规章制度，就具有更大的易变性、敏感性。它们随着农业经济发展各种具体情况的变化而不断地变化，随着农业经济发展对其周围的经济环境刺激的各种不同反应而不断地调整，如农业劳动力流动、农业资源分配的相关规定就显示出比较强的弹性，再如农产品销售价格以及在其具体形式选择上就不断地进行调整。促进农业发展相关的法律法规很多，但最为直接的是财政税收和金融扶持的政策规定。

实施激励农业发展和技术创新的财政税收优惠政策。相关部门要加大对农业企业技术创新投入的税收优惠力度，鼓励民间资本向农业高新技术产业投资，积极鼓励涉农企业和部门增加农业技术和农产品质量的研究开发投入，增强技术创新能力。积极鼓励和支持涉农企业和部门研究开发新工艺、新技术和新产品，加大涉农企业和部门研究开发投入的税前折扣力度，制定和实施农业高新技术企业的税收优惠政策。结合企业财务制度和企业税收政策改革，支持和鼓励涉农企业建立技术开发专项研究基金制度。对符合国家要求的涉农企业技术研究中心、国家工程技术研究中心等研究开发机构，给予税收优惠政策，对符合国家规定引进的农业科学研究成果和农业技术开发用品，免征进口关税和进口增值税。

实施促进农村乡镇企业发展和创新创业的金融扶持政策。《国家中长期科学和技术发展规划纲要（2006—2020）》明确规定："建立和完善创业风险投资机制，起草和制定促进创业风险投资健康发展的法律法规及相关政策。积极推进创业板市场建设，建立加速科技产业化的多层次资本市场体系。"[①] 积极探索对未上市农业高新技术企业股权流通的试点工作，逐步建立农业技术产权交易市场。鼓励金融机构对国家重大农业科技产业化项目、科技成果转化项目等给予优惠的信贷支持，建立健全鼓励中小企业技术创新的知识产权信用担保制度和其他信用担保制度，为中小企业融资创造良好条件。搭建多种形式的农业科技金融合作平台，政府引导各类金融机构和民间资金参与农业科技开发。鼓励保险公司加大涉农产品和服务创新力度，为科技创新提供全面的风险保障。

---

① 《国家中长期科学和技术发展规划纲要（2006—2020）》，中华人民共和国中央政府网，http：//www. gov. cn/gongbao/content/2006/content_ 240244. htm。

第四节　农业生产力发展的社会环境

社会环境可以按不同的标准进行划分。从地域板块的视角分析社会环境，可以按国界把社会环境分为国际社会环境、国内社会环境，就国内社会环境来说，可以按地域分为省域、市域、县域等自己所在地区的社会环境。从涉猎内容的视角分析社会环境，宏观上分为生态环境、经济环境、政治环境、法制环境、科技环境、文化环境、语言环境等；微观上分为教育培训、医疗卫生、劳动就业、社会保障、体育健康、社区服务等环境。微观社会环境实际上是指中国特色社会主义建设布局中的社会建设主要涉猎的方面。这里论及的社会环境主要是指微观社会环境。

一　发展农村社会事业促进农业生产力发展

农村社会事业是指关系农民基本生活质量和农民共同利益的公共事业，具有公众性、公用性、公益性、非营利性等特征。农村社会事业主要包括教育事业、医疗卫生、劳动就业、社会保障、科技事业、文化事业、体育事业、社区建设、旅游事业、人口与计划生育等方面。农村社会事业由于资金投入规模大、周期长、回报率低，是农业集体和个体所不愿做、不能做、做不了的事务，因此主要由国家投资举办。

中国过去在发展农村社会事业方面欠账较多，农村社会事业总体功能效率低，供求结构不合理。上学难、住房难、饮水难、看病难、养老难、行路难等问题在中国农村都普遍存在。各级政府应充分发挥主导作用，立足当前，着眼长远，以解决农民群众最关心、最直接、最现实的利益问题为重点，使经济发展成果更多体现到改善民生上，尤其要注重优先发展农村教育，特别是职业教育，提高农民的整体素质。实施扩大就业的发展战略，解决农村剩余劳动力就业难的问题。此外，还要深化收入分配制度改革；建立覆盖城乡居民的社会保障体系；建立基本医疗卫生制度，提高全民健康水平；完善社会管理制度，做好社会服务，维护广大农村社会安定团结的大好局面。

二　优化农村社会结构促进农业生产力发展

农村社会结构是由经济结构决定的，有什么样的经济结构，就会有什么样的农村社会结构与之相适应，并且农村社会结构同经济结构一样，都是决定农业生产力发展的重要的基本结构。农村社会结构包括人口结构、社会阶层结构、就业结构，也包括家庭结构、城乡结构、区域结构，还包括社会组织结构等，它是由诸多方面组成的有机整体。

20 世纪 80 年代以来，我国经济体制发生了深刻变化，相比之下社会结构的改革与调整远远落后于经济结构的变化。从城乡结构来看，城乡社会差距较大。城乡居民的户籍管理制度有别，劳动用工由户籍决定存在很大差距，就业机会和待遇极不平等。计划经济时期形成的社会福利制度没有改变，社会福利水平差距很大。从区域结构来看，区域发展不平衡。在自然地理条件方面我国东西两地区存在较大区别，社会公共服务设施、社会服务的技术条件、社会服务项目设置等都有很大差距，并且区域发展不平衡的差距仍在拉大。这种城乡差别、区域差别的不合理社会结构是我国目前存在社会不稳定现象和不稳定隐患的结构性原因，严重影响了农业经济的发展。我们要加大改革力度，制定各种改变城乡二元结构的政策措施，促进城乡协调发展、区域协调发展，逐步建立同经济结构相适应的优势互补的社会结构，以期达到促进农业生产力发展的目的。

三　完善农村社会化服务体系促进农业生产力发展

农村社会化服务体系是社会主义新农村建设的基础工程，构建农村社会化服务体系是关乎农村经济繁荣的重要措施，因此，《中共中央关于推进农村改革发展若干重大问题的决定》中提出了"建设覆盖全程、综合配套、便捷高效的社会化服务体系"的基本要求，这是因为当前农民的客观需求与社会化服务现状存在较大反差。现实中，影响城乡一体化建设的重大现实问题仍然是农村社会化服务体系结构不合理、定位不准确、功能不完善、服务不到位。农民客观需求与社会化服务现状的矛盾比较突出，因为农村经济的快速发展，使得农民的社会分工越来越细，生活需求越来越高，现行的社会化服务体系已经满足不了广大农民需求的新增长。尽管农村社会公共服务不断改善，但仍然落后于农民需求的增长。主要表现为：一是服务内容单一，不适合农民的客观需求。绝大多数服务仍停留在生产经营阶段，难以满足农民对市场信息、风险防范、项目资金、司法维权、精神生活、文化发展等多层次的需求。二是服务缺乏针对性，与农民的客观需求不对应。脱离"三农"实际的服务、缺乏可操作性的服务普遍存在，有些组织或部门只是应对上一级部门的要求，满足于完成服务任务，提供临时性的服务，不能满足农民在生产、生活、社会保障等各方面的需求。三是服务力量薄弱，导致服务不到位。现在服务体系断层、服务时间滞后、服务数量有限等现象普遍存在，服务效果可想而知。四是服务管理不规范，不适合农民的服务要求。对农村的各项社会服务，长期以来一直缺乏有效的监管措施，造成少数服务组织过于追逐名利，使服务行为商业化，牺牲农民利益的现象时有发生，不利于农村社会的和谐稳定，不利于为农业生产力发展创造良好的社会环境。

面对涉及农业生产力发展存在的问题，强化农村社会服务体系建设，必须加强制度建设，通过不断健全民主权利保障制度、社会保障制度以及公共财政制度、收入分配制度等，从制度上保障农民在政治、经济、文化、社会等方面的权利公平、规则公平、机会公平和分配公平。积极发挥各级政府主导作用，完善农村社会服务功能。营造良好的服务环境，引导农村社会化服务体系健康发展。营造良好的服务氛围，引导社会化服务组织健康发展，鼓励服务形式多样化。营造良好的政策环境，坚持以政策引导为核心，特别是在资金扶持、信贷支持、税费收取等方面对各类服务组织实行优惠政策，支农资金的增量部分用于扶持农业龙头企业同时用于服务组织的发展。要合理地开发和配置公共服务资源，通过建立和完善各级政府的社会帮扶、社会支持、社会救助的公共服务体制，有效提供公共服务项目和服务产品，直接为广大农民群众服务。

四 落实农地保护政策确保农村经济可持续发展

党的十五届三中全会《关于农业和农村工作若干重大问题的决定》指出，要坚持自愿、有偿的原则依法进行，土地使用权的合理流转，任何人、任何组织不得以任何理由强制农户转让。这就赋予农民的承包经营权更加丰富的内容，按土地承包法规定，农民的承包经营权包括对土地的使用权、收益权和部分处置权，土地流转也是农民承包经营权的一部分。之后，各地根据不同情况，实行了不同形式的农地流转。特别是党的十六届三中全会以后，开始实行一系列土地保护政策，实施农业发展与农民意愿相统一的原则，如允许农民把承包地通过租赁、反包等流转形式进行土地流转，允许农民在承包期内将自己承包的土地作为"资本"进行投资入股，获得相应的收入作为生活保障，等等。可以说这是我国农地制度的一大创新，解决了20世纪90年代中期以来农地耕种规模狭小影响农业生产力发展的根本问题，形成了我国农业生产、农村经济、农民收入共同发展和提高的重要契机，为扩大农业产业化、形成农业规模化奠定了基础。党的十八届三中全会再一次开启中国农地改革的新纪元，赋予农民更多财产权利，使土地具有了农民生活和生产资料的性质和功能，让农民的宅基地、自留地、承包地能够以各种形式在市场上流转，形成这样一种收益体系，稳定农民收入，保障农民的生活，极大地调动了农民的积极性，发挥了农业生产力载体系统主体要素、实体要素的功能，推动了农业生产力的可持续发展。

随着整体经济的发展，在市场经济的总体框架下，实行规模化、专业化和市场化生产，形成在更高层次上的社会分工，要求提高农业生产可持续发展的能力，而提高农业生产能力，又必然要求制定和实施新的农地保护制度。所以，我们制定和实施的系列农地制度，是新时期农业和农村市场经济发展的必然产物，适应了新阶段农业生产力大发展的需要，也是解决农业生产力可持续发展问题的最佳选择。把经济学原理和我国农业发展的现实状况结合起来，在人均 GDP 大于 1000 美元能够满足宏观经济基础能力的总体状态下，形成农业规模化、集约化、专业化、商品化生产，农地的规模化经营就具备了很大的可能性。要使之可能性变成现实性，在中国特色社会主义建设中，必须根据中国国情制定和实施相应的土地政策。根据世界银行研究报告来看，当人均 GDP 小于 500 美元时，农民以分散的自给自足式经营土地为主，当人均 GDP 大于 1000 美元之后，农民不满足于这种传统的土地经营方式，主要表现为：土地拥有者有转移土地的强烈意愿，而土地经营者又有扩张规模的迫切需求，二者的共同作用形成了土地使用权进行流转的推挽效应。正是在这种形势下，我们从实际出发，制定了土地使用权流转制度，也探索和找到了许多有效形式，如股份合作、委托转包、季节性承租、租赁经营、土地交换等。在政府的监控和指导下，建立了有关中介机构，提供了多方面的土地流转服务项目，有力地推动了土地流转制度的健康发展。

土地使用权流转制度的核心是土地的"三权分离"。所谓"三权分离"是指土地所有权、土地承包权、土地经营权三种权利的分离。土地"三权分离"是在严格保持土地所有权和土地承包权不变的前提下实现的。土地的基本属性是农业生产资源，土地的"三权分离"促使土地属性从资源转化为资本，把土地存量盘活，让农业生产要素流动起来，把土地面积做大，从而实现种养殖业规模效应、集约效应和市场效应。要把能否真正做到农民、政府、农业经营者三方共同满意，能否真正提高农业生产力，能否真正增加农民收入，作为衡量推行农业建设中土地流转制度是否成功的检验标准。当然，土地使用权流转制度，还有市场契约问题，坚持自主自愿原则问题，实施过程中的政府监督问题等，也是农民真正享受土地流转红利的根本保障。

当前，在深化土地规模经营过程中，要防患于未然，充分考虑广大农户土地流转后的转业、转产问题，防止出现农民的"隐蔽性"失业，保证农民在温饱富裕的基础上持续增收，防止农民成为新的贫困对象。近年来，在土地使用权流转实施过程中，出现了股份合作、租赁经营、土地交换、委托转包、反租倒包、季节性承租、土地升值分包等多种有效形式，经历了一些挫折，也积累了一定的经验。今后，应当加大研究力度，推广流转经验，逐步探索出适合不同地区情况、不同农业生产模式、不同市场需求下的农地流转模式，形成适合当地农业生产的最适宜增产增收的土地集中规模，以获得农业生产效益的最大化，促进农业生产力可持续发展。

另外，在政府的监控和指导下，建立了相应的土地流转中介机构，主要有土地储备中心、土地整理中心、土地信托中心和土地银行等形式，为土地流转的顺利进行提供了多方面的服务，为顺利贯彻实施土地流转制度做出了巨大贡献。今后，各级政府要切实负起领导责任，规范管理各种土地流转的中介机构，充分维护农民权益和经营者权益，并通过合同等方式规范有关土地流转的社会契约。发挥政府的引导作用，科学预测未来的市场风险，制定市场风险评估方案，防患于未然，保持农村土地的可持续发展和永续利用，防止掠夺性的开发等土地利用的短期行为，防止土壤侵蚀和资源污染等破坏农业生态环境的行为。以土地流转、基地化建设为突破口，实施与农村土地流转制度创新相匹配的生产经营模式，例如，随着苗木发展，大市场的矛盾越来越突出，苗木产业向区域化、专业化、规模化方向发展已成为一种必然的选择。再如，采取基地化生产方式，组建专业技术协会，发展规模化连片经营方式，条件成熟的地方可以发展招商农业，引进龙头企业加快农产品的生产基地建设，发挥龙头企业资金、人才、技术的优势，培育生产经营者的市场理念，提升农业龙头企业的市场竞争能力，在整个农业产业发展中起到示范、带动作用，引领规模化农业的发展，提高农业生产力发展水平。

第五节　农业生产力发展的文化环境

　　农业生产力发展离不开硬环境，同时也需要软环境的支撑。农业生产力发展的软环境主要是指社会文化环境。

一　农村文化与社会文化

　　农村文化是社会文化的重要组成部分，其核心是农业价值观。正是当代农民秉承社会主义价值观念，遵守社会主义职业道德，辛勤耕耘，为解决中国人民的温饱问题做出了卓越贡献。正因如此，才保证了农业的安全生产，提升了农业生产力发展水平，提高了农业经济发展的社会效益。

　　社会文化与社会发展相适应，以社会物质生产发展为基础，随着社会变革而变革，同时具有自身的发展规模和历史连续性。从历史发展的视角来看，社会文化分为传统文化和现代文化，现代文化离不开传统文化积淀的影响。从区域发展的视角来看，社会文化有农村文化和城市文化之分，我国农村天地广阔的现实情况决定了农村文化是社会文化的一个重要组成部分。农村文化是在一定的社会环境和文化大背景下形成的，同时它也是随着社会文化的发展而不断发展的。它一旦形成又对周围社会环境发生影响作用，作用于整个社会文化并推动其发展。所以，农村文化是社会文化的一个重要组成部分，农村文化的建设和发展与社会文化的建设和发展是相互依赖、相互影响、相互促进的。这种统一关系在精神、思想、道德、价值观和作风等方面表现得最为突出。农村文化与社会文化是个别与一般的关系，社会文化的特征影响农村文化的特征。现实中每个社会都继承和发展了一种独特的生活、学习、劳动和生存方式，并将其物质财富与精神财富传给后代，社会文化具有明显的传承性。农村文化也具有传承性特征，因为它是社会文化影响、渗透的产物，是社会文化融于农村建设之中而形成的精神与物质相结合的产物。

　　农业文化以产生适应农村社会发展要求的积极行为所应该共同遵守的信仰、习惯、准则以及规则、规范为主要内容，但又表现为农业生产经营者自觉悟守的特有信仰习惯和价值观念。因此农村文化既以社会环境作为发展背景，也以社会文化作为生长土壤，又按照自身的规律变化发展。农村文化既是社会文化的具体体现，又是农业经营管理最高层次的意识形态、价值观念的反映。所以说农业文化与社会文化既有共同的结合点，又存在着不容忽视的农村独特的个性特征。

二　农业文化与民族文化

建设农业文化促进农业生产力发展，要以民族文化为根本，发扬中国优秀的文化传统，继承积极的民族文化成果，不断丰富和发展社会主义的农业文化。中国历史悠久，具有丰富多彩的民族文化。农业文化根植于民族文化的土壤之中，农民的价值观念、行为规范等无不烙有民族文化的印记。

中华民族文化是东方文明的发端，具有五千年的悠久历史，积淀了丰富多彩的内容，形成了博大精深的文化体系。中华民族文化不仅哺育了中国人民，而且对世界人民乃至整个人类文明都产生了积极作用，成为人类文明宝库不可或缺的重要组成部分。中国传统文化总体上呈现以自然经济为基础、以家族为本位、以血缘关系为纽带的基本特征，宗法等级、伦理纲常等观念占据核心地位，对维系封建统治有重要作用。中国传统文化具有鲜明的两重性，它既有消极作用，也有积极作用；既有保守的一面，也有进步的一面；既有腐朽没落的糟粕，也有可汲取的精华部分。总体上讲，对于当前的农业文化建设，前者构成我们沉重的文化包袱，后者将成为一笔巨大的精神财富。糟粕如果得不到抑制，就会加剧农业文化的冲突，就会阻碍农业生产力发展；精华如果得不到弘扬，现代农耕文明就会失去根基，新型的农业文化体系就难以建构，就会影响我国农业现代化的实现和发展。所以，对我国传统文化应采取扬弃的态度，去其糟粕，汲取精华，在消除中国传统文化对现实农业生产力消极影响的同时，积极认真地弘扬我国优秀的文化传统，使其发扬光大，成为推进农业文化进步乃至促进农业生产力发展的强大精神动力。

三　农业文化与农业生产力

农业文化内容丰富、博大精深，是一个由诸多内容组成的有机统一整体，在农业生产力发展中发挥积极作用。

敦厚质朴、求真务实的精神促进中国农业生产力的发展。中国传统文化中儒家的"经世致用"、道家的"无不为"、法家的"奖励耕战"等影响着历代农民，形成了脚踏实地、扎扎实实、朴实无华的民族性格。当然，我们应该看到，这种求实精神作为一种长期养成的文化传统，使得广大农民把注意力集中到如何生存的"实际"问题上来，主观和客观上都需要发展农业经济，有发展农业生产的积极性，这无疑对农业生产力发展起着巨大促进作用，同时对克服"假、大、空"的形式主义，树立一切从实际出发、实事求是的优良作风有重要意义。

勤劳勇敢、自强不息的精神支撑着中国农业生产力的发展。历史证明，中华民族以农立国，数千年来农民一直从事农业生产，一直在农地上辛勤劳作、繁衍生息，不仅形成了历代农民淳朴务实的精神，也锤炼出历代农民勤劳勇敢、忍辱负重、自强不息的精神品格。在世界农业发展的历史上，中国农业发展水平之所以领先于世界各国，正是因为中国农民发扬勤劳勇敢、自强不息的精神，使得中国农业科学技术发展，促进中国农业生产力水平提高的结果。

吃苦耐劳、勤俭节约的精神助推中国农业生产力的发展。中国广大劳动人民一直把勤俭视为美德，把浪费看成不操守道德的行为，注重勤俭节约和财富的积累，节约观念极强，农民也不例外。尽管这种节俭品格在封建农业伦理中带有一些节欲主义的色彩，他们或者迫于贫穷或者表示道德上的修养，而把节约积累的财富储存起来，并不是拿去用于扩大再生产，创造更多的财富，但这种品格总体上是有益有弊的，只要正确引导并善于把它与现代经济伦理有机结合，就会形成我国农业文化中一笔重要的精神财富。

团结协作、和谐共生的思想推动中国农业生产力的发展。在我国历史上，农业发展往往以家族所占有的土地为基础，形成发展规模而积淀发展成果，长此以往形成农业的发展态势。在中国农业发展历史中，家族土地所有制维系着农村经济的发展，一个家族特别是大的富有家族，占据大量的土地，规模化经营标志着实力的强大，其家族团体内部，大家都必须以家族利益为最高目标，追求家族利益的最大化，强调团体和整体重于个人和部分，个人无条件服从整体，以家族内部的伦理纲常关系，维系着整个家族的和谐与稳定。这种家族团体文化作为一种持续了几千年的群体精神，有利于重构人们以团体利益为重的集体精神，形成团体和集体的凝聚力和竞争力，以促进农业生产力的发展。用现代眼光来看，这种历史积淀的团体精神或团体意识与我们党长期倡导的集体主义是一致的，只要处理好个性发展、个人利益与整体利益以至国家利益的关系，加之发展农业政策的积极引导，对现代农业生产力发展一定会发挥积极作用。这种家族和谐思想一直主张人与人要和谐，要亲和一致，要不偏不倚地处理人与人之间的关系，不说过头话，不做过头事，如此等等，对于提高民族凝聚力，增强团结协作，构建和谐社会都是大有裨益的。这与我们目前提倡的人与自然和谐相处也是一致的。在农业生产经营中，农民一直持有的和谐思想，对保护自然、顺应自然规律，使人与自然和谐一致，保护生态平衡具有积极促进作用。

求索创新、开拓进取的精神推进农业生产力的发展。尽管我国农民受传统文化的影响，存在易于满足、安于现状、安贫乐道的思想，但也具有向命运挑战、改造自然、不断求索、开拓创新的精神。回顾近百年的中国现代史，无数优秀农民群众在中国共产党的领导下，前仆后继，不怕牺牲，寻找救国强国之路，更鲜明地体现了中国农民的求索创新、开拓进取性格。其求索毅力、开拓精神具体表现出来的反抗强暴、至死不屈，特别是在危急关头，敢于奋勇崛起，探索真理锲而不舍，为民奋斗不息的性格，为国战胜危机的意识，为实现民富国强的信心，推动了历史的发展。如山东沂蒙的农民群众在翻身求解放、求自由中不停地求索，勇于接受新思想、新文化，敢于冒极大的风险参加革命，用三万一千余人的生命和鲜血，创下了光辉的革命业绩。沂蒙红嫂敢于开动脑筋，创新思路，大胆开拓，三十二名妇女用自己柔弱的肩膀扛起门板跳进水中，用瘦弱之躯架起一座坚固的火线桥，使一个团的兵力从这座人桥上顺利通过汶河，夺取孟良崮战斗的胜利，扭转了战局，成就了中华民族的惊天伟业。无数中国农民在革命的史册上，记载了永垂不朽的历史功勋；在改革的史册上，记载了永垂不朽的丰功伟绩。中国改革的发源地，就在农村，就在安徽省滁州市凤阳县的小岗村。小岗村的十八位农民1978年以"托孤"的方式，冒着极大的风险，在土地承包责任书上按下了红手印，至此就立下"生死状"，拉开了中国改革开放的序幕。正是在改革开放过程中，农业生产力才有了长足发展和历史进步。中国农民求索创新、开拓进取的精神，将成为推进农业生产力发展的强大精神动力，在世界农业发展史上再创辉煌，在实现中华民族伟大复兴的道路上再创辉煌，成就中华民族的希望，实现中华民族复兴的梦想。

综上所述，农业生产力发展离不开生态、经济、政治、法律、社会、文化环境的影响，当然发展环境中也有消极因素的制约作用，这正是要特别注意或防范的。我们要辨析积极因素和消极因素，处理好环境与农业生产力的关系，防止消极因素对农业生产力发展的阻碍作用，利用积极因素促进农业生产力的可持续发展。

第六章　农业物质生产力的发展

　　理论指导下的实践是自觉实践，研究农业生产力可持续发展问题，既要注重理论研究，又要注重解决实际问题；既要注重农业生产经验的总结、理论的提升、规律的探索，又要注重现实中农业生产力诸多方面的协调发展。

　　就生产力的外延看，包含物质生产力、精神生产力、人类自身生产力。与此相适应，农业生产力发展，就形成了农业物质生产力、农业精神生产力、农业劳动者自身生产力相互联系的动态的可持续发展系统。而农业物质生产力的可持续发展又包含着种植业生产力的可持续发展、林业生产力的可持续发展、畜牧业生产力的可持续发展、渔业生产力的可持续发展等诸多方面。

第一节　种植业生产力的可持续发展

　　种植业是农业的重要组成部分，主要是指栽培各种农作物以及取得植物性产品的农业生产部门。就种植业的实质而言，它是利用植物的生活机能，通过人工培育以取得粮食、副食品、饲料和工业原料的社会生产部门。种植业有广义和狭义之分，广义的种植业是指各种农作物、林木、果树、药用和观赏等植物的栽培。有粮食作物、经济作物、蔬菜作物、绿肥作物、饲料作物、牧草、花卉等园艺作物。狭义的种植业通常是指粮、棉、油、糖、麻、丝、烟、药、杂等作物的生产。

　　种植业生产力是种植业劳动者栽培各种农作物以及取得植物性产品的的能力或物质力量。由于我国种植业生产力水平的提高，种植业发展较为迅速，粮食总产量 2014 年达到 60709.90 万吨，较之 1950 年的 13212.90

万吨增加3倍之多，居世界首位，粮食单产增加5倍之多，尽管人口增长约3倍，但依然赶不上粮食的增幅。棉、油农作物及其他轻工业原料的增产幅度同样很大。随着种植业生产条件和生产环境的改善，20世纪70年代以后各种生产投入幅度增大，机械化程度逐步提高，推动了农业生产力的发展。尤其是化肥、农药、良种的投入，农用机械、灌溉设施的改善和优化，影响着农业生产力的水平，当然农业生产者素质的提高，对发展农业生产力贡献巨大。

20世纪80年代以来，各地区存在着有效灌溉面积徘徊或下降的趋势，家庭小规模种植致使农机利用率降低的情况也时有发生，形成了种植业生产力长期持续发展的制约因素。还有，中国农业对自然资源利用率随着农业生产力水平的提高有所改善，但总体上来讲，我国农业资源利用效率提高相对缓慢，物质、能量的投入与产出的比值提高更是缓慢，有时甚至出现下降趋势。如我国目前各种农作物对化肥的利用率30%—40%，氮的平均利用率为40%—50%，磷的平均利用率为10%—20%，钾的平均利用率为30%—40%，与先进水平国家的肥料利用率相差近1倍。同时，大量施用和过分依赖化肥的状况，不仅使土壤变得板结，也造成土壤的严重污染。再如，我国是农业大国，农业用水量占总用水量的73.4%，但灌溉水利用率仅占30%—40%。主要是因为长期以来农业采用粗放型灌溉方式，水的利用效率低下。按我国当前灌溉用水的利用系数0.3—0.4计算，相比发达国家水的利用系数0.7—0.9还差0.4—0.5，提升农作物水分利用率的潜力很大。资源浪费对中国资源约束型农业的可持续发展是极为有害的。

我们要充分认识到生态环境有所恶化，局部地区特别是山区、旱区的恶化速度超过了治理速度，水土流失、草地退化、土地沙化等问题严重。此外，农田污染有加重趋势，随着农业生产投入水平和产出水平的提高，生态环境保护任务日益加重。由于人多地少和劳动生产率低、生产成本上升等因素，种植业比较效益下降明显。诸如此类的问题，都不利于种植业生产力的提高，必须引起高度重视。正是存在着影响种植业生产力乃至影响农业生产力发展的因素，所以中央连年发布一号文件，解决这些问题，以促进农业生产力的可持续发展。近年来，我们依靠科学技术进步和科研攻关，以实现资源的高效利用；通过生产要素的合理组合，以实现现代农业的高效发展；通过改善农业生态环境，以增加抗涝抗旱能力；通过农地保护与合理利用，以提高土地生产能力，如此等等，推动了种植业生产力的发展。但还需加大农业支持和保护力度，采取更加得力的措施，形成种植业生产力可持续发展的态势。

一　加强质量管理，提高耕地质量

近年来，我国耕地总体质量令人担忧。根据近年各地的相关报道，耕地保护往往是"重数量、轻质量"、"风声大、雨点小"。其主要表现：一是耕地面积逐步缩小。就东部地区而言，沿铁路干线观察周围的楼房林立，沿公路观其景色略同，主要占据的是可耕地面积。二是优质耕地的比例缩小，耕地的生产能力正在下滑。三是耕地污染情况正在恶化。目前，我国受农业内外污染源的影响，被污染的耕地约有 1.5 亿亩，占总耕地面积的 8.3%。四是耕地土壤生态功能变差。农田环境污染造成土壤微生物区系失调，使得土壤本身对重金属污染、养分缺乏等胁迫因子的缓冲作用下降。土壤板结度提升，使其抗干旱能力下降。如不高度重视，加大治理力度，农业生产将自食其果。

加强耕地保护与管理对提升耕地环境质量特别是提升耕地生态质量具有重要意义。我们越来越认识到，耕地保护必须由数量管理模式向数量、质量和生态三位一体管理模式转变。实现这一转变，一是坚持数量与质量并重的原则，继续实行严格的耕地保护制度，加强耕地质量建设。二是坚持保护与建设并重的原则，以建设促保护，以保护强建设，在提高耕地的综合生产能力上下功夫，为稳定种植业发展奠定坚实基础。具体措施包括：一是加大对中低产田改造力度，提升其投入与产出的比率。二是通过调整种植业结构，增加养地作物的种植面积。三是增施有机肥料，进行生态农业建设，提高土地的可持续生产能力。四是开展农田水利建设，加强坡改梯等水土保持农田工程建设，提升基本农田地力。五是提高耕地生态质量意识，继续扩大推广沃土工程，实施测土配方施肥措施，着力提高耕地质量。

二　加强良种培育，提供技术支撑

农作物种子的优良是种植业成败的根本问题。因为种子作为农业生产的关键生产资料，具有不可替代性。中国是农业大国，由于地理环境和气候条件的差异性，农民种植农作物的因地适宜性，使之良种需求彰显其多样性。培育适合中国农业生产特点的品种，为农民提供适宜对路的优良品种，是促进种植业可持续发展，提高种植业生产力的基础。

　　中国种子产业在农业发展进程中一直起着举足轻重的作用。中华人民共和国成立以后，在农业发展的各个关键时期，常常是通过良种繁育推广体系，实现了优良品种的更新换代，推动了农业生产效率的提升，推动了农业生产力的发展。在过去的六十多年的时间里，使农作物的单位面积产量实现了重大突破。然而，由于中国种业发展水平与现代农业发展要求不相适应，加之种业起步较晚，良种培育存在的较多技术问题，跟不上国际种业特别是跨国良种培育公司的发展速度，并且呈现差距拉大的趋势。

　　中国农作物品种的供需矛盾凸显，优良品种的多样性明显不足，品种的适应性问题诸多。近年来，中国境内病虫多发，旱涝风沙等异常天气频发，一些品种的抗逆性和适应性不强的缺陷暴露无遗。优良品质的使用也存在诸多问题。由于中国的种子用户主要是全国各地的农户，户均耕地少，有的地区每户仅有 0.5 公顷，规模狭小，使用量少。加之受文化程度、科技水平和经济条件的影响，相当多的农户选取种子时缺乏科学性，存在选择品种和价值趋向的盲目性、随意性。当然，也存在着信息不畅通的情况，甚至从某种意义上存在着地方政府不合理行政干预的情况，影响了优良品种的选择和使用，形成优良品种推广的不稳定性和不确定性。农作物品种的培育和管理也存在问题。农作物品种多样，种子企业多、散，且规模小，管理难度增大。中国种子管理机构不全，监管力量明显不足，尤其是基层管理力量薄弱，管理技术和手段落后，管理力量和服务能力不能完全适应种子管理工作的需要。针对这些问题，我国优良品质的发展空间很大，国家和各级政府要实行科研带动战略，加大科研力度的同时，鼓励各种社会力量投资种业生产和经营，以保障优良品质的培育、生产和供给，为农业生产力可持续发展解决根本问题。

三　减少面源污染，保护生态环境

　　面源污染是指通过降雨和地表径流冲刷，将大气和地表中的污染物带入受纳水体，使受纳水体遭受污染的现象，包括城市面源污染和农业面源污染。农业面源污染是指在农业生产活动中，农田中的泥沙、营养盐、农药及其他污染物，在降水或灌溉过程中，通过农田地表径流、壤中流、农田排水和地下渗漏，进入水体而形成的面源污染。这些污染物主要来源于农田施肥、农药、畜禽及水产养殖和农村居民的生活垃圾。农业生产活动中的确存有大量的氮素和磷素等营养物，也存有农药以及其他有机或无机污染物，这些营养物和污染物通过农田地表径流和农田渗漏形成地表和地下水环境污染，不同程度地影响农作物的安全生产。要采取措施，加大农业面源污染的治理力度。

一是减少污染。首先，随着化肥施用量的增加，农家肥使用越来越少，造成耕地板结、有机质含量下降的同时，受纳水体受到污染。其次，农药过量施用。据统计，中国农药的过量施用在水稻生产中达到40%，在棉花生产中超过50%。在一些高产地区，每年施用农药可达20余次，污染农作物和空气的同时，受纳水体也受到污染。根据此现状，首先是要加大农家肥等有机肥的使用量；其次是优化环境，利用生物链治理病虫害；最后是对牲畜家禽粪便、生活垃圾进行发酵处理，使污染降到最低限度。

二是加大防治投入。坚持因地适宜的原则，结合当地农业产业结构和环境质量现状，推动农业产业结构的调整和优化升级。加快传统农业向现代高效农业转变，大力发展生态友好型、经济高效型的多元化农业产业。研究探索如何建立农业面源污染的预防、抑制、补偿机制，研发和推广环境友好型的农业技术，引导农民采用降低和防止污染的农业生产资料；研发和推广资源节约型技术，促进相关科研成果的转化。

三是推广治理技术。积极研发和应用农业清洁生产技术，加强研发推广污染防治技术，形成污染防治与水肥管理一体化的可持续发展的配套技术体系。实施耕作制度改革，积极推广保护性耕作、精准化施肥等节能减排的低碳农业技术。推进畜禽粪便等有机物的资源化、循环化利用，鼓励使用农家肥和复合有机肥，大力倡导和应用物理和生物防治等非化学防治病虫害技术，大力推广测土配方和科学施药，提高化肥和农药利用率，减少资源浪费，减轻环境污染。

四是推广先进农业生产模式。加强农机农艺结合，探索环保种养结合的新型农业生产模式。全国各地要根据实际情况，在法律、技术等方面有效控制农业生产中化肥和化学农药的使用。探索适宜当地生产的生态农业、绿色农业、有机农业。

四　坚持政策扶持，营造有利环境

政府应持续增加农业生产、农村建设投入，实施和完善有利于种植业可持续发展的政策。近年来，在全国范围内实施了耕地保护和有偿使用政策，实施了种粮农民按地亩直接补贴政策，实施了农民贷款、农业保险和农资综合补贴政策，实施了良种补贴政策，实施了农机购置补贴政策，实施了重要粮食品种最低收购价政策，这有效地调动了农民的积极性，促进了农业综合生产力水平的不断提高。在农业生产实践中，目前正在形成和实施的良种培育生产和销售体系、农业科技创新和应用体系、植物保护体系、农产品质量安全体系、农产品市场信息体系、农业资源与生态保护体系、农业社会化服务与管理体系七大强农惠农体系亟待健全和完善，以达到又快又好地提升农业发展水平、提升农业综合生产能力、提升农民持续增收能力的目的。

另外，要结合中国种植业发展的实际情况，在了解、学习和借鉴国外先进经验和做法的基础上，积极探索和实施有利于种植业可持续发展的新政策。例如，允许和鼓励企业或私营部门参与对农业的服务和投入政策；稳定农产品价格的政策，根据作物生产的投入和产出以及生产方式决定农产品价格的政策；重新制定生物多样性生产方式的补贴政策；取消对环境和自然资源有害的"不当补贴"政策，等等。积极探索和实行环境利用补偿机制；信息咨询和农技推广服务机制。尽快健全、完善和推广实施农业生产社会保障制度，为种植业可持续发展创造良好的环境，从整体上提高农业生产力发展水平提供有力的制度保障。

第二节　林业生产力的可持续发展

林业是指培育和保护森林、规模种植树木以取得木材和其他林产品以及利用林木的自然特性以发挥保护生态环境、保持生态平衡等防护作用的生产部门。按其职能可分为三个组成部分，一是造林、育林、护林；二是森林采伐和更新；三是木材和其他林产品的采集和加工。

林业在发展过程中，能保护森林树木、持续经营林木资源，维护人与动物、人与植物的大生物圈平衡运行，促进人口、经济、社会、环境和资源协调发展，由此我们可以说林业具有基础性产业和社会公益事业的属性。但林业的本质属性是物质生产部门，有的国家如中国将其隶属于农业生产部门。林业的特殊地位决定了其在国民经济建设、人民生活和自然环境生态平衡等方面的重要作用。正是林业的地位和作用，使得世界诸多国家把林业作为独立的生产部门加以管理，并且十分重视其发展状况，采取诸多措施保护天然林，培育人工林。林业在中国一直没有独立出来，至今仍然属于大农业的一部分。

林业本身还具有生产力的性质。何为林业生产力呢？林业生产力是通过先进的科学技术和管理手段，从事培育、保护、利用森林和其他树木资源，充分发挥林木多种效能的能力。发展林业生产力，加快林业建设，既可提供物质资料生产所需的生产资料，又可提供生活资料生产所需的生产资料；既可发挥保持水土、防风固沙的调节功能，又可发挥保护环境、调节气候等生态功效。中国历来重视林业生产特别是改革开放以来，各种经济林的形成与发展，既增加了国民生产总值，又丰富了人民群众的物质生活，还提高了人民群众的生活质量。

林业生产是以土地为基本生产资料的，以天然林和人工林为主要生产加工对象，利用林木和林产品为经营利用对象，由植树造林、林木经营、林产品利用三个主要组成部分组成的整个生产过程。林业生产具有自身特点，一是树木栽培、森林形成、产品采掘等具有生产周期长、见效慢；二是占地面积大、受地理环境制约性强；三是林木资源可再生性强；四是商品利用率高。这些特点决定了林业生产的主要任务是实现利用现有森林资源和植树造林的统一，提升全民保护意识，防止对森林的乱砍滥伐，扩大森林种植面积，提高森林覆盖率，实现木材和其他林产品的扩大再生产。利用现有森林资源要求做到科学管理保护和合理有效利用的统一；植树造林要求做到有计划培育增植和科学经营管理的统一。同时林业生产还要根据林木的自然特性，发挥它在自然灾害预防、气候温度调节、水土资源保持、水力资源涵养、保障农牧生产以及防风固沙、净化空气、防治污染、美化环境等诸多方面的独特功能。实践证明，只有强化林业生产，才能提高农业的综合效益，提高农业生产力发展的总体水平。

党中央提出的构建社会主义和谐社会，是全面落实科学发展观、实现全面建成小康社会奋斗目标的必然要求。坚持以人为本，实现全面、协调、可持续发展，是我们党在新世纪、新阶段提出的重大战略思想。在这一战略思想指导下，分析我国的情况，加强生态文明建设，实现人与自然的和谐共生是全国人民的历史使命。而加快林业发展，加强生态文明建设，是实现人与自然和谐共生的根本途径，是构建社会主义和谐社会的重要内容。从中国的国情来说，森林和湿地是涵养水源、净化水质、提供清新空气、创建优美环境的源头和根本。而森林和湿地两个生态系统的建设和保护都是现代林业生产的根本职责。就此而言，林业在构建社会主义和谐社会中承担着光荣而又艰巨的任务。

当前，我国改革开放进入了关键时期，经济社会发展进入了新的发展阶段，我们必须按照中国特色社会主义建设的统一要求，从实现全国经济社会全面协调、永续发展的战略高度审视和完善林业生产的发展思路，从落实科学发展观、全面建成小康社会的战略高度制订发展规划，根据解决"三农"问题的现实要求制定和实施得力措施，发展林业生产。我们要充分认识林业在经济建设、生态建设和社会发展全局中的重要战略地位，把握林业发展的特点，增强加快林业生产力可持续发展的紧迫感和责任感。

一　林业发展中存在的问题

习近平同志最近指出："经过新中国成立以来特别是近 30 多年来不断植树造林，我们国家树更多了、山更青了、地更绿了。中国在植树造林方面为人类作出了重要贡献。同时，我们也要看到，与全面建成小康社会奋斗目标相比，与人民群众对美好生态环境的期盼相比，生态欠债依然很大，环境问题依然严峻，缺林少绿依然是一个迫切需要解决的重大现实问题。"[1] 改革开放以来，特别是进入 21 世纪以来，在中国共产党的正确领导下我国林业生产取得了巨大成就，创造了显著的生态效益、经济效益和社会效益，在中国特色社会主义现代化建设中发挥着越来越重要的作用，推动了林业生产力的发展。森林覆盖率、林木蓄积量出现持续增长的势头，更重要的是提高了森林质量，增强了林业发展的后劲，但也存在诸多矛盾和问题。

（一）林区可采资源不足，与林业经济发展趋势不适应

林业经济资源的补偿机制不健全，导致重采轻育的现象普遍存在，致使诸多林区只向森林索取，不重视森林的可持续发展。有的地方看不到森林的生态价值，也不承认林木价值，只计算采运成本，滋生了乱砍滥伐的行为，违背了价值规律。由于这些情况时有发生，木材价格偏低，再加上初加工的林产品较多，使树木资源消耗量增大，发展和保护林木资源的投入跟不上，树木特别是森林得不到必要的补偿，违背了林业资源再生产规律。

---

[1]　新华社：《习近平在参加首都义务植树活动时强调坚持全国动员全民动手植树造林把建设美丽中国化为人民自觉行动》，《国土绿化》2015 年第 4 期。

（二）生态平衡受到影响，与生态文明建设不相适应

林业科技投入严重不足，林业技术研究和推广应用受到制约，林业信息系统发展滞后。由于林业科技进步受阻，林业科技贡献率远远低于其他行业，跟不上时代发展的要求。加上采伐方式不当，育树更新周期长，时常出现供求失衡现象，同时林区生态平衡的破坏问题日益严重。林木生长缓慢，病虫害严重，植被被破坏，导致气候异常，有的地方干旱严重，有的地方暴雨成灾，水土流失现象严重，加重了生态文明建设的负担。

（三）林业基础脆弱、设施落后，导致发展后劲不足

国家对林业建设投入严重不足，基础设施建设陈旧与缺乏状况并存。众所周知，火情瞭望塔对林业建设起着至关重要的作用，可目前的火情瞭望塔的覆盖率仅为50%左右，造成防治森林火灾和病虫害的预防能力严重低下，综合治理局面难以打开，甚至由于预情延误而导致火灾、虫灾的重大损失，这些情况与林业发展趋势以及林业的地位作用非常不协调、不适应。一些地方林业发展不景气，低迷甚至萎缩的状况与当前国民经济发展的需要不相适应。

（四）林业可持续发展意识薄弱，与林业发展战略不相适应

林业是大农业的重要组成部分，是国民经济基础产业的支柱，对促进经济可持续发展具有重要作用，同时肩负着维护国土生态安全的重要使命，又具有社会公益事业的性质。加之树木生长周期长，维护林业的可持续发展具有重大意义。但是，长期以来由于宣传教育工作不到位，人们没有充分认识到这一点，因而还没有形成林业可持续发展的全民意识。党的十一届三中全会以前，植树造林工作犯有急于求成的毛病，没有按照林业自身的发展规律办事，出现了森林植株过密，针叶和阔叶树种比例失调。从东北地区植树状况来看，主要是针叶树种的育培，就针叶树种而言，单一化倾向严重，主要集中在红松、落叶松的栽培上，加剧了森林的病虫害，生态平衡成为严重问题。这样一来，形成大面积纯林，经济效益差。党的十一届三中全会之后，发现并纠正这一做法，部分地区有所改观，但效果不理想。进入21世纪以来，建筑业的飞速发展，带动了家居业对木材需求数量的飞涨，砍伐减量与植树增量比例大大失调，致使林业的可持续发展几乎成为空谈，基础弱、投入少、生长慢、设施差，发展后劲严重不足。长此以往，不仅影响林业发展战略的实现，还会拖农业发展的后腿，影响整个国民经济的发展。

二　实现林业生产力的可持续发展

自 1992 年世界环境发展大会提出林业可持续发展以来，可持续发展的理念已经深入我国经济社会建设的各个领域，林业发展也不例外。可持续发展说到家就是既满足当代人的需要又不损害后代人需要的发展。人们无论从事何种工作都必须充分考虑到这一点。就此而言，实现林业的可持续发展必须考虑怎样促进林业既满足当代人的需要又不损害后代人需要的发展，规划好林业发展的远景，切实解决林业发展环境的构建、经营效益的实现、长远利益的满足等问题。

（一）建立林业生产力可持续发展的保障系统

林业的地位、作用决定了林业的直接经济效益并不显著，但总体效益和长远社会效益巨大。中国人口众多，人均森林占有量只有世界人均森林占有量的 20%，森林资源相对短缺；我国国民经济的发展离不开林业基础产业的发展；山地多，土地贫瘠，自然灾害频繁，如此等等，诸多情况决定了必须形成促进林业发展的保障体系，进而促进林业生产力的可持续发展。林业生产力可持续发展的保障体系包括政府决策支持、法律法规保障和政策支持等诸多内容组成的整体系统。

1. 建立和完善林业生产力可持续发展的决策支持系统

回顾林业发展的历史，我国在政策支持方面做了大量的工作，仅就国务院发布的文件而言，形成了林业发展的强势支撑力。1950 年 6 月 30 日发布的《中华人民共和国土地改革法》第 18 条规定，大森林收归国有，由人民政府管理经营。同年还颁布了《关于禁止砍伐铁路沿线树木的通令》、《各级部队不得自行采伐森林的通令》。新中国成立后的三大改造时期，百业待兴，国务院于 1955 年 5 月 10 日批复林业部，同意试行《全国木材统一支拨暂行办法》，这是新中国成立以后关于林业发展的第一个文件。1958 年中共中央、国务院发出了《关于在全国大规模造林的指示》，1961 年中共中央制定了《关于确定林权、保护山林和发展林业的若干政策规定（试行草案)》，1963 年国务院发布了《森林保护条例》，1967 年中共中央、国务院颁布了《关于加强山林保护管理、制止破坏山林树木的通知》。

党的十一届三中全会以后，1979 年 2 月 23 日，第五届全国人民代表大会常务委员会原则通过了《中华人民共和国森林法（试行)》，并决定每年 3 月 12 日为中华人民共和国植树节。1980 年 3 月 5 日，中共中央、国务院发出了《关于大力开展植树造林的指示》，1981 年 3 月 8 日，中共中央、国务院颁发了《关于保护森林发展林业若干问题的决定》，明确规定保护森林发展林业的方针、政策，提出当前林业调整和今后林业发展的战略任务。1981 年 12 月 13 日，第五届全国人民代表大会常务委员会第四次会议通过《关于开展全民义务植树运动的决议》。

　　1984 年 9 月 20 日第六届全国人民代表大会常务委员会第七次会议通过《中华人民共和国森林法》，自 1985 年 1 月 1 日起施行。该法是调整有关林业生产建设领域内国家机关、企事业单位及其他社会组织之间以及它们与公民个人之间林业经济关系的法律规范的总和，以保护、发展和合理利用森林资源为目的，是国家组织、领导、管理林业经济的有力工具，属于经济法中一个重要组成部分。1998 年 4 月 29 日，根据第九届全国人民代表大会常务委员会第二次会议《关于修改〈中华人民共和国森林法〉的决定》修正。1986 年 4 月 28 日国务院批准林业部《中华人民共和国森林法实施细则》，1986 年 5 月 10 日林业部发布，并于发布之日起施行。该细则是根据《中华人民共和国森林法》第 40 条的规定制定和发布的。它对森林资源的范围、重点防护林和特种用途林的确定方法、占有国有林地的管理办法、护林组织的建立、林木采伐许可证的申请和核发、违反森林法行为的行政处罚等，作了具体的规定。明确规定了全国森林覆盖率的奋斗目标为 30%，山区、丘陵区、平原区一般应分别达到 70%、40%、10% 以上的标准。同时还强调了对植树造林的检查验收制度。该细则使森林法的一些原则性规定具体化，并采取了一些保证措施，有利于森林法的执行和遵守。2000 年 1 月 29 日《中华人民共和国森林法实施细则》废止，国务院颁布了《中华人民共和国森林法实施条例》。进入 21 世纪，以此作为林业发展的纲领性文件，指导林业深化改革和健康运行，同时推动了林业生产力水平的不断提升。

　　1995 年 5 月 10 日，国务院新闻办公室在北京举行新闻发布会。林业部部长徐有芳在新闻发布会上宣布《中国 21 世纪议程林业行动计划》正式付诸实施，介绍了该计划的制订情况和主要内容，并与林业部副部长王志宝、祝光耀回答了记者提出的有关问题。这是继 1992 年联合国环境与发展大会通过《21 世纪议程》之后，中国政府做出了履行《21 世纪议程》等文件的庄严承诺。1994 年 3 月 25 日，《中国 21 世纪议程》经国务院第十六次常务会议审议通过。根据《中国 21 世纪议程》国务院批准林业部《中国 21 世纪议程林业行动计划》实施。

2004 年 5 月 10 日，经劳动和社会保障部同意，国家林业局印发《林木种苗工》、《营造林工程监理员》和《木材检验师》三个首批林业行业国家职业标准。三个林业行业国家职业标准是按照国家职业标准编写规范、结合我国林业行业特点编制而成的，是营造林质量管理的一项新举措，对规范监理行为，提高监理人员素质，加强营造林质量管理，提高营造林成效都具有重要意义。

2009 年 6 月 22 日至 23 日，新中国成立 60 年来中央召开的首次林业工作会议在北京举行。会议系统研究新形势下林业改革发展的机遇，全面部署推进集体林权制度改革工作，推动我国林业又好又快发展。6 月 24 日《人民日报》发表社论，题目是"坚定不移搞改革促进林业大发展"。社论指出，中央林业工作会议谋划加快林业改革发展大计，部署全面推进集体林权制度改革工作，充分体现了党和国家对林业的高度重视，对改善山区林区民生的高度关注，对于进一步解放和发展农村社会生产力，发展现代林业，建设生态文明，促进科学发展，必将产生深远影响。

2012 年 11 月 5 日，国家林业局下发《关于加强国有林场森林资源管理保障国有林场改革顺利进行的意见》（林场发〔2012〕264 号）指出，国有林场改革是我国林业一项重大改革，事关国家生态安全和木材安全的大局。目前，按照国务院的统一部署，国有林场改革试点正在部分省份展开。管理好国有林场森林资源、确保国有林场森林资源稳定增长既是国有林场改革的主要目的之一，也是改革能否取得成功的主要标志。

2013 年 8 月 19 日，国家林业局办公室印发《关于成立国家林业局林业改革领导小组的通知》，要求各地继续深化集体林权制度改革，有效组织好国有林场改革试点工作，推进国有林区改革。经国务院同意，国家发展改革委和国家林业局正式批复了河北、浙江、安徽、江西、山东、湖南和甘肃 7 省国有林场改革试点实施方案，国有林场改革进入实质性推进阶段。

2015 年 2 月中共中央、国务院印发《国有林场改革方案》和《国有林区改革指导意见》（中发〔2015〕6 号），明确指出国有林场和国有林区是国家最重要的生态安全屏障和维护国家生态安全最重要的基础设施，在经济社会发展和生态文明建设中发挥着不可替代的重要作用。推进国有林场和国有林区改革，既是林业改革发展的应有之义和必由之路，更是生态文明体制改革的重大突破和非凡创举，必将对建设美丽中国、实现中华民族永续发展产生极为深远的影响。《意见》明确规定国有林场改革总体目标，到 2020 年实现以下目标：一是生态功能显著提升。通过大力造林、科学营林、严格保护等多措并举，森林面积增加 1 亿亩以上，森林蓄积量增长 6 亿立方米以上，商业性采伐减少 20% 左右，森林碳汇和应对气候变化能力有效增强，森林质量显著提升。二是生产生活条件明显改善。通过创新国有林场管理体制、多渠道加大对林场基础设施的投入，切实改善职工的生产生活条件。拓宽职工就业渠道，完善社会保障机制，使职工就业有着落、基本生活有保障。管理体制全面创新。三是基本形成功能定位明确、人员精简高效、森林管护购买服务、资源监管分级实施的林场管理新体制，确保政府投入可持续、资源监管高效率、林场发展有后劲。

由此我们可以看出，从中国的国情出发，国家制定了一系列促进林业发展的文件，基本形成了强力支持林业发展的决策系统。

2. 建立和完善林业生产力可持续发展的法制体系

建立和完善林业生产力可持续发展的法制体系，特别是建立和完善了森林资源产权制度。森林资源产权制度最根本的就是明确森林资源的产权关系，它决定了森林资源的配置和林业利益的分享，直接影响人们从事森林保护、植树育林、合理利用森林资源的积极性。森林资源产权是指权利主体对特定的森林资源进行直接支配并享受其利益的权利。根据物权法的规定，森林资源产权可分为所有权、用益权、担保权。森林资源产权即所有权，包括积极权能和消极权能两个组成部分。积极权能是指权利主体有权对特定的森林资源按照自己的意思进行占有、使用、收益和处分；消极权能是指主体行使上述权利时有权排除他人违背其意志的不当干涉与妨害。用益权是指权利主体对森林资源进行占有、使用和收益的权利。由于森林资源属不动产，因此森林资源产权的担保权主要指抵押权，抵押人在特定森林资源产权上设定抵押，抵押权人便享有就该产权优先受偿的权利。根据相关法律规定和社会经济发展变化情况，我国对现存森林资源产权制度进行改革和完善，以适应我国森林事业的进一步发展。今后的改革重点是逐步推行森林资源有偿使用、转让和流转的产业化经营管理。

森林资源流转是指林木以及林地使用权的全部或部分，依法由一方转移到另一方的行为。包括林木所有权、经营权和林地使用权的流转；主要通过拍卖、租赁、招标、协议流转等形式进行。《中共中央关于 1984 年农村工作的通知》，首次提出"在荒山、荒沙、荒滩种草种树，谁种谁有，长期不变，可以继承，可以折价转让"的问题，这是改革开放以来中共中央第一个关于流转的文件规定。

1986年6月25日，第六届全国人民代表大会常务委员会第十六次会议通过《中华人民共和国土地管理法》，1988年12月29日，第七届全国人民代表大会常务委员会第五次会议通过《关于修改〈中华人民共和国土地管理法〉的决定》对《中华人民共和国土地管理法》作了第一次修正。1998年8月29日，第九届全国人民代表大会常务委员会第四次会议对其部分条款进行了修订。2004年8月28日，第十届全国人民代表大会常务委员会第十一次会议通过了《关于修改〈中华人民共和国土地管理法〉的决定》，修正了《中华人民共和国土地管理法》。2012年11月28日，国务院总理温家宝主持召开国务院常务会议，会议讨论通过的《中华人民共和国土地管理法修正案（草案）》对农民集体所有土地征收补偿制度作了修改。会议决定将草案提请全国人大常委会审议。第十一届全国人大常委会第三十次会于2012年12月24日至28日在北京举行。12月24日，全国人大常委会审议了土地管理法修正案草案，对征收土地的补偿规定做出了重大修改。12月28日国务院常务会议讨论通过了《土地管理法修正案（草案)》。《中华人民共和国土地管理法》第十一条明确规定："确认林地、草原的所有权或者使用权，确认水面、滩涂的养殖使用权，分别依照《中华人民共和国森林法》、《中华人民共和国草原法》和《中华人民共和国渔业法》的有关规定办理。"

在林业生产和可持续发展过程中，逐步建立和完善保障林业可持续发展的法律法规体系，建立促进林业可持续发展的综合决策机制。尤其要根据党的十八大、十八届三中、四中全会精神，实现以法治林，在全社会创造良好的保护林业发展的法制环境。

3. 完善林业生产力可持续发展的政策体系

通过政策引导和调控，法律规范约束和行业标准规范，促进全社会对林业的参与，消除非持续发展的各种因素。要综合运用经济、法律手段必要时可以利用行政手段，强化林业管理。运用税收、金融、价格、投资等经济杠杆和产业政策，调整利益结构，融入社会资金，保证林业的财力投入。

利用税收杠杆，提高林业资源的利用率。例如，在林业资源利用过程中可以开征生态税。生态税是以保护生态环境和自然资源为主要目的对有环境污染行为的单位和个人依法征收的一种特定税。征收生态税是确保经济社会可持续发展的重要经济调节手段。在现行的经济体制下，我国自然资源与能源价格过低，劳动力成本过高，必然使得企业特别注重提高劳动生产率，而不重视提高能源和原材料的生产率，于是导致自然资源的过度利用，生态环境的加速恶化。林业生产也不例外，甚至出现林业生态人为恶化的现象。如果征收生态税，一个生产污染者排污产生的边际社会成本与单位排污量的税收相等，引导各微观经济生产主体规范自身的经济行为，从提高劳动生产率转向提高能源和原材料的利用率，节约能源的同时保护了生态环境。因此，此税种对林业发展具有特殊重要的意义。

4. 构建林业生产力可持续发展的林业经济体制

1995 年 8 月国家体改委、林业部制定的《林业经济体制改革总体纲要》指出，"逐步建立起与社会主义市场经济体制相适应的林业经济体制"。"在改革中，既要大胆创新，又要注意稳妥、要深入实际调查研究，总结新经验，发现新问题，不断拓宽改革思路；要使改革决策与立法决策同步，用法律来引导、推进和保障改革的顺利进行；要以改革总揽全局，通过改革的深化，促进林业生产力的更快发展，为在我国建立一个比较完备的林业生态体系和比较发达的林业产业体系奠定坚实的基础。"[1]

随着社会主义市场经济的发展，体制改革进入"深水区"，林业改革步伐不断加快，相比而言，往往林业经济体制改革相对滞后，当前要抓住机遇加快改革，尽快建立反映林业特点的林业经济体制。首先，要转变政府职能，强化和改善对林业的服务职能。要按区域化、社会化原则，合理设置林业生产管理组织系统。其次，参照建立现代企业制度的做法，加快调整林业企事业组织，构建新的林业产业群体。最后，深化研究如何建立可操作的森林资源与环境综合核算体系，尽快使林产品价格能够较准确地反映经济活动所引起的森林资源和林业环境变化。

（二）努力提升造林绿化水平

2015 年 4 月 3 日上午，中共中央总书记、国家主席、中央军委主席习近平在参加首都义务植树活动时指出，植树造林是实现天蓝、地绿、水净的重要途径，是最普惠的民生工程。要坚持全国动员、全民动手植树造

---

[1] 国家体改委、林业部：《林业经济体制改革总体纲要》，《浙江林业》1996 年第 1 期。

林，努力把建设美丽中国化为人民自觉行动。习近平还强调，我们必须强化绿色意识，加强生态恢复、生态保护。绿化祖国，改善生态，人人有责。[①]

提升造林绿化水平，必须抓好造林绿化生态工程建设。按照中央提出的"总结经验、搞好规划、完善政策、突出重点、循序渐进"的要求，各地要因地制宜，高标准、高质量地实施退耕还林的林业重点工程建设。期间要正确处理现有森林保护和加快林木培植的关系，抓住当前国家高度重视林业，加大林业投入的有利时机，全力加快造林绿化步伐，推进林业生态经济的可持续发展。一是处理好数量和质量的关系，克服单纯追求数量的错误做法，要质量和数量并重，把质量放在首位，提高绿化的社会效益，巩固绿化成果，不搞"形象工程"。二是处理好绿化型和生态功能型的关系，加快推进由单纯的绿化向建设生态功能型的转变，坚持走注重功能发展的林业提升路子。三是处理好城乡居住区绿化和社会造林的关系，加快推进由单位辖区绿化向参与社会造林的转变。四是处理好责任和义务的关系，积极履行改善生态环境的社会责任和公民义务，使全民义务植树和生态工程建设走向生产发展、生活富裕、生态良好的可持续发展道路。五是处理好部门办林业向社会办林业的关系，促进单位义务植树、家庭庭院绿化、荒山荒地造林美化等工作向高层次、高水平、社会化方向发展。

提升造林绿化水平，必须全力推进林业产业建设。林业产业化是指以森林资源为依托，以市场为导向，以林产品或林副产品为主导产品，以提高经济效益为中心，对林业主导产业实行区域化布局，规模化生产，集约化经营，社会化服务，形成产供销一条龙、贸工林一体化生产经营方式。林业产业化过程是实现林业的自我调节、自我发展的良性可持续循环的林业产业布局、林业产业结构、林业资源配置的过程。林业的产业建设是林业改革的产物，是林业经营方式的根本变革，是对林业产业组织的重构。林业产业是以森林资源和生态环境产业为基础，在建设和保护好生态的前提下，合理开发、利用山地、林地、树种和劳动资源，积极培育和日趋发展壮大的产业。根据我国发展的实际情况，应把退耕还林后续产业的发展纳入经济社会发展总体规划，依托相关项目，借用外力外资，培育具有中

---

① 新华社：《习近平在参加首都义务植树活动时强调坚持全国动员全民动手植树造林把建设美丽中国化为人民自觉行动》，《国土绿化》2015 年第 4 期。

国特色的林业产业。

　　(三) 实现林业生产力可持续发展的目标

　　众所周知，森林树木具有提高大气质量，防止水土流失，有效遏制沙漠化，能固持土壤，涵养水源，保持水土，吸收利用盐分，枯枝落叶可增加有机质、腐殖质，能有效地改善土壤结构，提高土壤肥力等多种生态功能。还有储碳释氧、吸纳粉尘、降解有害气体、阻消噪声、美化环境等防治环境污染功能。林业生产力的作用也主要是从这些方面体现出来的。为了充分发挥林业生产力的作用，可以把林业生产力可持续发展的目标定位于经济、社会与生态三个方面。

　　林业生产力可持续发展的经济目标主要是满足林业生产经营者的现实利益和长期利益，促进林业经济的发展。林业生产力可持续发展的主体是林业生产经营者，他们主要是通过提高农产品的数量和质量来实现自身的经济利益，而林产品的产出数量和质量，取决于林业生产力水平。随着社会发展和林业生产力水平的不断提升，林业生产者的利益承担着除林业物质产品以外，就出现了森林生态系统的环境产品，还会出现林业文化产品。林业生产力可持续发展的目标就是要实现林业物质产品、环境产品、文化产品三者的协调发展。

　　林业生产力可持续发展的社会目标就是满足人类生存的基本需要和精神文化需要持续不断地提供林产品。林业兼有生产生活资料和生产生产资料两重性质，林业总体上属于可再生资源，所以，其性质就决定了人们在发展林业生产力问题上有很大空间，即大有文章可做。在中国，人口众多，其生活需求和生产需求呈不断上升趋势，林业生产力的可持续发展就具有了特殊的意义，既能满足人们日益增长的生活和生产需要，还能为广大林区人民提供就业机会，同时还成为山区、林区脱贫致富的重要经济来源。

　　林业生产力可持续发展的生态环境目标就是保障森林生态乃至全球生态系统的稳定发展。保障森林生态系统在维护全球、国家、区域等不同层次上所发挥的环境服务功能的持续性。其中关键是无退化地使用林地和保护生物多样性，保持森林生态系统的生产力和可再生产能力以及长期健康发展的趋势。林业可持续发展的生态环境目标，不仅是保障林业自身社会经济可持续的基础，更重要的意义还在于持续发挥和实现森林生态环境在维护全球生命支持系统中的重要作用与不可替代性价值。可持续发展思想提出的主要背景是以水土流失、荒漠化、二氧化碳浓度增高、工业污染等为主的全球性环境问题，而森林生态系统的局部消失、大面积退化是其中最关键的因素。因此，林业生产力可持续发展的生态环境目标，从全人类根本利益来看，应当处于最重要地位。[①]

综上所述，从中国国情出发，按照新一届中共中央以及习近平总书记的要求，牢固树立环境就是民生、青山就是美丽、蓝天也是幸福的理念。"要像保护眼睛一样保护生态环境，像对待生命一样对待生态环境，把不损害生态环境作为发展的底线。""要积极调整产业结构，从见缝插绿、建设每一块绿地做起，从爱惜每滴水、节约每粒粮食做起，身体力行推动资源节约型、环境友好型社会建设，推动人与自然和谐发展。"[②]

第三节　畜牧业生产力的可持续发展

畜牧业是利用畜禽等已经被人类驯化的动物的生理机能，通过人工饲养、繁殖，使其将牧草和饲料等植物能转变为动物能，以取得肉、蛋、奶、羊毛、山羊绒、皮张、蚕丝和药材等畜产品的生产部门。被人类驯化的动物主要包括猪、牛、羊、马、骡、驴、骆驼、鸡、鸭、鹅、兔、蚕、蜂等各种禽畜及昆虫。近年来，鹿、麝、狐、貂、水獭、鹌鹑等野生动物也越来越多地进入人们饲养的范围，成为畜牧养殖的青睐品。

畜牧业生产力是人类与自然界进行物质交换，通过人工饲养、繁殖，利用其生理机能将植物性产品转化为肉、蛋、奶、毛、绒、皮、丝、蜜等动物性产品的能力。

畜牧业是农村经济的重要组成部分，是整个大农业生产链的重要链环。随着市场经济的发展和人民生活水平的提高，畜牧业与种植业、林业、渔业相互促进、共同发展，成为农业生产的四大擎天之柱。这主要是因为畜牧养殖业的发展，既有利于优化农业内部结构，又有利于开发和利用各种生物资源，还有利于丰富食物品种、改善消费者的营养结构，畜牧

---

① 姜文娟：《林业可持续发展的作用及目标》，http://www.doc88.com/p-543677870081.html。

② 新华社：《习近平在参加首都义务植树活动时强调坚持全国动员全民动手植树造林把建设美丽中国化为人民自觉行动》，《国土绿化》2015年第4期。

业同种植业、林业、渔业一起促进人民生活水平大幅度提高。

一 畜牧业生产力的特点及作用

畜牧业生产的劳动对象不同于其他生产的劳动对象。畜牧生产的劳动对象——畜禽，既可以作为生产资料进入生产领域，也可以作为消费资料进入生活领域。这由畜禽的作用所决定，如果畜禽作为役畜（具有"劳动力"价值供人使役或服劳力之事的进行耕耙等田间作业、驮运等运输作业、从军役或战事的牲畜）和产畜（靠繁殖获利的畜禽）属于生产资料的话，这些畜禽不仅生产出各种畜产品，同时又在生产着畜禽本身。不作为役畜、产畜的畜禽和没有劳动力价值的畜禽可以称为食畜，则属于消费资料。畜禽本身的特点决定了畜禽再生产的两面性，一方面畜禽再生产是畜禽本身和畜力的再生产；另一方面畜禽再生产是畜禽产品的再生产。这就使得人们从事畜牧业生产时，要根据畜禽种类和特征，处理好役畜、产畜、食畜的比例关系，既要保证畜牧业的再生产特别是扩大再生产，又要保证畜产品产量的增长和重量的提高。

畜牧业生产的基础是植物生产。植物生产相对畜牧生产而言，是畜牧生产的前生产过程，因为植物生产是利用水分、空气中的二氧化碳和土壤中的有机物、无机物通过植物自身的生长系统和外界的光合作用生产出饲草饲料，即维系畜禽生存发展的食物。而畜牧生产则利用这些食物养殖或放殖畜禽，将饲草饲料转化为动物性产品。畜牧生产特点告诉人们，发展畜牧业必须重视饲草饲料的植物生产，建立稳定的饲草饲料的植物生产基地，处理好畜牧生产和植物草料生产的关系，以饲草饲料生产的产量和增幅来确定畜禽的发展规模和速度。因此，畜牧业生产力是建立在认识和遵循自然界运行规律、植物生长规律、畜禽生长规律的基础上，投入更多的智力而形成的物质生产力。

畜禽生产提供的各类畜产品绝大多数为鲜活产品，非常容易腐烂变质，既不耐储存又不便于运输。这既给畜产品的收购、加工、储存、运输带来很多困难，又影响畜产品自身的生产。这充分说明，作为畜牧生产力载体系统中实体要素的劳动对象是有生命的"活物"，劳动成果就是这些"活物"带来的具有"鲜活性"的产品，畜牧业生产力水平的提高有赖于这些"活物"的健壮成长，也有赖于这些鲜活产品的加工、流通和储藏，与植物生产力相比，就有了很大的差异，并且存在着诸多显性和隐形的困难及不利因素，因此，在畜产品的生产加工、销售流通的过程中，使得人

们至少在体力和智力的有机结合及支出技巧上大有发展空间，因为要按照
"活物"生命运行规律饲养、驯服它们，按照其产品的特点，按照种、
养、加一体化要求进行加工处理，减少流通环节，走产供销一条龙的经营
道路。

畜产品的生产具有非均匀性特征。由于生理上的原因，不同的畜禽具
有不同生产周期，不能全年均衡地提供畜产品，在时间上具有间歇性，例
如，奶牛的干奶期、蛋禽的停产期等。所以在畜牧业生产过程中，既要注
意梯次递补的均衡生产，又要处理好饲养数量与质量的关系；既要加强饲
养生产管理，又要抓好畜产品的营销工作。因此，畜牧业生产中诸如此类
的问题和困境，标志着畜牧业生产力的复杂性以及智力含量的高智商性。

畜牧业生产力在农业经济乃至整个国民经济发展中起着重要的推动作
用。畜产品的两面性决定了畜牧业生产力的提高推动着自身生产能力的增
强，且有利于工业、服务业的发展，同时为人民生活水平的提升注入了正
能量。主要表现在：既为农作物生产提供有机肥料，又为工业生产提供
毛、绒、皮、鬃、骨、肠衣等生产原料；既促进畜产品加工行业发展，又
促进畜牧业投入产品工业的发展；既为农业提供畜力，又扩大交通运输业
覆盖面；既为人类生活提供肉、奶、蛋类等动物性食品，又通过畜产品出
口创汇发展外向型经济；既增加劳动就业机会，又增加牧民收入；既促进
广大牧区的经济发展，又促进其文化和社会发展。

畜牧业的作用决定了其自身在国民经济乃至整个社会发展中占据极其
重要的地位。从经济发展的视角看，促进了整个国民经济的发展，特别是
增加农业生产所需要的畜力和有机肥料，提高农产品产量和质量，促进农
业循环经济的发展；保证畜产品加工业获得充足的原材料，促进其持续发
展。从国民经济收入的视角看，既能增加国民经济收入，又能增加农民个
人收入，还能扩大对外贸易，增加出口创汇，促进金融事业的发展。从社
会建设的视角看，逐步满足人民日益增长的对肉类、蛋类等物质生活需
要，同时为牧区体育、医疗、文化、社会保障事业的发展奠定物质基础，
提供财力保障，增进民族之间的友谊，实现民族团结。从生态文明建设的
视角看，畜牧业发展水平对其自身生态文明建设非常重要，对整个社会生
态文明建设影响之大，如畜牧业的卫生状况就直接影响生态文明建设质
量。总之，畜牧业发展不仅是农业经济的问题，而且是整个国民经济的问
题；不仅是经济问题，而且是社会问题。所以，必须大力发展畜牧业生

产。基于以上情况可以看出，畜牧业生产力的发展具有重要地位，必须引起全社会高度重视。

二 畜牧业生产力发展现状

分析我国畜牧业生产力发展现状，必须厘清畜牧业发展脉络，了解我国畜牧业的发展现状，预测我国未来畜牧业生产力的发展趋势。

中国作为农业大国，畜牧业有着一定的发展优势，特别是改革开放以来，畜牧业稳步发展态势良好，主要表现在畜禽饲养量、畜牧业产品产量、人均占有量都呈现大幅度上升趋势。进入 21 世纪以来，强农惠农政策使得畜牧业出现加快发展的良好势头，随着畜牧业生产方式的转变，产业化、标准化、规模化步伐加快，其影响扩大、质量迅速提升。发展至今，畜牧业产值占中国农业总产值的 1/4，1 亿多畜牧业生产者积极为中国特色社会主义建设做出了巨大贡献。畜牧业已经成为农村经济发展的支柱产业，畜产品数量的增加和质量的提高，保障了城乡食品价格的稳定，促进了城乡居民生活水平的提高，在农民增收方面的作用也十分明显，彰显了畜牧业生产力发展的优势。

但是，畜牧业发展存有诸多问题。总的来看，中国的畜牧业仍处在传统饲养方式与现代化养殖方式并存、传统养殖方式占支配地位的阶段。规模小、品种杂，人畜混居、散放散养、混放混养、粗放经营。同时一些地方存在着畜牧业投入不足，饲养环境和生产条件相对落后，畜牧业生产和畜产品加工有隐患，重大动物疫病形势严峻等问题，影响畜产品质量安全的不确定性因素依然存在。① 其中养殖方式落后、发展空间受限、产品质量不高、环境污染严重、疫病防治困难、难防市场风险等，是主要并亟待解决的问题。

(一) 养殖方式落后

长久存在的一家一户的养殖方式不适合市场经济的发展，尽管改革开放以后，畜牧业经济已经向商品经济加速转化，但农户家庭养殖这一方式没有实质性改变。规模限制了发展，限制了技术改造，限制了数量的增加，限制了质量的提升。所以，必须改变这一落后状况，以适应市场经济的需要和人民日益增长的物质文化生活需求。

---

① 刘海燕、朱敬霞：《畜牧业发展现状及发展前景展望》，《中国畜牧兽医文摘》2014 年第 6 期。

（二）发展空间受限

随着市场经济的发展，市场需求不断扩大，适应市场需求就要扩大饲养空间。随着改革开放的深入，农民增收的要求越来越高涨，迫切需要有足够的畜禽饲养场地，进行扩大再生产，增加出栏量，实现增产增收。适应这些发展变化了的新情况，房前屋后的家庭养殖以及牧区放养的传统养殖方式，显然不适应时代发展的要求了，因为它不具备扩大再生产所需要的发展空间，如果畜禽养殖规模的扩大，就意味着牲畜与饲养者或者饲养者之间争夺空间，扩大再生产受到限制。

（三）产品质量不高

利益驱动致使过去几年间，激素饲料、瘦肉精、苏丹红等道德法律冲突事件连续不断地发生，造成了极其恶劣的影响。特别是在传统养殖方式下，由于养殖户的高度分散，即使有部分养殖户采用不恰当的饲养方法和手段，生产劣质甚至有毒的畜产品，也难以管理和控制。追逐利润的养殖行为，结果降低了畜产品的质量，直接损害了城乡居民的身体健康。

（四）环境污染严重

畜禽的生理代谢会形成大量的排泄物，如果不加以治理或治理不善，饲养场地就会变成污染源。现实情况常常摆在人们面前，或粪便满地，或污水横流，或乱堆乱放，或倒入沟壑，致使臭气熏天，蚊虫滋生，加之多数家庭畜禽养殖户的养殖条件差，日积月累，造成农村居民和牧区牧民的生产和生活环境严重恶化，即使朴实的村民、牧民能够忍受粪便污染的气味，长年累月恶劣环境，严重影响身体健康，严重影响村容村貌，严重影响农村和牧区的精神文明、生态文明建设。

（五）疫病防治困难

由于传统养殖方式的缺陷，即使是分散饲养，畜禽疫病防治也非常困难。小规模条件差，难以了解动物疫情状况，一经发生难以控制畜禽疫病。牧区的规模化养殖交叉传染的疫情，常常难以有效地防止。所以，养殖业难以达到公共卫生防疫标准，难以建立良好的生产、生活环境。

（六）难防市场风险

随着经济发展，特别是经济全球化的发展，市场变化状况预测的准确化难以实现。就畜产品市场而言，难以预测的市场变化情况时有发生，用"一年河东一年河西"的话语表述一点儿也不过分。畜禽的养殖特别是繁殖扩养受时间周期的限制，即使能够预测市场的变化情况，短时期内也很难调控。传统养殖方式，更无法规避市场价格波动所带来的风险。

尽管如此，中国的地理位置、地貌环境条件、人们的生产生活方式决定了中国畜牧业发展水平有很大的提升空间。畜牧业是否成长为农业经济的支柱产业，是衡量一个国家农业发达程度的主要标志。中国自古至今畜牧业在大农业发展中就占据重要地位。中国人口众多，在吃饭问题没有解决的时候，粮食生产特别是解决温饱问题就是最大的农业生产目标。现在温饱问题已经解决，人民生活需求的多样化趋势明显提升，我国能在保证口粮供应的基础上，长期满足人们食物上的多种需求，必须提高畜牧业生产力发展水平，改进畜牧生产和畜产品加工技术，提高畜产品质量，利用有限资源获得最大经济、社会效益。所以，在中国畜牧业发展具有广阔的前景。

三　畜牧业生产力发展趋势

中国特色农业现代化任务繁重，畜牧业现代化建设同样是任重而道远。畜禽产品是食品的重要组成部分，随着生活水平的提高越来越成为人们餐桌上不可缺少的美味佳肴，况且人们还习以为常地将此作为评价饭菜丰盛的依据。所以，生产优质、安全的品牌畜产品是畜牧业的发展方向和重要任务，而畜牧业生产力的发展趋势就是走健康、环保之路。这不仅是畜产品的数量问题，更重要的是畜产品的质量问题，必须引起我国相关部门的高度重视，特别是畜产品的生产和质量监管部门，要把畜产品的质量作为畜牧业发展的生命线。

大力推进优质名牌畜产品建设，发展环保安全的优质品牌畜牧业，是实现中国特色畜牧业现代化建设的有效途径，特别是在经济全球化的大背景下，畜产品的安全面临着更大范围、更深层次的挑战。大力加强优质名牌畜产品建设，增强农牧民和畜牧企业的社会责任感，把维护消费者生命健康安全放在第一位，促进畜牧业健康发展。国家要制定相关质量标准和贯彻落实的激励政策和监管措施，把畜牧业优质品牌建设作为畜产品生产部门的发展目标，作为畜产品质量监管部门的重要职责，发挥优质名牌产品的示范带动、辐射推广作用，探索畜牧产品优质名牌建设的途径和经验，增强我国畜牧业的影响力和竞争力。

从畜禽产品的内部结构来看，主要包括肉、蛋、奶及其相关制品。从我国目前的供给情况来看，肉类和禽蛋产品将长期保持供给略大于需求的局面，奶制品处于并较长时期处于相对短缺状态。在未来的十几年中，预计我国食品消费中的肉、蛋、奶制品的消费比例呈上升趋势，其中的奶制品更受人们青睐，尤其值得人们关注的是农村将成为今后肉、蛋、奶制品的消费市场。随着城乡一体化建设步伐的加快，随着广大农村居民收入的不断增加，肉、蛋、奶制品的消费将会出现一个迅速增长的时段，由此将大力助推畜牧业的快速发展。

科技创新将助推畜牧业的发展，畜产品的科技含量将不断加大，畜禽育种特别是畜禽新品种的繁殖工作将是重点，在传统畜牧业生产向现代畜牧业生产转变过程中，科学技术推动畜牧业发展的决定性作用将越来越凸显。要在大力抓好畜牧业现代养殖的基础上，做好畜禽育种工作，从根本上提高畜禽的抗病能力，提高畜禽的肉、蛋、奶质量，推动畜牧业生产力的可持续发展。

我国畜牧业正在向着规模化、产业化、集约化趋势发展。这不仅在草原和牧区表现突出，而且随着广大农村社区、产业园区的发展，中等规模生产养殖场户的数量不断增加，其产量和比重也在不断攀升。养猪、养羊、养牛、养兔、养鸡、养鸭等专业户也在不断增加，渐成规模，并催生了一些相应的食品加工企业。在未来的畜牧业发展中，专业户、中等规模养殖户与草原牧区规模养殖相呼应，将开创中国特色畜牧业生产力发展的新天地，形成中国未来畜牧业发展新常态。

四 畜牧业生产力发展措施

随着社会发展和人类生活水平的提高，畜禽产品市场日趋繁荣，人们对肉、蛋、奶及其加工产品的质量要求不断攀升，为畜牧业提供了前所未有的发展机遇，开辟了规模巨大的发展空间。抢抓机遇赢得主动，乘势而上永续发展，实现畜牧业发展的规模化、产业化，是确保中国畜牧业生产力可持续发展的根本举措。

（一）实现畜禽养殖的规模化，提高畜牧业生产力发展水平

针对分散养殖规模小、抗御各种风险能力差的弱势特征，畜牧业养殖必须实现由分散养殖方式向规模化养殖方式的转变，增强养殖业活力。当然不能千篇一律刮风似地搞"一刀切"，要因地制宜，科学规划，遵照农民的意愿以其经济实力为基础，搞好试点，总结经验，吸取教训，适时推广。有条件的地区规模化养殖小区，以此为依托联合分散的养殖户，实现家庭小规模养殖向规模化生产的逐步转变。将分散的养殖户集中起来，可以建立规模养殖场、规模养殖小区，形成畜禽养殖联合体、畜禽养殖合作社等组织形式，推进畜牧业规模经营。在实现畜禽养殖规模化的过程中，

采取养殖户的联户经营方式，也可以采取畜禽入股等经营方式，实现规模化生产，形成畜牧业生产力发展的新常态。

（二）实现畜禽养殖的产业化，提高畜牧业生产力发展水平

畜禽养殖实现规模化是实现畜牧业现代化的基础，采取产业化经营模式是提高畜牧生产力水平的关键。要采取资源集中、广纳贤才、政策优惠等措施，对畜牧相关企业进行资产重组，组建龙头企业集团，逐步淘汰分散养殖、粗放管理的传统经营模式。在培育和支持龙头企业的同时，鼓励和引导龙头企业发挥辐射带动作用，帮助大规模、大群体的养殖场发展标准化生产，实现产业化经营。引导养殖企业遵循市场规律，正确处理企业与市场的关系，要加强管理和引导，形成企业的产业和产品链条，提高经济效益，增强畜牧业发展的实力，提高畜牧业生产力发展水平。

（三）实现畜牧业的科技创新，提高畜牧业生产力发展水平

强化科技创新研究和科学技术推广应用，实现科技带动战略，实现畜牧业的科学发展。与科研院所、高等学校、技术推广单位合作，加大畜牧科研力度，加快畜牧科技成果转化速度，提升高新技术的引进推广强度，形成普及常规技术、突破关键技术、研发高新技术的畜牧业科技创新格局。加大对养殖农民、牧民的科技培训力度，开展各类深层次的技术培训，向养殖户传授最新畜牧养殖技术，提高养殖户的科学养殖水平，同时提高农民的科技素质及养殖技能，增加农民的增收本领。根据目前我国畜牧业发展的状况，必须抓好畜牧生产技术的创新与普及。无论采用放牧饲养方式还是舍内饲养方式，特别是舍内饲养方式，要根据畜禽的特点，从动物生理学的视角，研发适宜畜禽生长的温度、湿度、光照等智能控制技术，研发畜禽饲养、免疫、清粪、消毒等生产和疾病防治技术。推广和应用各种现代生物技术，例如，畜禽育种繁殖技术、畜禽营养饲料研发技术、畜禽产品质量提高技术、畜禽生长环境生态化技术等，不断提高畜禽的生产效率和畜禽产品的质量，从而提高畜牧业生产力水平。

（四）大力推进服务体系建设，提高畜牧业生产力发展水平

推进畜牧业服务体系建设，一是构建畜禽疫病防治体系，保护畜牧业发展。动物的病情防预防治是利国利民的公益性事业，是各级政府应当承担的责任和义务。现在畜禽养殖最怕的是疾病传播，一旦发生迅速蔓延，其残局一发不可收拾，严重影响了养殖户的积极性，"一朝被蛇咬十年怕井绳"的事情时有发生，有的养殖户不但自己终生不再从事养殖业，甚至告

诚后代千万别重蹈覆辙。所以，建立和完善重大动物疫病的快速扑灭机制，加强和完善动物防疫基础设施建设是重中之重。二是发挥先进企业的示范带动作用，带动畜牧业发展。"要充分发挥龙头企业、家庭牧场示范户的辐射带动作用，开展技术集成示范。积极推广良种、良料、良法、良舍配套技术，实施科学饲养，降低饲养成本，提高畜禽出栏率、商品率和养殖效益。"① 三是建立健全畜牧产品生产销售、疫病疫情防治网络体系。要建设反应灵敏的市场信息互联网平台，利用互联网络的快速及时、广泛普及的特点，了解和掌握畜牧业生产动态和畜产品价格信息，及时提供给广大养殖户，促使及时改进生产，提高生产技术和竞争能力。要进一步完善基层畜牧兽医服务网络，重点搞好动物疫情预测报道，做到无疫不松懈，有疫反应快，提高重大动物疫病的预警能力。四是建立畜产品质量监测检验中心或工作站，完善仪器设备，培训专业人员，强化监测检验能力，确保畜产品安全生产，确保绿色环保畜产品进入大众放心消费食品范围。

（五）鼓励社会资金投入畜牧业生产，提高畜牧业生产力发展水平

资金问题是畜牧业强力发展的关键问题，要大力引导社会资金，投入和支持畜牧业发展。要坚持国家扶持和政策吸引，广泛吸纳社会资金的原则。采取横向联合，城乡互动的投资战略，鼓励和吸收社会闲散资金向畜牧业投入。通过加大招商引资力度，进一步优化畜牧业投资环境，充分利用好国家、省、市、县发展畜牧业的优惠政策，积极引进域外资金发展养殖业。同时，加强与金融部门的协调，千方百计动员金融部门为畜牧业发展提供资金支持，重点支持市场前景好、技术水平高、示范作用大的畜牧养殖户或畜产品加工项目。②

第四节　渔业生产力的可持续发展

渔业又称水产业，它是指利用水域以取得具有经济价值的鱼类或其他

---

① 刘世辉等：《民和县畜牧业发展现状、存在的问题及对策建议》，《青海畜牧兽医杂志》2014 年第 5 期。

② 王学林、张又荣、王燕琴：《灵武市畜牧业的现状、存在问题与对策》，《养殖技术顾问》2012 年第 7 期。

水生动植物的生产部门。按水域可分为海洋渔业和淡水渔业；按生产特性可分为捕捞渔业和养殖渔业。捕捞渔业又称捕鱼业，是指采捕水生动植物资源的水产捕捞业，可分为近海渔业和远洋渔业。养殖渔业也称为水产养殖业，是指养殖水生动植物的水产养殖业。广义的渔业还包括直接渔业生产前部门，包括渔船、渔具、渔用仪器、渔用机械以及其他渔用生产资料的生产和供应部门。直接渔业后部门，包括水产品的储藏、加工、运输和销售等部门。①

渔业生产力是指人们开发和利用水域，采集捕捞与人工养殖各种有经济价值的水生动植物以取得水产品的能力。其载体系统的主体要素是渔民，实体要素是辽阔的大海和淡水水域，以及渔船和网具等。渔业生产和农业生产的差异很大，其原因主要在于劳动者依附的劳动对象不同。在农业生产中，农民依附的劳动对象是土地，往往由法律文书——契约加以固定，不能随便耕种。在渔业生产中，渔民依附的劳动对象是海洋，属于国有财产或公海，作业的范围既不需要用法律文书加以固定，又不需要受到什么限制。劳动者所依附的只能是承载他们的水上工具，离开承载他们的水上工具即渔船，纵有天大本事也无所作为。渔船有莓豆荚子、椭子、舢板、簾子、汽船、机帆船等。此外还有网具，网具有定置网具和移动网具。定置网具如丝网、拐网、绷网、插网、底八扣、袖子网、坛子网，等等。移动网具如流网、裤裆网、扇贝网、参耙网、底拖网、围网等。随着海洋资源的变化，有些网相继被淘汰，新的网具又开始出现。网具所用的原料，也由过去的丝、棉、麻、稻草，被尼龙丝、尼龙胶丝、聚乙烯等化学纤维取代，如此等等，在很大程度上提升了渔业生产力的发展水平。

一 渔业生产的特点及作用

渔业作为国民经济的一个重要部门有其自身的特点。从渔业生产的视角看，渔业的主要特点是指以各种水域为基地，以具有再生性的水产经济动植物资源为对象，具有明显的区域性和季节性，初级产品还具有鲜活性、易变腐性和商品性等特点。渔业为人民生活提供丰富的食品，其"蛋白质含量为世界提供总消费量的6%，动物性蛋白质消费量的24%，还可以为农业提供优质肥料，为畜牧业提供精饲料，为食品、医药、化工工业提供重要原料。中国18000多公里的海岸线，有辽阔的大陆架和滩

① 张童阳、卢晓瑜：《海洋渔业的基本内涵及产业特性》，《吉林农业》2012年第3期。

涂，有 20 万平方公里的淡水水域，1000 多种经济价值较高的水产动植物，发展渔业有良好的自然条件和广阔前景。"①

中国是世界上最大的渔业生产国，渔业经济在我国国民经济中占据重要位置。改革开放的东风推动了渔业生产的发展，渔产品产量大幅度增长。现实中，中国以外的其他国家渔业产量在 20 世纪 80 年代以后或者趋于稳定或者逐渐呈下降趋势，而中国则在市场经济的大潮中迎来了渔业经济发展的好势头。2013 年渔业产值 10104.88 亿元，实现增加值 5703.63 亿元。渔业产值中，海洋捕捞产值 1855.38 亿元，实现增加值 1056.81 亿元；海水养殖产值 2604.47 亿元，实现增加值 1481.54 亿元；淡水捕捞产值 428.71 亿元，实现增加值 236.98 亿元；淡水养殖产值 4665.57 亿元，实现增加值 2644.42 亿元；水产苗种产值 550.74 亿元，实现增加值 283.88 亿元。2013 年年末渔船总数 107.17 万艘，总吨位为 1044.35 万吨。其中，机动渔船 69.49 万艘，总吨位为 989.55 万吨，总功率 2219.9 万千瓦；非机动渔船 37.68 万艘，总吨位为 54.80 万吨。机动渔船中，生产渔船 66.36 万艘，总吨位为 884.43 万吨，总功率 2018.98 万千瓦；辅助渔船 3.13 万艘，总吨位为 105.12 万吨，总功率 200.92 万千瓦。根据全国 1 万户渔民家庭 2013 年收支情况的抽样调查，全国渔民人均纯收入 13038.77 元，比 2012 年增加 1782.69 元，增长 15.84%。改革开放 30 多年来，渔业发展促进了我国农业经济的发展，增加了农民收入，在彰显渔业生产力水平大大提高的同时，也彰显了渔业对我国食品安全生产具有重大影响。在对外开放的过程中，渔业也是我国出口创汇的重要产业，渔业发展促进了外向型经济的发展。此外，渔业的发展对维护生态平衡具有重要作用，同时也促进了生物的多样性发展。

发展渔业有利于保持农业生态平衡，实现农业生产的良性循环。中国广东的桑基鱼塘实行的蚕桑、甘蔗、塘鱼三结合；湖南实行的种菜、养猪、养鱼三结合，就是利用塘埂种桑养蚕、蚕粪肥水，或者种菜喂猪、猪粪肥水养鱼、塘泥肥田等相互促进的集约经营方式，把种植业、畜牧业和渔业有机地结合起来，达到桑、蔗、鱼或鱼、菜、猪全面丰收，提高农业生产经济效益。②

---

① 徐建华：《我国正在建设完善的渔业标准体系》，《中国质量报》2009 年 10 月 9 日。
② 王友含：《提高池塘养鱼效益的有效途径》，《河北渔业》1998 年第 3 期。

发展渔业特别是养殖渔业还可以提高劳动力的利用率，增加渔民收入。渔业劳动季节性极强，特别是捕捞渔业加上休渔期，劳动力闲置情况时有发生，忙时不够用，闲时无事可做。发展养殖渔业能够解决劳动力闲置问题，使之在捕捞休渔期能发挥其作用，并且能发挥其特长，增加渔业生产效益和渔民收入。

二　渔业生产发展状况

回顾历史，20世纪80年代经济体制改革，打破了计划经济的桎梏，发展市场经济，给诸多经济部门自主经营权，使得捕捞业经历了从未有过的飞速发展阶段，推动着中国渔业总产量逐年增加，提高了渔业经济效率，带来了中国特色渔业的大发展。20世纪80年代末至90年代初，经济体制改革带来的增长动力已经趋于衰弱，中国渔业增速突然减慢，人们总结和吸取经验教训，提高捕捞技术，加速渔业产业工业化发展，至20世纪90年代中期，又迎来了一个渔业产量增长的新高潮。但是，到了90年代末，渔业产量增速又呈现明显下降趋势。进入21世纪，渔业生产进行调整，养殖渔业发展迅速，渔业产量增幅明显，随之渔业生产力水平不断提高，呈现出持续、稳定、健康的发展趋势。

（一）产业结构优化和渔业素质提高

中国渔业经济体制改革，调动了渔民发展渔业生产的积极性，市场经济的发展，价格杠杆激发了渔民的创造性，渔业产品产量大幅度提高，成为世界渔业发展的重要组成部分，连年居世界第一位。在对外开放的形势下，扩大了水产品出口，创汇增收优势凸显，成为外向型经济的重要组成部分。取得这些成就，主要是优化渔业产业结构，提高渔业产业素质的结果。为了维护海洋渔业资源的可持续发展，减少海洋捕鱼产量，国家实施了海洋捕捞渔民转产转业工程，引导渔民压减渔船，发展养殖渔业，逐步退出海洋捕捞业。2013年我国水产品总产量6172万吨，包括海水产品产量3138.83万吨，淡水产品产量3033.18万吨。我国海水产品产量3138.83万吨中，天然生产海水产品产量1399.58万吨，占水产品总产量的44.59%；人工养殖海水产品产量1739.25万吨，占水产品总产量的55.41%。我国淡水产品产量3033.18万吨中，天然生产淡水产品产量230.74万吨，占水产品总产量的7.61%；人工养殖淡水产品产量2802.43万吨，占水产品总产量的92.39%。从这些数据可以看出，养殖渔业发展迅速，2013年人工海水养殖和人工淡水养殖产品总量为4541.38万吨，占我国水产品总产量的 73.59%。捕捞渔业和养殖渔业的调整，适合了当前生态平衡发展的需要，同时提升了我国渔业自身素质，认识到了不同鱼类生长的规律，创设适宜其生长的环境，从而扩大渔业发展空间，提高了渔业生产力水平。

（二）水产养殖质量和效益显著提高

进入 21 世纪以后，水产养殖继续保持快速发展态势，而且渔产品质量和渔业生产效益明显提高。随着水产养殖业的发展，实现了两个转变，即从过去追求养殖面积扩大转变为注重品种结构调整，从过去追求养殖产量增加转变为注重渔业产品质量提高。在养殖渔业生产中，推广新的养殖技术，培育新的养殖品种，"名特优"水产品养殖速度加快且规模日趋扩大。养殖模式发生了改革，原来的家庭养殖逐渐变成工厂化规模养殖，原来的粗放养殖变成生态健康养殖，如海上深水网箱养殖技术的不断提高和应用推广，催生了深海养殖渔业产业，使得海水养殖业规模化、集约化发展势头迅猛，海水养殖产品质量和效益大幅度提升。由于国家加大了渔港和渔业基础设施建设的投入，并在产业政策上予以扶持，我国渔业整体素质和现代化水平大幅度提高；同时由于坚持了以市场为导向，及时对产品结构和生产模式进行调整，狠抓产品质量，使渔业效益明显提高，渔业产值和渔民收入有了较大幅度增长。①

（三）远洋渔业发展和产品质量提高

改革开放以来，我国水产品贸易融入世界市场，我国渔业以开放姿态融入世界渔业发展格局。随着水产品贸易量的连年增长，远洋渔业发展质量逐步提高。进入 21 世纪以来，国家实施了远洋渔业发展的优惠政策，远洋渔业特别是大洋性公海渔业得到较快的发展，据不完全统计我国有 2000 余艘远洋渔船驶出远海作业，在海水产品数量增加的基础上，大大提高了海水产品的质量。据国家统计局渔业发展数据显示，2013 年我国水产品进出口总量为 812.94 万吨，进出口总额为 289.01 亿美元，同比分别增长 2.58% 和 7.12%。其中，出口量 395.91 万吨，出口额 202.63 亿美元，同比分别增长 4.15% 和 6.74%；进口量 417.03 万吨，进口额 86.38 亿美元，同比分别增长 1.13% 和 8%。

---

① 郭立等：《关于发展天津市都市型现代渔业的思考》，《现代渔业信息》2011 年第 4 期。

（四）渔业生态资源环境保护力度加大

为全面掌握我国管辖海域生态环境状况，2014 年国家海洋局组织对海洋生态环境状况、入海污染源、海洋功能区、海洋环境灾害等开展了监测，布设监测站位 8700 余个，获取监测数据 200 余万个。[①] 渔业资源和生态环境保护力度不断加大。在渔业产业化、规模化发展的同时，我国从中央到地方都更加重视渔业资源和渔业生态环境的保护和监控，实行了严格的禁渔期和禁渔期制度，严格控制捕捞强度，对捕捞渔船进行大规模压减，加强了海洋资源污染的治理，对资源和生态环境保护产生了积极的影响。[②]

（五）渔业生产量连年增加

2013 年 3 月国务院印发《关于促进海洋渔业持续健康发展的若干意见》（国发〔2013〕11 号），这是新中国成立以来，第一次以国务院名义发出的指导海洋渔业发展的文件。2013 年 6 月，国务院召开全国现代渔业建设工作电视电话会议，这是改革开放以来，第一次以现代渔业建设为主题召开的全国性会议。全国现代渔业建设工作会议的召开，开启了全面推进现代渔业建设系统工程。在党中央、国务院的高度重视和正确领导下，全国渔业部门抢抓机遇，迎难而上，开拓创新，扎实工作，渔业发展出现了大好局面。根据国家统计局公布的数据看，2013 年全国水产品总产量 6172 万吨，比 2012 年增长 4.47%。其中，养殖产量 4541.68 万吨，同比增长 5.91%，捕捞产量 1630.32 万吨，同比增长 0.68%，养殖产品与捕捞产品的产量比例为 74：26；海水产品产量 3138.83 万吨，同比增长 3.48%，淡水产品产量 3033.18 万吨，同比增长 5.53%，海水产品与淡水产品的产量比例为 51：49。远洋渔业产量 135.20 万吨，同比增长 10.5%，占水产品总产量的 2.2%。全国水产品人均占有量 45.36 千克，比 2012 年增加 1.73 千克，增长 3.97%。全国水产养殖面积 8321.70 千公顷，同比增长 2.88%。其中，海水养殖面积 2315.57 千公顷，同比增长 6.17%；淡水养殖面积 6006.13 千公顷，同比增长 1.67%；海水养殖与淡水养殖的面积比例为 28：72。

---

① 国家海洋局 2015 年 3 月 11 日发布：《2014 年中国海洋环境状况公报》，http：//www. soa. gov. cn/zwgk/hygb/zghyhjzlgb/201503/t20150311_ 36286. html。
② 陈友俭：《晋江渔业经济可持续发展的建议》，《福州农业》2012 年第 3 期。

三 实现渔业生产力的可持续发展

自 20 世纪 80 年代实施的改革开放以来，我国渔业生产发生了历史性改变，取得了举世瞩目的伟大成就。这主要得益于国家制定和实施了一系列正确的方针政策，得益于渔业产业结构的调整，得益于渔业综合生产能力的提高，得益于科学技术的进步和推广，得益于广大渔业工作者的创新，得益于渔业生产力的解放。目前，市场的开放、科技的进步、新作业方式的不断涌现，都为我国渔业经济的快速发展提供了良好的发展机遇。今后，要乘胜前进，采取有效措施，继续解放渔业生产力，以实现渔业生产力的可持续发展。所以，全面了解渔业发展现状，正确把握渔业发展潜力，是我们确立渔业发展方向、完善发展思路、制定发展对策的重要捷径。

（一）解放思想、更新观念，促进渔业生产力的可持续发展

随着科技的进步，经济社会发展，渔业发展观念不断更新。首先，市场经济的大潮使渔业成为最早进入市场的产业，正因如此，水产品产量连年增长，水产品市场连年扩大，渔民收入连年增多。所以，今后要继续解放思想，牢固树立现代市场观念。其次，树立现代水产观念。现在的水产已越来越不是传统的水产概念了。传统的水产概念是指鱼类，并且仅限于养鱼吃鱼。现在的水产范围扩大，不仅包括单纯的鱼类，还包括水生经济植物，等等。现在养鱼超出了传统的养鱼吃鱼，观鱼、赏鱼、钓鱼、摸鱼与旅游业结合，成为人们闲暇旅游的新产业。此外，养鱼与水产品加工业、医药行业、保健行业甚至与军事科学的结合，展现出养殖渔业的广泛社会性、多元复合性等特点。我们必须解放思想，开阔视野，确立现代水产观念。最后，树立现代产业观念。以前人们重视生产、研究生产，对供给和销售关注少，没有形成产供销一条龙。现在，必须实施渔业产业化战略，健全和发展社会化服务组织，促进和推动渔业产业化发展，实行产供销、产加销产业化经营，促进渔业生产力的可持续发展。

（二）发展生态养殖产业，实现渔业生产力的可持续发展

我国海水养殖业发展很快，但基本上处于无序状态。所以，根据海洋功能情况、水产资源状况、增加养殖环境容量等客观现实，完善海水养殖规划、调整海水养殖布局任务繁重，并且迫在眉睫。首先，规范湾内海域养殖，推进重点海域养殖网箱设施建设，增加湾外海域养殖品种。其次，支持规模化海水养殖设施配套建设，优化陆上工厂化循环水养殖装备，改

进离岸深水抗风浪网箱等现代化海水养殖设施，推进生态健康养殖。最后，发挥国家级水产遗传育种中心的作用，推进大黄鱼、石斑鱼、鲍、对虾、海参等优势品种的种业工程建设。海水养殖如此，淡水养殖也必须实现生态健康养殖。据调查，目前已经形成国际市场对淡水产品需求不断增加的发展态势。这主要是基于国际市场需求的增长与世界海洋水产品生产能力有限之间的矛盾而出现的，但无论条件如何，也无论出现什么困难，必须为淡水养殖渔业发展提供广阔的空间。根据我国淡水资源的分布情况，淡水养鱼具备广阔的发展前景。抓住机遇，发展淡水养鱼，一定能实现渔业生产力的可持续发展。

（三）拓展远洋渔业空间，实现渔业生产力的可持续发展

在经济全球化的过程中，远洋渔业发展空间很大，机遇和挑战并存。实施渔业"走出去"的发展战略，创建设备先进的大吨位渔船和先进的捕捞设备，拓展远洋渔业捕捞区域，积极开发北太平洋、中西太平洋和东印度洋等公海渔业资源，发展大洋性远洋渔业。加强远洋渔业科技研发，提高资源调查、探捕能力，提升远洋渔业能力建设水平，建造一批集水产品精深加工、流通贸易畅通、后勤补给及时、渔船维修精良、渔工培训先进为一体的综合性远洋渔业基地，增强远洋渔业综合开发能力。加快维权执法基地和执法码头建设，建立健全渔港及其设施保护制度，提升海洋渔业执法能力。建造一批海洋渔业执法船和快艇，形成指挥畅通、反应迅速、执法有力的海洋渔业执法体系，助推渔业生产力的可持续发展。

（四）创新渔业产业经营机制，实现渔业生产力的可持续发展

加强现代化渔业园区建设，在设备先进、发展快速的渔区建立国家级、省级水产品科技园区、水产品加工示范园区。各省市自治区，根据实际情况，建设一批省级标准化池塘养殖、浅海养殖、工厂养殖、水产种业、休闲渔业等独具特色的现代化渔业产业园区。在远洋渔业产业集中区域，建设远洋渔业基地。在现代化渔业园区和渔业基地建设中，出台相关激励政策，推行相关激励机制，示范园区和基地的企业，享受一系列优惠政策。如同福建渔业发展一样，培育壮大海洋渔业龙头企业，支持龙头企业技术更新改造、规模扩张和上市融资。培育一批引领海洋渔业行业发展的领军企业，鼓励通过兼并、重组、收购、控股等方式组建海洋渔业企业集团。推进渔业专业合作组织建设，鼓励渔民以股份合作等形式创办各种专业合作组织，加大渔民合作社规范化建设力度。积极推动"龙头企

业＋基地＋渔户"、"专业合作社＋渔户"、"市场＋渔户"等适度规模经营的生产组织形式。①

（五）加强渔业生产安全管理，实现渔业生产力的可持续发展

无论什么生产都必须把安全生产放在首位，以保证生产经营的高效益。在渔业发展中，全国各渔业发展区域，要开展"平安渔业"建设活动。通过该活动引起人们的共识，加强渔业安全生产标准化管理，建立渔业特别是远洋捕捞渔业安全应急管理指挥系统，积极引导远洋作业渔船编队生产，形成渔船自救互救、相互支援机制，完善突发事件应急救援机制，建立健全涉外渔业处理机制。加强水产品质量的安全监管制度建设，建立生产经营负责任制和质量安全责任追究制，确保水产品质量安全。继续建设无公害水产品基地，扩大无公害水产品产地的覆盖面和无公害水产品的占有率。加快推进水产品质量安全追溯体系建设，严厉打击养殖过程违法使用禁用药物行为。②

（六）大力开展科技兴渔工程，实现渔业生产力的可持续发展

实践表明，渔业生产力的提高和可持续发展主要是通过科学发展和技术进步来实现的。目前，有关捕鱼和养鱼的科学技术在世界渔业领域得到广泛应用，主要是计算机技术、遥感控制技术、信息化技术、自动化技术、新原料设施、增氧强能技术、水养换气处理技术以及生物技术的广泛应用，极大地提高了渔业生产力。中国渔业的当务之急就是整合相关高校、科研机构的科技优势力量，开展渔业关键技术科技攻关，建设渔业科技创新体系，加强水产养殖及其水产繁殖种业的研究和开发，加强水产病害防治研究，形成一批适合中国国情的科研成果和应用技术。深化水产技术推广体系改革，构建新型水产技术推广体系，尽快实现渔业科技成果的转化，形成推动渔业生产力可持续发展的内在动力，使我国的渔业生产技术跃居世界渔业科技发展首位。

（七）加大财政金融支持力度，实现渔业生产力的可持续发展

渔业发展离不开科技进步，科技进步离不开财政支持，加大财政支持力度，构建公共财政支持体系势在必行。沿海各省份要通过省级财政做金融支持工作，除安排一般预算外，还要整合相关部门的涉海涉渔专项资

---

① 福建省人民政府：《促进海洋渔业持续健康发展十二条措施》，《中国水产》2013 年第 11 期。

② 同上。

金，鼓励其他有志致力于渔业发展的企业投资渔业生产。要采取重点扶持的原则，相关省市财政部门会同海洋与渔业厅等相关单位，制定资金使用管理办法，为重点渔业发展搭建资金支持平台。采取金融服务和保险扶持等措施，搭建金融服务平台。通过两个平台建设，为渔业发展注入活力，保持引领世界渔业发展的好势头，实现渔业生产力的永续发展。

第七章　农业精神生产力的发展

农业精神生产力是农业生产者利用自然资源、社会资源、人力资源生产精神产品和精神财富的能力。精神生产力以思想、观念、意识、文化、艺术等精神产品的形式存在，是人类历史呈现人的全面发展社会过程的集中表现，是现代社会生产力的重要组成部分，是区别于物的依赖性社会生产力、人的依赖性社会生产力即传统生产力的根本标志。

当今世界，为什么同一制度下的国家，其科技、经济和社会发展有快有慢，原因固然很多，但从根本上看，以文化环境为代表的精神生产力发展程度的高低，是一个潜在的、深层次的因素。在知识经济时代，精神生产力的发展，将是一个国家综合竞争力的重要标志和重要组成部分。[1] 在农业物质生产力高度发达的今天，特别是在知识经济占主导地位的将来，农业精神生产力必将在社会快速和谐发展中起着重要作用。因此，研究农业精神生产力的可持续发展就具有了特别重要的意义。发展农业精神生产力是一个系统工程，它包含着丰富的内涵，但概括起来主要是指农业生产者思想精神状态的优化和农业生产者精神生活品质的升华。

第一节　农业生产者思想精神状态的优化

人们重视农业精神生产力的发展，可以使人与自然、人与社会的关系趋于和谐状态，促进农业生产者合理地开发与利用自然资源、社会资源、人力资源获取生产、生活资料能力的可持续发展和全面提升；反之，如果我们忽视精神生产力的发展，人的精神世界就会发生畸变，从而产生邪恶

---

[1]　赵宝晨：《试论精神生产力》，《理论学习与探索》2005 年第 4 期。

观念、垃圾文化甚至极端行为，破坏人与自然、人与社会的和谐关系，阻碍农业生产者合理地开发与利用自然资源、社会资源、人力资源获取生产、生活资料能力的发展和提升。由此可知，农业经济是一个文化含量越来越高的、集生态与人文为一体的朝阳经济，它需要高素质、强能力的文明生产者，需要高尚的职业道德、社会公德、价值观念和文明健康的生活方式。未来农业经济的增长及其竞争力不是取决于自然资源丰瘠的程度，也不是取决于农业资本存量的多寡，而是取决于农业生产者素质的提高，主要取决于农业生产者的文化知识、思想觉悟、劳动态度、创新精神、生产兴趣、心理素质等精神状态的优化。

一　丰富文化知识

农民是社会主义新农村的建设者，是农业生产力载体系统的主体要素。农村社会发展的质量，农业现代化建设的速度，取决于农业生产力的发展，农业生产力的发展则取决于农业生产者的科学技术水平，而科学技术的掌握和使用取决于农业生产者文化知识素养的提高。因此，丰富农业生产者的文化知识水平，提高农业生产者的科技能力，造就新一代知识型农民，对农业精神生产力的发展，对社会主义新农村建设，具有强大的促进作用。

随着国家各类教育的普及，新农村文化建设工程的展开，农家书屋的大面积覆盖，信息化网络的使用，新一代农民受教育层次和科技文化水平有了极大的提高，这对理解党的路线方针政策、接受新鲜事物、提高生产生活的期望值以及评判国际国内时局形势等，积淀了较为丰厚的文化底蕴。但是，相对于知识经济的时代要求，相对于农产品深加工的高标准要求，相对于建成小康社会对社会成员知识水平和知识结构的基本要求等，都有差距甚至可以说相去甚远。面对铺天盖地而来的网络信息，面对与时俱进的农耕文明的先进程度，面对实现中华民族伟大复兴的历史责任等，提高农业生产者科学文化水平任重而道远。

时代的发展进入 21 世纪，农业机械化水平的提高，农村出现了大量的剩余劳动力，与城市扩容以及第二产业、第三产业发展的需要相结合，形成了剩余劳动力流入城市的民工流，这些农民工的文化水平绝大多数是初中或高中的中等文化程度。尽管 21 世纪以来的十多年中，着力提高公民受教育的程度，但就农村而言，现实的文化程度与 21 世纪之初相比基本在一个水平上。据统计，"我国农村劳动力受教育程度是：2001 年初中及以下程度劳动力的比重高达87.8%。其中文盲或半文盲劳动力占劳动力总数的7.4%，小学程度的为31.1%，初中程度的为49.3%，高中程度的为9.7%，中专程度的为2.0%，大专及以上程度的为0.5%。在农村劳动力中，受过专业技能培训的仅占13.6%。根据以上数据可知农村劳动力整体素质偏低，对农民的科技文化教育必须给予足够的重视和资金投入。"① 据第五次人口普查资料，农村劳动力受教育的情况是：初中及初中以下文化程度的劳动力比重达84.98%，其中文盲或半文盲劳动力占5.99%，小学文化程度的占40.78%，初中文化程度的占38.44%，高中及中专文化程度的占11.84%，大专文化程度的占3.12%。② 这两组数据变化不大。说明提升农民受教育的程度，提高科学文化素质是一项艰巨的任务。

党的十八大报告提出："坚持走中国特色新型工业化、信息化、城镇化、农业现代化道路，推动信息化和工业化深度融合、工业化和城镇化良性互动、城镇化和农业现代化相互协调，促进工业化、信息化、城镇化、农业现代化同步发展"③，即"四化同步发展"。现实中，农业现代化与快速推进的工业化、信息化、城镇化相比，处于严重滞后的发展状态。因此，未来我国将加快农业现代化发展的步伐，农业现代化主要是发展农业生产力，实现传统农业向现代农业的转变。在发展农业生产力的过程中，作为农业生产力载体系统主体的农民是根本和关键要素。所以，培养新型农民，提高农民的文化素质就具有了特殊的意义。

（一）提高农民文化素质的意义

提高农民文化素质有利于促进我国农业生产的发展。我国目前的农业生产除了偏远山区，其他地区基本上已经摆脱了手工工具的束缚，绝大多数生产过程利用机械化作业，手工劳动已经成为辅助性劳动。我国的农民已经不是手工劳动者，而是农业机械的操作者。人工抬扛、畜力拖拉的农业时代已经成为中国农业的过去。此时此刻的农民，必须通过加强农村社

---

① 吴翠萍：《在社会主义新农村建设中如何提高农民科技文化水平》，《青春岁月》2012年第18期。

② 唐文辉、彭雪梅：《湖南农村全面小康社会建设现状及对策》，《湖南农业科学》2007年第2期。

③ 胡锦涛：《坚定不移沿着中国特色社会主义道路前进　为实现建成全面小康社会而奋斗——在中国共产党第十八次全国代表大会上的报告》，人民出版社2012年版，第20页。

区文化建设，强化科学文化教育、思想道德教育、法律法规教育，提高农业人口的综合素质，使村民转变为真正意义上的现代农民。现代农业生产力的发展不仅要求农民掌握新的生产方式和劳动技术，还要求农民具有高尚道德品质、健康心理状态、集体主义价值观念等各方面有机统一的农业现代化的思想意识形态，逐步融入现代化农业发展的浪潮中去，从而推动我国农业生产力的快速发展。

提高农民文化素质有利于农业信息产业的快速发展，以适应信息时代的农业生产力可持续发展的要求。农业产业化经营是助推现代化农业发展的经营之道，是转变农业增长方式的根本举措，而农业产业化经营离不开农村信息产业的发展。现代农业必须由高素质的农业生产者来经营管理，提高农民素质是现代化农业发展的迫切需要，而高素质农业生产者必须掌握信息技术。因此，提高农业生产者文化素质的同时也能够推动信息农业产业发展。随着网络科学技术的普及与推广，数字化、信息化已经深入农业生产和农民生活之中，并且时而出现无之不行的局面。所以，农业信息化建设是新农村建设的重要组成部分，因为现代农业生产与农业信息化密不可分，农业信息化实现与否的关键因素就是农民文化素质的高低。现代农业生产力发展依赖于农业信息化建设，而农业信息化的发展依赖于农民文化素质的提高，这种因果链条决定了农民自身文化素质提高的重要性。因此，提高农民文化素质的同时能够促进信息产业在农村经济繁荣中得到发展，也能促进农业现代化建设再上新台阶，现代农业生产力发展再上新水平。

提高农民文化素质有利于强化农民思想道德建设。精神文明建设为物质文明建设和政治文明建设提供精神动力、智力支持。精神文明建设包括科学文化建设和思想道德建设。科学文化建设要解决的是整个民族的科学文化素质和现代化建设的智力支持问题，思想道德建设要解决的是整个民族的精神支柱和精神动力问题，两个方面密不可分，缺一不可。教育科学文化建设是提高人民群众思想道德水平的重要条件，思想道德建设是精神文明建设的灵魂，决定着精神文明建设的性质和方向，对科学文化建设有巨大的能动作用。所以，从精神文明建设的内涵来看，提高农民的科学文化素质，有利于加强农民的思想道德建设。当前，随着农民受教育程度的不断提高，农民思想道德建设水平随之不断提高，农民生活已经融入乡村文明建设之中，并发挥着重要推动作用，农民的文明举止普遍受到社会的好评。

提高农民科学文化素质有利于推动农村文化事业发展。近些年来，随着农民物质生活条件的日益改善，农民文化生活要求普遍提高，党和政府适应农民群众的需求，在广大农村开展了各种形式的文化活动，丰富农民的精神文化生活。如中央电视台心连心艺术团每年到边远地区、革命老区和落后的农村地区去巡回演出，给农民群众带来精彩节目，送去了精神食粮，丰富了农民的精神文化生活。农民群众在观赏各种曲艺节目的同时，提高了他们的文化意识和审美观念。不少地区在艺术团的启发影响下，自编自演文艺节目，自己组织文化艺术活动，取得了事半功倍的效果。近年来，各级政府和城市诸多单位为农民捐赠各类科技书籍，建立图书室，为农民举办农业科技培训班，传授现代农业知识和各种农业科学技术和技能，提供了农民的科学文化素质，增加了农产品的科技含量，推动农业生产跳跃式发展。随着农民文化素质的提高，农民对医疗卫生条件提出更高的要求，从而促进农村医疗保障事业的发展。

（二）丰富文化知识的途径

第一，发展农业生产、繁荣农村经济是提高农民素质、推进新农村文化建设的坚实基础。文化建设需要有坚强的经济实力作为重要支撑，如果农村经济发展缓慢，农民生活不富裕，就会严重影响文化建设，试想人们的温饱问题都不能解决，何谈进行文化娱乐活动，何谈文化、教育、科技、医疗、卫生、体育的发展。特别需要指出的是经济条件落后就无法彻底解决农村学校的硬件和软件建设问题，也就无法解决教育问题，从而会影响了农民科学文化素质的提高。因此，必须采取一系列的措施发展农村经济。一是要促进农业生产发展，提高农业生产力发展水平。要注重调整农业生产结构，推进农业产业化经营，改进农业生产技术，通过现代化的农业生产知识来促进农业的发展。二是要大力发展第三产业。第三产业由于其自身的优越性，为农村发展注入新的活力，从而促进农村经济的发展。因此，只有发展农村经济，才能促进农民文化素质的提高，推进新农村文化建设。①

第二，加强农村文化基础设施建设是提高农民素质、推进新农村文化

① 张月苓：《新农村文化建设的关键在于提高农民文化素质》，《中国合作经济》2012年第3期。

建设的基本条件。推进农村文化建设，必须具备文化基础设施条件。农村文化基础设施建设主要包括文化活动场所、文化活动的设备，如音乐器材、服装道具等。加强农村文化基础设施建设，需要各级政府用时代的要求审视农村文化，用发展的眼光研究农村文化，用改革的精神推动农村文化，努力从理论和思想上、体制和机制上、方式和手段上不断改进、不断创新，深入实际、深入基层、深入群众，把农村文化工作做得更加具体、更加实在，建设专门的文化活动场所，购买必备的文化活动设备，以多种渠道加大对农村公共文化事业的投入，通过积极争取博物馆、体育馆、县级流动演出车、影剧院、乡镇（村）文化站等项目建设，改善农民的精神文化生活条件，巩固农村文化阵地。[①]

第三，大力发展农村文化产业是提高农民素质、推进新农村文化建设的根本途径。发展农村文化产业有利于提高农民的素质，推动新农村文化的发展。农村文化产业包括农村信息产业、娱乐产业、精神文化产业等多种方式。

发展农村信息产业，开通农村文化建设渠道。加强农村信息化建设，建立一条农村信息化"高速公路"，为农民素质的提高提供平台。目前，在广大的农村地区绝大多数农民主要依靠农户之间的交流来获取信息，但是随着农村经济的发展和农民生活水平的提高，普通的农户之间的交流已不能满足他们获取信息的要求。[②] 举国上下都要重视农村的信息化建设，各级人民政府务必采取有效措施为农民开通获取各种信息的多种渠道，如书籍、报纸杂志、网络等，有条件的地方可以建立文化信息交流站、农业科技信息网络等，加快农业科技知识的传播和农业生产技术的普及，为农民文化素质的提高创造有利条件。

发展农村娱乐产业，开阔农民的文化视野。各地区、各村镇利用和开发当地的优势文化资源，发展娱乐产业，吸引外地人前来参观旅游，把文化娱乐活动与旅游服务业相结合，既开阔了农民的文化视野，又扩大了当地影响，还能带动相关产业的发展，如土特产销售带动农产品加工业发展；文化艺术产品销售带动其产品加工业发展；农家院带动餐旅业发展；组织当地艺人进行文化艺术表演丰富农民生活的同时，吸引游客参观旅游

---

① 张月苓：《新农村文化建设的关键在于提高农民文化素质》，《中国合作经济》2012年第3期。

② 同上。

进行文化生活消费，如此等等，带动当地旅游业、餐饮业、住宿业、加工业等相关行业的发展，给农民带来巨大的商机和经济效益。这既提高了农民的收入，又提高了农民的文化科学知识水平；既增加了农民见识，又开阔了农民的文化视野；既促进了农村文化事业的发展，又提高了农业物质生产力、精神生产力、农民自身生产力的发展水平。

加强思想政治教育，促进农村精神文明建设。新中国成立以来，特别是改革开放以来，农村的政治、文化、社会生活发生了一系列重大变化，农民思想意识形态方面出现了许多新情况、新问题，这就要求我们坚持以人为本的科学发展观，加强中国特色社会主义理论体系在农村的宣传教育，逐步提高农民的民主参政意识，强化法律维权观念，充分利用农村的各种优势开展各种形式的教育，不断提高农民的思想文化素质，发展精神文化产业，巩固社会主义精神文明建设的主阵地。如通过开展争创"文明户"等一系列活动，除旧布新净化民风乡俗，提高农民的思想觉悟，加快农村精神文明建设，推动农村文化产业的繁荣。①

综上所述，农民文化素质的高低是农村经济发展和农业生产力水平提高的主要制约因素，只有建立和完善农村教育体制，发展农村文化产业，引领农村基础公共文化产业发展，树立正确的世界观、人生观、价值观，才能从根本上提高农民的整体素质，增强农业发展后劲，促进农业生产力水平的不断提高。

二 提高思想觉悟

社会存在决定社会意识，社会意识反作用于社会存在，先进的社会意识能促进社会存在的发展，落后的社会意识阻碍和妨碍社会存在的发展。根据历史唯物主义的基本原理，通过调查研究，准确把握农民群众思想变化的特点，了解他们的所思、所想、所需、所盼、所能，是农村各项工作中的一项十分紧迫的任务，也是关系新农村建设和农业精神生产力发展的一项复杂艰巨的工作。

（一）农业生产者思想状况及其特点

随着改革的不断深化和开放的不断扩展，农民群众的思想状况不断发生明显转变和深刻变化。近年来，农民群众对党和政府的信任度大幅度提

---

① 张月苓：《新农村文化建设的关键在于提高农民文化素质》，《中国合作经济》2012 年第 3 期。

高。随着农业税的取消、农村中小学学生学杂费的取消，加之实行粮食补贴、农村新型合作医疗等惠农政策，农民群众对中央政策的满意度有了大幅度提升。农村综合改革措施的出台，使得农民群众的思想意识呈现加速解放的新态势。一是社会效益思想日趋增强；二是市场竞争意识日趋增强；三是科技意识日趋增强；四是生态环保意识日趋增强；五是可持续发展理念日趋增强。在此基础上，农民群众追求新生活的劲头、对未来美好生活的期盼更加强烈。农民群众的思想状况和追求新生活的愿望契合了农业生产力发展的客观要求，使农业精神生产力的可持续发展具备了强大的内在动力。

农业生产者的思想积极和心态健康，构成了当前农业生产者的思想主流，是精神生产力发展的群众基础和精神财富。同时，农业生产者的思想状况呈现复杂性、易变性等特点。

农业生产者的思想状况呈现复杂性特点。一方面，由于支农惠农政策的实施，农民得到了实惠，对政府和当前的发展形势比较满意，思想呈现积极向上的态势；另一方面，利益分配并不一定均衡，稍有差池或者一时难以满足需求欲望，就会出现不满情绪，甚至出现强烈的抱怨、消极等思想状况，严重影响农村和谐社会的发展。一方面，收入增加富裕程度不断提升，生活越过越好；另一方面，人情越来越淡，家庭矛盾、邻里关系越来越紧张。一方面，日子越来越富足，吃穿都不用愁；另一方面，虐待老人、不赡养老人的现象时有发生。一方面，农业生产者自我发展、自主致富的愿望非常迫切，主体意识日益显现；另一方面，对公共事务、村民事务漠不关心。

农业生产者的思想状况呈现易变性特点。当前的农村政策越来越直接地影响着农业生产者切身利益，导致他们对涉农政策的关心度和敏感性空前增强。一些外出务工和经商的农民本来已经将自己承包的责任田转包或租给他人耕种，可是取消农业税实施粮食直接补贴以后，又想要回来自己耕种，这种急功近利的思想也会导致不和谐的矛盾发生，并且影响良田耕种效益，影响农业生产力发展水平的提高。

（二）提高农业生产者思想觉悟的建议

立足实际、着眼长远分析农业生产者的思想状况，尽管喜忧交加，但总体上看是喜大于忧。只要采取得力措施，加强农业生产者的思想工作，就能转忧为喜，大大提高其思想觉悟水平，激发其积极性、创造性，推动农业生产力的快速发展。

加强农业生产者的思想教育和正面引导。发挥村镇基层组织的说服教育作用，发挥党员干部的模范带头作用，发挥网络、电视等新闻媒体的宣传教育作用，以社会主义核心价值体系为内容，利用快捷方便、影响面广的现代化手段，采用灵活多样、喜闻乐见的形式对农业生产者进行广泛的思想教育，摒弃一切迷信思想和陈旧理念，激发农业生产者进一步树立爱国意识，强化集体观念，形成先进思想，成为具有中国特色的一代新型农民。

加强农业生产者的教育培训。要建立健全农业生产者培训体制和长效机制，县乡各级政府要组织干部和科技人员经常深入农村一线为农业生产者传授科技、法律等知识，帮助农业生产者加快产业结构调整步伐，实施农业的产业化、科学化、精细化生产、管理和运营，同时组织农业生产者外出考察学习，使他们开阔眼界、更新理念、活跃思维、科学致富。①

加强农村民主政治建设。各级政府要实施村务民主管理制度，教育农村干部切实实行民主管理，从涉及农村群众根本利益的实际问题入手，对群众关心的热点问题、重大问题特别是村级财务管理问题要定期定时向村民公开，比如，征地补偿使用、承包租赁收入、基建工程开支、公益事业支出、承包项目招标、计划生育指标、宅基地的审批、村干部工资报酬、村民负担等情况，以橱窗形式在公众地点简洁、明了地张榜公示，接受群众监督。这有利于提高农民群众理性讨论公共事务的能力，有利于强化农民群众的法制观念，有利于农民群众通过民主渠道参与政治、维护权益，有利于提高农民群众的政治热情、政治意识和政治素养。

大力宣传党的支农惠农政策，要重点突出、注重实效，让农民群众了解清楚享受的权利，知道应尽的义务，强化农业生产者的公民意识。让广大农民群众充分认识到支农惠农政策来之不易，落实惠农政策需要农民群众的理解和支持，教育农民群众正确处理好眼前利益和长远利益的关系，局部利益和全局利益的关系，切实感受到了党的支农惠农政策的温暖，有效提高农业生产者的思想政治觉悟。

三　端正劳动态度

端正劳动态度，是劳动者成功完成劳动任务的最基本保证，农业劳动

---

① 刘志强：《关于当前农民思想状况的调查与思考》，《西安社会科学》2008 年第 3 期。

者也不例外；否则，将一切都无从谈起。关于劳动态度，可以简单地定义为劳动者对所承担的工作具有较为持久的肯定或否定的内在反映倾向，通常从劳动者对待工作的关注情况、情绪状态、兴趣参与、意愿态度等方面来加以说明。工作意愿、工作动机、工作兴趣、工作责任等因素是劳动态度的具体表现，它们集中反映在农业生产者身上就形成劳动态度或工作态度。农业生产者的劳动态度是其敬业、认真、积极、主动的程度以及踏实工作的状态。

农业生产者的劳动态度依照其表现形式可分为自觉自愿型、消极被动型、怠慢抵触型等。一般来说，农业生产者在自觉意识的基础上有明确的劳动目的、良好的劳动习惯、勤劳的劳动状态，劳动贡献率较高，这是自觉自愿型的劳动态度。消极被动型劳动态度是农业生产者在劳动中表现为自觉意识薄弱、缺乏主观能动性，仅仅因外界某种（如经济利益、面子工程、家人影响、规章制度等）因素的作用，维持着劳动的一般状态，劳动贡献率也极其一般。怠慢抵触型的劳动态度是农业生产者的自我意识清晰度不高，没有养成良好的劳动习惯，时常敷衍了事并伴有抵触情绪，是劳动贡献率最为低下的一种劳动态度。

农业生产者的劳动态度决定其工作行为。上述三个类型的工作态度中，消极被动型、怠慢抵触型都为消极落后的劳动态度。现实的农业生产中，消极落后的劳动态度发挥瓦解和阻滞功能，严重者破坏原有的农业生产秩序，引发各种矛盾和纠纷，造成劳动效率大幅度降低，严重影响农产品的数量和质量。若要有一个积极向上的劳动态度，便会在工作积极性、主动性、创造性以及工作的意志力等许多方面得到充分的体现。在现实的农业生产中积极的劳动态度还会对某些不良劳动因素起到修正和补偿作用。一个农业生产者会因劳动态度积极而不降低劳动热情。此外，一个劳动态度一贯良好的农业生产者必然在农业实践活动中因其勤奋的劳动习惯，不断提高其劳动技能，还会经常总结劳动经验，进行防御灾害的劳动实践，从而形成较强的开发和利用自然资源、社会资源、人力资源促进农业发展获取生产、生活资料的能力。此外，具有良好的劳动态度的农业生产者，由于不断地获得农业丰收而热情高涨，这种喜悦并有成就感的情感体验，反过来会因劳动结果的反馈而增强生产动机的功能，使得农业生产者的精神面貌斐然，以此来提高农业精神生产力水平，保障农业生产力的可持续发展。

正是由于劳动态度是农业生产者在农业劳动过程中通过一定的体验逐步形成的，所以它不是一成不变的，加之消极的劳动态度与积极的劳动态度对农业生产的影响存在如此巨大的反差，这使得我们不得不对它加以密切关注。中共中央连续下发"一号文件"，出台减免农业税、实行补贴等政策措施，其中一个重要原因就是试图加强农业生产者心态的转换，保持积极的劳动态度，鼓励农业生产者提高劳动效率，取得农业的连年丰收。

第一，促进农业生产增收，激发农业生产者的劳动热情。促进农业发展和农民增收，是农业和农村工作的根本任务，也是激发农业生产者劳动热情、使之一贯保持积极向上劳动热情的重要基础。进入21世纪以来，整个国际市场粮食等农产品供给趋紧，国内有些年份部分地区的农业生产受自然灾害的负面影响很大，特别是在粮食亩产吨粮的基础上，继续增产增收，任务十分艰巨。面对如此严峻的挑战，必须把农业增产、农民增收放到全部工作的首位，采取多种措施，如工业反哺农业、城市支持农村等，千方百计保障农民增收，以调动农民的劳动积极性。

第二，落实支农惠农政策，调动农业生产者的积极性。近年来中央出台了一系列支农惠农政策，促进了农业生产的发展，调动了农民的积极性，新农村建设取得了巨大成就。但是要持之以恒，除继续实施粮食直补、良种补贴、农机具购置补贴和农资综合补贴，继续实施对主产区主要粮食品种的最低收购价政策外，还要授之以渔，加强农田水利建设和农村基础设施建设，加强农业综合开发力度，强化新农村自建自强的能力，确保农业生产连年增收，农业生产力呈现连年上升趋势，调动农业生产者从事农业生产的积极性。

第三，广开就业门路，增强农业生产者的主动性。面对农业发展的机遇和挑战，调整农业产业结构，利用农业多种资源，挖掘农业内部增收潜力，搞好农产品优势区域规划建设，拓展农业多种功能，开发粮食之外的其他经济作物的生产，推进农产品精深加工，发展特色农业、休闲农业和乡村旅游，拓宽农民的就业渠道，增加就业岗位，广开就业门路，增强农业生产者的主动性，多渠道增减农民收入，多层次提高农产品的附加值。努力让农民从农产品价格和劳动报酬中得到更多收入，促使农民群众积极主动地拓展非农就业增收空间，提升农村二、三产业发展质量，积极发展家庭工业，增强县域、乡域、村域经济发展的活力，促进农业生产力的可持续发展。

四 发扬创新精神

创新是指为满足社会需求而改进原有的事物、现象或创造新事物、新现象或提出有别于他人见解的思想和行为。创新精神是指人类综合运用已有的知识、信息、技能和方法提出新方法、新观点或进行发明创造、改革、革新的思维范畴。

创新精神是一个民族强盛的灵魂和国家发展的源泉或不竭动力，创新能力是 21 世纪人们必备的能力素质。中华民族只有具有创新精神，全国各族人民只有具有创新能力，中华人民共和国才能在未来的世界发展中立于不败之地。

中国是农业大国，农业人口占相当大比重，据中华人民共和国国家统计局发布的 2013 年年末人口总量来看，全国内地总人口为 136072 万人，其中城镇人口为 73111 万人，占总人口比重为 53.67%，农村人口为 62961 万人，占总人口比重为 46.27%。[①] 虽然近几年农村人口逐年下降，但农业的地位决定了提升农村人口素质的重要性，农业生产力发展要求决定了农业生产者发扬创新精神的必要性。创新能力是农业生产者必备的能力，创新精神是农业精神生产力可持续发展的精髓，是农业生产力长盛不衰的法宝。正确引导农业生产者发扬创新精神，加大力度培养农业生产者创新能力，是农业生产力可持续发展一个新课题。

中国共产党确立了"解决好'三农'问题作为全党工作重中之重的战略思想，制定了工业反哺农业、城市支持农村和多予少取放活的指导方针，明确了在工业化城镇化深入发展中同步推进农业现代化、加快形成城乡经济社会发展一体化新格局的根本要求。我们提出了走中国特色农业现代化道路的基本方向，部署了加快发展现代农业、建设社会主义新农村的战略任务。"[②] 如何完成这一战略任务，推进农业现代化，加快发展现代农业呢？关键在于农业生产者是否具有创新精神。

创新精神是一种勇于抛弃旧思想创立新思想、改造旧事物构建新事物的精神。例如，不停留于已有认识，不断追求新认知；不满足现有的生产方式方法，改革创新生产方式方法；不满足旧的工具，进行新生产工具的发明创造；不墨守成规，敢于打破原有框框，探索新规律，创设新方法；

---

① 中华人民共和国国家统计局，年度数据·人口，http：//data.stats.gov.cn/workspace/index? m = hgnd。

② 温家宝：《中国农业和农村的发展道路》，《求是》2012 年第 2 期。

不迷信权威，敢于根据事实提出质疑；等等。农业生产者要适应科技创新日新月异的发展大趋势，培养自己的创新能力，加速农业现代化建设进程，实现农业生产力可持续发展。

第一，在农业生产中要增强创新意识。农业生产的自然性、时间性、季节性很强，这就要求必须严格遵循动植物生长规律，规律是客观的，不以人的意志为转移的，只能发现、认识、利用它，而不能改变、创造、消灭它。所以，农业生产的创新更需极强的创新精神，要在遵循动植物自然生长规律的基础上，从利用规律的角度进行创新。这就要求农业生产者研究动植物生长规律，要在全面、辩证地看待创新精神的基础上，克服因循守旧思想，增强创新意识。在农业生产过程中，学习前人经验又不迷信前人经验，独立思考又不孤芳自赏，听取别人的意见又不人云亦云，在有事实根据的基础上提出大胆质疑，创新农业生产过程，推动农业生产力发展。

第二，对农业生产中遇到的事物要有好奇心。爱因斯坦曾经说过，"我没有特别的天赋，只有强烈的好奇心。"牛顿少年时期就有很强的好奇心，他常常在夜晚仰望天上的星星和月亮。星星和月亮为什么挂在天上？星星和月亮都在天空运转着，它们为什么不相撞呢？这些疑问激发着他的探索欲望。后来，经过专心研究，终于发现了万有引力定律。[①] 好奇心是创新行为的先导，好奇心本身包含着求知欲，有了求知欲就想追根究底进行探索，在探索中往往有新发现，善于总结概括这些新发现，就会有创新行为，就会有创新成果。农业生产如同其他行为过程一样，要想创新并获得成功，就必须有强烈的好奇心。

第三，对农业科技发展要有创新的欲望。科学技术是第一生产力，说明了科学技术与生产力发展关系的密切程度，从这个意义上讲，要实现生产力的可持续发展，必须提高科学技术水平，农业生产力的可持续发展也不例外。提高农业科技水平，要求农业生产者具有科技创新的强烈欲望，实践证明，一切成功一开始只是一种追求成功的意愿或念想，即欲望。时至今日，科技创新的成功也是如此。大家知道，农业生产力的可持续发展离不开农业科技创新，农业科技创新离不开农业生产者追求创新成功的欲

---

① 高建平：《大学生创新能力培养的研究》，《和田师范专科学校学报》（汉文综合版）2005年第3期。

望。所以，要采取鼓励引导、启迪唤起、激发敦促的措施，使农业生产者具有强烈的农业科技创新欲望，使农业科技创新具有可能性。在此基础上，历经坚持不懈的努力，勇敢面对困难并克服困难，敢于遭受挫折而不怕失败，农业科技创新一定能够实现。因为农业耕种方式、良种培育、农具革新等都是经过无数次失败才取得成功的。

第四，对农业种植方式方法的改革要有求异观念。农业生产力的发展有赖于农业种植方式方法的创新。创新不是简单的模仿，不是年复一年的重复，更不是人云亦云。要有创新精神并实现创新目标，必须对以往的事物或现象进行反思，形成求异观念。求异实质上就是从不同角度思考问题，或者从多个角度思考问题，找出解决问题的办法，最终实现创新，然后把创新结果同原来的情况进行比较，寻求规律性的东西。农业发展史上的求异者就是这样进行种植方式方法改革的，并由此推动了农业生产力的不断发展。在科技发展日新月异的今天或将来，农业生产者通过创新种植方式方法推动农业生产力可持续发展，更需具备这种求异创新精神。

第五，对新型农具的改革创新要有冒险精神。创造实质上是一种冒险，因为否定人们习惯了的旧思想可能会招致公众的反对。冒险不是那些危及生命和肢体安全的冒险，而是一种合理性冒险。[①] 农业生产者中诸多取得创新成功的发明家，无不具备这种创新冒险精神。所以，要鼓励农业生产者敢于冒险，最大限度地挖掘改革创新农业生产工具的潜能，尽可能多的有所发明、有所创造，实现农业生产力的可持续发展。

第六，对农作物丰产和所取得成就要永不自满。一个有创造性思想的人取得成绩，如果就此止步停止创新，就不可能再有新的更大成就。农业生产绝大多数有季节性和周期性，下一个周期又是在前一个周期的基础上开始进行的，如果农业生产者满足于一次成功而不去努力创造下一次成功，就不能产生更好、更新的思想，其结果只能是没有了新的发明创造，农业生产就会在原有的基础上重复，就不会实现农业生产力的可持续发展，这是人们都不愿意看到的。

五　激发生产兴趣

兴趣是指人们对事物喜好或关切的情绪。心理学把兴趣定义为人们力求认识某种事物和从事某项活动的意识倾向。兴趣表现为人们对某件事

---

① 唐衍爱：《教学中如何培养学生的创新思维》，《神州》2013 年第 22 期。

物、某项活动的选择性态度和积极的情绪反应。兴趣在农业生产活动中具有重要的作用，它可以使农业生产者集中注意力，专心进行农业生产，并在农业生产中产生愉悦快乐的心情，最优化的农业生产状态，以提高农业生产效益。

既然兴趣是一个人尽力去追求认识某种事物或从事某种活动的心理倾向，那么在现实中达到了目的，就会情绪高涨，积极地从事该项工作。例如，诸多足球迷，一谈起足球便会津津乐道，一遇到足球比赛便想一睹为快，对电视中的足球节目特别迷恋，这就是对足球运动有兴趣。再如一些舞蹈爱好者，不仅喜欢谈舞蹈，喜欢跳舞蹈，而且一听见伴舞的音乐旋律就来劲，就特别兴奋，这就是对舞蹈有兴趣。一个人有多种兴趣，不同的人有不同的兴趣，兴趣是各具特色、多种多样的。兴趣也不是一成不变的，既可以消失，也可以培养，使人们有兴趣。如何利用人们的兴趣激发人们的工作热情做好工作，是一门学问。如何使人们对工作感兴趣，培养人们的工作兴趣，也是一门学问。如何使人们对一项工作永远感兴趣，永远有激情和耐心，做到干一行爱一行，更是一门学问。在农业生产中，农业生产者年复一年地重复着几乎同样的工作，要使他们摆脱维持生计需要而形成稳定持久的兴趣感，是一个非常值得研究的课题。

在农业生产实践活动中，浓厚而持久的兴趣能使农业生产者工作目标明确，态度积极主动，从而能自觉克服各种艰难困苦，获取农业生产的最大成就，并能在农业生产活动过程中不断体验成功的愉悦。

兴趣对农业生产者正在进行的活动起推动作用。兴趣是一种由浓厚情感维系的志趣活动，它能使人们集中精力去进行创新研究或创设情境的活动，并创造性地完成研究创新任务。美国著名华人学者丁肇中教授就曾经深有感触地说："任何科学研究，最重要的是要看对自己所从事的工作有没有兴趣，换句话说，也就是有没有事业心，这不能有任何强迫。……比如搞物理实验，因为我有兴趣，我可以两天两夜甚至三天三夜在实验室里，守在仪器旁，我急切地希望发现我所要探索的东西。"[①] 正是兴趣激发了事业心，事业心产生了责任感，责任感成就了丁肇中教授所从事的科研工作，并使他获得巨大的成功。农业生产者不也可以如此吗？

兴趣对农业生产者实践活动的创造性态度具有促进作用。绝大多数人

都认为，兴趣会促使人们深入实际、认真钻研、创造性地工作。就农业生产者来说，对一项生产活动感兴趣，就会促使他们认真刻苦地钻研，不懈地进行创造性思维活动，规划和选择解决问题的最佳方案，制定切实可行措施，实施科学方法，提高农业生产活动的效率。由此可知，农业生产者的兴趣是在对客观事物的认识活动中发生的，又是在改造世界的实践活动中发展起来的，兴趣一旦产生就成为农业生产者认识事物和从事生产实践活动的巨大动力。如何培养农业生产者对农业生产的兴趣呢？

第一，农业生产者要肩负责任从事农业生产。工作中负有责任感是一个人的精神境界、思想品质、道德修养、职业素质的综合反映。责任感虽然无形无状、看不见摸不着，但是力量无穷、影响巨大。一个人有强烈的事业心和责任感，就会有积极主动的工作态度、深入扎实的工作作风、认真负责的实干精神；工作中就会表现出"三心"、"三气"，"三心"即对待本职工作有信心、有决心、有恒心；"三气"即工作中有百折不挠的勇气、不甘落后的志气、奋力开拓的锐气。具备了这些条件，无论干什么工作，都可以想出工作思路、找出解决办法、做出工作成绩。因此，农业生产者在从事农业生产过程中，必须具有责任感，要有"农业发展我的责任"的气魄和胸怀，把年复一年重复进行的动植物种植养殖工作做好，为农业生产力可持续发展贡献自己的力量。

第二，农业生产者要带着激情地从事农业生产。人们把激情比作吹动船帆的风，没有风力船就不能快速行驶；人们把激情比作工作的动力，没有动力就不能又好又快地完成工作任务。激情能够创造不凡的业绩，没有激情就没有动力，没有动力工作就难有成就。一个人如果缺乏激情，工作就疲沓懒散，很可能一辈子一事无成。因此，农业生产者要带着激情从事农业生产。

第三，农业生产者要以正确心态从事农业生产。"每个人保持正确的心态至关重要。正如一位哲人所说，心态决定一切。它能够左右一个人的思想、影响一个人的行为，甚至决定一个人的命运。心态正确就会宁静而安详，感到生活温暖；就会迸发出干劲和活力，感到工作愉悦。如果心态不好，就会在顺利时自以为是、傲气十足、得意忘形，在逆境时怨天尤人、牢骚满腹、烦躁不安"。① 农业生产的简单重复性往往使农民产生厌

---

① 叶平：《新时期加强领导干部作风建设着力点》，《河西学院学报》2012 年第 6 期。

烦心态；由于受自然灾害影响收成常常不尽如人意，使得农民产生不重视生产的敷衍心态；农业生产成本连年增长且快于产量收益的增长，使得农民产生弃耕弃农的消极心态等。这些都不利于农业生产的发展，要克服这些消极影响，端正生产态度，确保农业生产力的可持续发展。

六　增强心理素质

心理是人们对客观现实的反映，是人的生理结构特别是大脑结构的特殊机能。心理素质通俗地说就是人们对外界刺激的一种承受能力的反映。心理素质是人的整体素质的组成部分，是在后天环境中，通过教育学习、实践活动等因素影响下逐步发生、发展和形成的。心理素质是人类以生理素质为基础，在实践活动中通过自身与客观事物和现象的相互作用，而逐步发展和形成的心理潜能、能量、特点、品质与行为的综合素质。在走向21世纪的今天，对农业生产力的可持续发展而言，农业劳动者的心理素质显得越来越重要。提高农业劳动者的心理素质，是精神生产力发展的必然要求。

心理素质是心理潜能、心理能量、心理特点、心理品质与心理行为的有机结合。[1] 心理潜能是指每个人生来具有的通过努力可以充分发挥出来并能实现自我的潜在能力。心理能量也称心理力量或心理能力，是指人类用意识来调节的心力或精神之能力。心理特点是指人的心理现象所具有的感知的直接性与具体性、认识的间接性与概括性、情感的波动性与感染性、意志的目的性与调控性等特点。心理品质是心理现象所具有的一定品质，包括记忆的敏捷性、持久性、准确性、备用性；思维的灵活性、深刻性、独立性、批判性；情感的倾向性、多样性、固定性、功效性；意志的自觉性、果断性、坚持性、自制性，等等。心理行为是受人的心理支配的一切身体活动。我们论及的增强农业生产者的心理素质，就是要发挥其心理潜能，增强其心理能量，培养其心理特点，提高其心理品质，训练其心理行为，使之健康地发展，就会提升农业精神生产力的水平，从而推动农业物质生产力和农业生产者自身再生产能力的提高。

每个人所具有的心理素质是在先天素质的基础上，在后天实践过程中，接受环境与教育的影响而形成并发展起来的稳定的心理品质。就是说，采取一定的措施，通过锻炼能够提高或增强心理素质。在现实生活中

---

① 　王申红：《通识教育与大学生人文素质的培养》，《人力资源管理》2012年第7期。

要引导农业生产者，通过外化和内省的方式，培育良好的心理品质。一是肯定自己。在实践中要不断肯定自己的成绩和能力，特别是当完成、做好一件成功的事情之后，总结经验、发扬光大的同时，要在心里提醒和暗示自己，今天事情做得很好，明天、后天的事情会做得更好。二是建立自信。自信很大程度是建立在成功之基础上的，强大的自信是由无数个成功支撑的。随着信息业的发展，广播电视和网络的发达，平时要多看报纸、新闻，多学习农业科技知识，这样信息量越来越多，知识越来越丰富，自然懂得道理就越来越多，这既能发展农业生产，又能帮助自己提升自立自强的信心。三是积极向上。要树立敢于挑战的毅力，要有不服输的意志，要有不怕困难的心态，要有经受挫折的准备，还要有从哪里跌倒就从哪里爬起来的精神。四是情绪稳定。遇到重大事情要情绪稳定，思维敏捷，反应迅速；遇到突发事件头脑能保持冷静，能够迅速而灵活的随机应变，不慌不忙地解决问题，做到既不丧失原则，又不违反法律和道德，处理问题方法灵活、周到、具体。五是见解独到。在现实中，认识、把握和处理事情，敢于面对现实，既能聆听别人的看法和建议，又不随意受别人影响；既有自己的见解，又不要固执己见。六是广交朋友。在农业生产中，农业生产者要多与不同的人接触、沟通、交流，交换自己和别人对事、对人、对物的看法，取长补短，随着时间的推移，对事物认识的深化，不断地丰富人生阅历，增强心理素质，排解心理压力，不断完善自己的人格。

总而言之，农业生产者文化知识丰富、思想品德高尚、劳动态度积极、创新精神高涨、生产兴趣浓厚、心理素质健康，其积极性、主动性就能充分调动，聪明才智就会充分发挥，精神生产力就会可持续发展、永续发展。发展生产力的目的在于全方位满足人类的各种需要。在"缺少经济"的时代，人们主要是为解决温饱问题而奔波终日，精神生产力尚未凸显其作用。但当物质需要在很大程度上得到满足后，人们的精神需要就会上升到主导性地位。人的物质需要是有限的，而精神需要却是无限的，正所谓"吃喝住穿物有度，知闻乐游意无穷"。要满足人的精神需要，只有依靠精神生产力。①

---

① 赵宝晨：《试论精神生产力》，《理论学习与探索》2005 年第 4 期。

第二节　农业生产者精神生活品质的升华

人的精神生产能力一方面有目的地创造精神财富，丰富各种思想、观念、意识、文化、艺术和科技等内容，形成良好的精神状态，不断满足自身生存发展的精神需要；另一方面不断地创新自己的价值观念、思维方式、道德水准、精神面貌和文明健康的生活方式，以实现自身的全面发展。

一　正确的价值观念

价值观是人们世界观在奋斗目标、前进方向、职业精神上的集中体现，是确立人生价值取向的最高准则。价值观念能指导和引导人们行动，常常是有什么样的价值观念，就有什么样的行为表现。一个人特别是一个农业生产者的价值观念如何，深刻影响着其对生产目标的确立和农业发展道路的选择，以致在很大程度上影响着农业生产者的生产积极性。

古往今来，大凡有所建树、有所作为、有所成就的农业生产者，他们的成长和对社会的贡献，都直接或间接地与其确立的正确价值观有着密切的关系。回顾历史变迁，反思现实发展，农业生产者的价值观念影响着农业生产的发展，影响着农产品生产的安全问题。农业生产者如何树立正确的价值观，主要有以下几个方面。

第一，正确处理名利关系。这里的"名"是指名誉。名誉在现代汉语词典里，是指社会对公民的品行、思想、道德、作用、才干等方面的社会评价。这里的公民泛指每个公民个人和具有人格价值的法人。有良好名誉的公民可以获得社会的尊重，具有很高的社会地位的同时还可获得经济效益。既然名誉是对公民的个人声誉和法人的人格价值的一种社会评价，那么每个人一生和法人的活动都处在这种评价之中，名誉集中体现了人格尊严。"利"在这里是指利益。利益在现代汉语词典里，是指与人的需要相适应的多种多样的利益，包括物质利益（也称为经济利益）、政治利益、精神利益。从不同利益主体的角度可以把利益区分为阶级利益、民族利益、国家利益和个人利益；从整体与局部的角度，可以把利益区分为整体利益和局部利益；从时间的角度，可以区分为长远利益和眼前利益，等等。作为农业生产者要保持健康的思想情操和崇高的精神追求，正确处理名利关系，做到淡泊名利，一心一意、全神贯注地从事农业生产。

第二，正确处理个人和集体的关系，即正确处理个人利益与集体利益的关系。个人利益与集体利益是辩证统一的关系，坚持集体和个人利益相结合，倡导把集体利益放在第一位；尊重和维护个人的正当利益；当个人利益和集体利益发生矛盾时，个人利益要服从集体利益。教育广大农民群众要正确处理个人和集体的关系，必须坚持集体主义原则。集体主义是我国人民处理个人与集体之间关系的正确价值取向，它是一切以人民群众的根本利益为出发点和归宿的社会主义道德的基本原则。坚持集体主义原则，要反对损公肥私、损人利己的个人主义。

第三，积极发展农业生产。农业生产的发展，客观上要求农业生产者要热爱自己所从事的种植、养殖等工作，对担负的工作有一种责任心。根据家庭联产承包责任制和统分结合经营体制的实施情况看，农业生产者种养殖业的经济效益直接与自己的利益挂钩。所以，无论主观上还是客观上对待自己所从事的工作都有较强使命感，都要踏踏实实、勤勤恳恳、尽职尽责地做好每一件事情，完成每一项农业生产任务。

二　高尚的道德情操

社会文明分为物质文明、政治文明、精神文明、生态文明等，社会文明具有历史性特征，不同社会形态的文明发展程度、发展状态、发展要求等都与当时的社会条件相联系，都存有印着当时历史发展印记的特点。尽管如此，社会文明在历史发展过程中也有共性特征，其中之一就是精神文明在各种社会文明中占据重要地位，包含着丰富的内容。社会主义社会也不例外。社会主义精神文明在社会主义社会文明中的地位凸显，加强社会主义精神文明建设是社会主义建设事业的重要任务。社会主义精神文明建设的内容非常广泛，就其基本内容而言包括思想道德建设和科学文化建设。两个方面是相互区别的，思想道德建设解决的是整个民族的精神支柱和精神动力问题；教育科学文化建设解决的是整个民族的科学文化素质和现代化建设的智力支持问题。如同上文所论及的，思想道德建设和教育科学文化建设是相互联系、相互促进、协调发展的。

在农业生产发展过程中，抓好农村精神文明建设具有重要意义。我国是一个农业大国，农村人口居多，加强新一代农民的思想道德建设是一个极为重要的问题。随着农村改革的不断深化，土地、宅基地的产权改革进入深水区，加之社会主义市场经济发展，利益格局不断调整，农村利益主体之间时常发生矛盾，这些变化势必带来农民思想观念的多样化，这些冲击使得农民伦理道德关系的日趋复杂化，面对此情此景，农民群众的思想道德观念以及农村社会道德秩序的必然发生变化和调整。抓住时机，加强农民素质尤其是农民的思想道德素质建设尤为重要。

经过三十多年的改革开放和新农村建设，社会主义思想道德新风尚正在逐步形成，健康、科学、文明的生活方式正在确立。但同时也应该看到，农村思想道德建设中出现的一些新情况、新问题，与新农村建设的发展不相适应，甚至出现了诸多悖论。如农业生产者的市场经济意识与小农经济思想并存。一方面，树立了与市场经济相适应的平等、竞争、效益等观念；另一方面，小富即安、守土安生的小农意识仍然存在。再如，经济利益观念加强，集体主义思想退化。一方面，树立了重利不轻义、勤劳致富等观念；另一方面，一切向钱、自由散漫思想存在。再如，文化素质普遍提高与封建迷信活动等陈规陋习并存。一方面，农村电视、网络覆盖率提高，乡村文娱文化生活普及；另一方面，供神拜佛、算命占卜等封建迷信现象时有发生。如此等等，已严重影响了农村社会主义精神文明建设的正常进行，严重影响了农民的精神面貌，削弱了农民的生产积极性，影响了农业生产力的发展。

因此，要加强对农业生产者的爱国主义、集体主义和社会主义思想的教育，引导他们树立起爱国家、爱集体、爱家乡的思想观念，认清社会主义制度的优越性，从而积极发展农业生产，繁荣集体经济，改变家乡面貌。加强宣传教育，引导他们学习市场经济和农业生产技术等方面的理论和知识，促进他们不断解放思想，更新观念。通过生动的、群众喜闻乐见的形式，实施普法教育，提高农业生产者遵纪守法的自觉性。组织他们学习法律知识，做到知法、懂法、守法，并能正确运用法律武器维护自己的合法权益。广泛开展创建文明家庭和文明乡村活动，激发大多数农民的集体荣誉感，增强农民争先创优意识，形成自我教育、自我管理、自我提高的社会主义道德建设运行机制。充实、活跃农村文娱、文化生活，建立文化站、图书室，加强无神论教育，引导农民自觉抵制低级趣味、庸俗和迷信的活动，优化农村思想道德建设环境。

三　科学的思维方式

思维方式是人们按一定的方法和程序表现出来的相对稳定的思维样

式，是认识的发生、运行和转换的内在机制与过程的统一。概括地说，思维方式是人们理性的认识方式，是人们观察、分析、解决问题的模式化、程式化的定式结构。思维方式就其本质来说，是人脑的思维运动模式，是人脑产生思想和认识的方式。人脑的"固有属性"是能思维，人脑的"存在方式"是思维运动，人脑进行思维运动产生的结果就是精神或意识，思维方式正是产生这种结果的方式。因此，思维方式就是思想、观念、意识、理论、方案等产生的方式，即精神产品的生产方式。

农业生产者要具备科学思维方式，采用科学的生产方式开发适合现代消费需求的、安全的农产品，在日趋激烈的市场竞争中站稳脚跟，创造辉煌的农业发展业绩。

第一，系统综合性思维方式。教育农业生产者把农业看成是一个有机整体系统，自己所从事的工作是系统整体的一部分，在农业生产中要正确处理整体和部分的关系。农业生产者对农业生产及其实践对象的认识和把握要采取综合的方式，侧重于事物的整体分析问题，从事物之间的联系、事物内部各组成部分之间的联系去认识事物，把握农作物生长运行规律。农业生产者只有利用系统综合性思维方式，才能从整体相关性、结构功能一致性、层次有序性等方面深刻地认识农业发展规律。

第二，动态开放性思维方式。动态思维把一切事物都置于不断的运动、变化、发展过程中分析和把握。开放新思维是把事物置于事物之间的和事物内部要素之间的联系中分析和把握。因此，从变化发展的视角，要用历史的、动态的眼光去看待事物；从联系的视角，要用联系的眼光去看待事物。而要把握动态的、联系的农业生产实践对象，就要求农业生产者的思维必须实行动态调节，注意把握农业生产发展的有利可能性，抓住机遇实现思维的目标，达到农业生产实践的目的。还要在思维过程中注重分析农业生产各部门和各行业的联系，不断将思维目标和预期的实践结果进行比较，实施反馈调节，以达到理想的农业生产目的。

第三，自觉创新性思维方式。众所周知，现代社会是一个不断创新的社会，不创新就等于落后。创新思维如前所述，就是开创前所未有的新理论、新原理、新观点、新方法、新设计的现代思维方式。因此，在现代思维中，农业生产者要自觉地以实践证明是正确的理论、观点、方法为农业生产的向导，规范自己的思维过程及价值取向，以指导自己对农业生产中遇到的新问题进行探索，从而找出规律性的东西，达到思维的目的，实现预期的结果。

四　热情洋溢的精神面貌

精神面貌是指人的意识、思维活动和一般心理状态。人们时常从一个人的精神面貌来判断其对人或者是对事的态度。精神面貌是精神状态和面貌状态的有机统一。从精神状态方面说，一种精神状态反映一个人对人或对事的认知、认可情况，分为积极和消极两种态度；从面貌状态方面说，通过一个人的面部表情反映对人对事的态度。这两个方面构成精神面貌。

发展农业精神生产力，农业生产者必须有热情洋溢或意气风发的精神面貌。精神面貌是一个人、一个集体内在素质的外在表现，热情洋溢、意气风发、奋发有为的精神面貌能表现出一个人的良好精神状态，从而产生自身的魅力，而影响感染周围的人。相反，一个萎靡不振、玩世不恭、行事散漫的精神面貌反映了一个人消极的精神状态，人们很担心它的不良现象会感染他人、贻害他人，自觉不自觉地产生对此种人的戒备心理。实现农业精神生产力的可持续发展，农业生产者要具备良好的精神面貌，而不能出现消极的精神状态。

发展农业精神生产力，农业生产者必须有朝气蓬勃的精神风貌。朝气蓬勃、精神振奋的状态是事业成功的重要保证。为什么同等条件下的工作效果会不一样呢？就是因为是精神状态不同。为什么在客观条件有差距的情况下能够取得同样的胜利效果呢？也是因为大家具有积极向上的精神状态。目前我国农业发展正处于深化改革的关键时期，正面临着如何抢抓机遇，充分利用国家实施一系列解决"三农"问题政策和机遇，把农业资源优势和多重政策优势组合好，奋力开创农业发展跨越崛起的新局面，农业生产者没有理由不坚定信心，没有理由不振奋精神。良好的精神状态，是干事创业的"内动力"，是博弈较量的"软实力"。能不能推进农业生产力发展，取得农村改革的新胜利，农业生产者的精神力量往往起着重要作用。

五　健康的文化生活方式

未来农业经济的增长主要取决于农业劳动者素质，同时也取决于人们的生活质量，当然这需要大量的物质产品支撑，更需要丰富的精神产品供人们享受，使人们形成正确的价值观念、高尚的道德水平、科学的思维方式、热情洋溢的精神面貌、文明健康的生活方式。时代的划分从纯粹经济的视角，可以分为缺少经济时代、稀有经济时代、充足经济时代、富余经济时代。不同经济时代的人们的精神需求存在很大的差异。

充足经济是人类在经历农业经济、工业经济和服务经济之后，所迎来的一种生产和需要平衡或相悖空间较小的新经济形态。在缺少经济时代和稍有经济时代，由于生产力很不发达或不发达，经济文化发展水平较低，物质产品比较匮乏或者勉强能够维持温饱，人们的主要精力集中于生产和获得满足生存的基本物质条件。那时由于劳动仅仅是谋生的手段且劳动时间漫长，人们终日为温饱、为生存而奔波，很少有自由时间休闲进行文化娱乐活动，更没有条件按自己的意愿发展个性，也没有空间展现自己的能力。中国现在基本上属于充足经济时代，农村经济的发展使得农民也告别了缺少经济、稍有经济时代，物质生活、精神生活条件大大改善，追求文化娱乐等高品位精神生活的要求不断提升，建立健康的文化生活方式已成当务之急。

农业科学技术的高水平发展和农业生产力水平的大幅提高，广大农民群众不但从繁忙的体力劳动中逐渐解放出来，而且每年可以用1/3或者更少的劳动时间完成农业劳动任务，有时间、有条件创造更多物质财富的同时，也获得了越来越多的闲暇时间。所以，从根本上说，这是农业生产力发展的结果，反过来它又推动农业生产力特别是推动农业精神生产力发展。农民休闲生活方式的多样化，不仅是传统生活方式的变迁，也是反映一个国家农业生产力水平高低的显著标志，更是衡量一个国家社会文明的重要尺度。

经济发展和科学进步丰富人们精神生活还包括健康愉快、生动活泼、丰富多彩的生活方式。近些年来，广大农村干部群众树立了"文化为民、文化惠民、文化富民、文化兴民"理念，坚持把先进文化和高雅艺术相结合的原则，建立文化广场、乡村图书室等，举办不同特色的文化活动，进一步丰富了农村文化生活，丰富了农业生产者的精神食粮。

随着改革开放和中国经济的腾飞，全面建成小康社会的任务已经摆在全中华民族的面前，中国农村小康社会的建设任务更加繁重，其中精神文化生活领域发展空间很大，要深入挖掘并大力弘扬民间广为流传并且为群众所喜爱的内容和方式，让广大的农民朋友组建自己的活动队伍，用他们自己喜爱的方式来满足自己日益增长的文化精神需求，鼓励村民积极参加到文化活动中来，经过长时间的努力，争取做到村村有自己的活动队，每队都经常开展活动，久而久之，文体活动便融入村民的日常生活之中，成为农业生产者精神生活不可缺少的重要部分。①

　　农村文明健康的生活方式建设是一个庞大的系统工程，任重道远。只有通过扎实有效的措施，不断创新农村文化活动形式，把广大农民群众的思想活跃起来、观念转变过来、精力集中起来、主动性调动起来、创造性发挥出来，才会更好地使文化走进农村、走近农民，丰富农民群众文化生活，提升农民群众文化素质，为推动社会主义新农村建设发挥积极作用，为实现农业精神生产力的可持续发展奠定牢固的现实基础。

---

　　① 王亚芬：《加强农村文化阵地建设创新农村文化活动形式》，《农村实用科技信息》2008年第12期。

第八章　农业生产者自身生产力的发展

人类自身生产力一方面是指人类生命的再生产，另一方面是指人类智能的再生产。人类生命的再生产是指"种的繁衍"或生命的延续，包含生命自我的自己生命的再生产和相对生命自我的他人生命的再生产。人类智能的再生产是指人类的睿智、能力、素质的再生产，包含着单个人智能的提高和整个人类智能的发展两个方面。① 现实生产中"先要维持人的再生产能力，才能进行社会的再生产。这是马克思主义唯物论最基本的道理。"②

第一节　农业生产者生命再生产的可持续发展

任何社会生产都具有自己的特点，都是不同形式的"再生产"。而所有社会再生产都具有周期性，所有生物的生产也都具有周期性，尽管每个周期持续时间不一样。

根据马克思主义的观点，人类社会的存在、持续和发展也具有共同点，即都依赖于人类的两种再生产。马克思所说的两种再生产就是物质文化的再生产和人类自身的再生产。一是物质文化的再生产，实际上可以分成物质再生产和文化再生产。人类物质再生产，无非是为了生存和发展，进行生产、交换、消费组织的物质再生产，实际上说的是物质生产力的问题。文化生产是一个复杂系统，其中作为上层建筑范畴的东西是基于物质再生产方式所决定的意识形态和其对应的上层建筑。从某种意义上说，文

---

① 朱秀英、黄玉桂：《论生产力的内涵与外延》，《东岳论丛》2006 年第 5 期。

② 《江泽民文选》第二卷，人民出版社 2006 年版，第 512 页。

化再生产实际上是指精神生产力的再生产，文化再生产反过来影响物质再生产。二是人类自身的再生产，即人的生命的再生产，这是指人类生儿育女抚育延续后代的生产。这种生命的再生产所需要的经济社会条件及其变化规律既是政治经济学和社会学研究的对象，又是自然科学的人类学、生命科学研究的对象。

一 人类生命的再生产

从生命科学意义上看，人的生命再生产与自身遗传基因密切相关，但与后天的环境诸如经济生活条件、政治社会环境、自身保健措施等因素有着更加密切关系。所以，创设良好的人类生存环境对人类自身再生产有着重要意义。

人类生命的再生产首先是新生生命的再生产。新生生命的再生产与遗传基因相关，遗传基因又称遗传因子，是指携带有遗传信息的 DNA 或 RNA 序列，是控制性状的基本遗传单位。基因通过指导蛋白质的合成来表达自己所携带的遗传信息，从而控制新生命个体的性状表现。遗传基因一是能复制自己以保持生命的基本特征；二是能够发生"突变"，突变的结果有两种，一种是导致疾病的突变，另一种是不会引起疾病的突变。

生命科学研究表明，一个人的寿命由两种因素决定，一是遗传基因，二是后天环境。遗传基因占不到30%，后天环境占70%以上。尽管遗传基因在人寿命持续过程中占不到30%的成分，但是这不到30%的成分却起着决定性的作用，它是人能否健康长寿的基础。历史事实证明，长寿家族的人可能辈辈长寿，反之亦然。所以，人们在提倡和实施计划生育的同时，更加重视优生优育。

由于后天环境占70%以上，人们越来越重视后天环境的优化，诸如空气、水等客观环境的影响，衣食住行等生活环境的影响，还有影响人的喜怒哀乐情绪的社会环境等。因此，生态文明建设就摆到了人类发展议事日程的重要位置。随着社会的进步和发展，人们的生活质量越来越受到人们的关注，食品安全成为人类生命再生产的重要节点，有机食品备受人们青睐。医疗保健水平的日益提高，对人的寿命延长起着关键的作用，如此等等，人的生命再生产不论是从人自身生命再生产的视角分析，还是从人类生命再生产的视角研究，都必须重视维系生命再生产环境的保护和优化，任何污染和损害环境的行为都是一种"犯罪"。

每种生命的生产都有周期性，一般情况是指最近一次生殖的下一代能独立生活了，一代生命的再生产任务就完成了，此生产周期也就结束了。人的生产周期，因其意志、社会原因导致某种程度的改变，所以人的生产周期超出了一般性规律。人的寿命有着自身的特点，突出表现为人有三种寿命。一是自然寿命，主要看其在世的年龄。二是经济寿命，主要是指人从事三种生产即物质财富再生产、精神财富再生产、人类生命再生产的生命运行过程。三是社会寿命，主要看其衍生价值。如司马迁在《报任少卿书》中所说"或轻于鸿毛，或重于泰山"；臧克家在《有的人》中所说"有人活着但已经死去，有人死了但却永远活着"，像雷锋去世半个世纪，今天仍然活在人们心里，人世间演习他的人也很多，这就是社会寿命。

生命科学研究表明，所有生物的生命周期都有一个共性特征，即某种生物的生命平均周期就是该生物完成传宗接代的任务所需要的平均时间。现实中不同的生物生命周期时间长短悬殊，有的生物的生命存活时间只有几小时，有的是几天，有的是几个月，有的是几年，有的是上百年，有的是几百年甚至上千年。生命进化过程中确有生物子代的出生就是其自身生命的消亡，因为子代出生后它就死了，如一年生的种子植物；有的生物与雌性交配一结束，就被雌性吃掉，如螳螂。这是生物进化亿万年中自然选择的结果，是自然运行规律所致。目前流传和使用多种预测哺乳动物寿命的方法，诸如孕育时间倍数法、性成熟倍数法、成年时限倍数法、后代的再生产法等，尽管各种生物的生命周期长短各异，人们用不同的方法计算着生命的运行周期，但总体上来看，多数生物完成生命再生产任务后就会死亡，这就形成了生物周期的运行规律。

生命进化理论学者的诸多研究成果显示，决定人的器官正常使用的基因时限一般为45年至75年。其客观依据是人从出生到自己能够生育是20岁左右，哺育抚养第一个孩子长大成人需20年左右，所以人的寿命基因至少能够抚育一个孩子的年限即45岁左右。随着物质生活条件的改善，人的身体健康水平的提高，人的生育能力一般维持到55岁，哺育抚养最小的孩子长大成人需20年左右，无疾病的话就能活到75岁左右。这就说明，人在世上可以生活75年。所以，人的平均寿命在75岁左右有其客观现实以及进化的根据。至于不同国家和不同社会制度整体规划的计划生育、不同民族和公民个人生育意识所形成的计划生育，则另当别论，其中减少生育如同中国所实行的一对夫妇一个孩子的计划生育政策，第一个孩子也是最后一个孩子的哺乳抚养给予人生的哺养压力减少，人生命周期会出现延长的趋势，这是人类进化过程中自然选择和人为选择的结果，应该说实现了自律和他律的统一，是人类社会的进步。实际情况就是如此，有越来越多的人突破百岁高龄这一界限，其中生长在农村的农业生产者居多，这不能说违背了生命运行规律，而是更加清晰地展现了一个需要研究证明的人类学、生物学的前沿问题，即影响人寿命的因素是一个复杂集合，尽管其构成成分的复杂性不同的时间和空间有所差异。比如中国，其思想观念、生活方式、文化传统决定的抚育隔代子孙的祈盼、几世同堂的欢乐、生活水平日趋提高的幸福、共同理想信念的追求、人生价值实现的愉悦、生命长寿基因的积淀、生活医疗条件的改善，如此等等，使中国人的寿命延长，符合生物进化规律，同时也符合社会发展带来的进步效应。这说明，衰老是生命运行周期的自然过程，人的生老病死是不可抗拒的生命运行规律，而延缓衰老、延长寿命是可以做到的。至于如何做到的问题，给理论研究和实践发展提供了巨大空间。

人的寿命取决于先天和后天两方面的因素，先天遗传因素占不到30%，而后天因素占70%以上，抗衰老主要是研究70%的后天因素及其发展问题。20世纪90年代人类基因组研究计划开始的时候，有生物学家预言，基因测序完成，人的生老病死之谜就揭开了。当2003年人类基因组计划测序完成，绘出人类基因的次序图，人们则发现基因组是个复杂的大分子系统，人的基因组包含了生命历史的全过程，揭开人生老病死的奥秘并非易事，绘出基因测序图，只是对人类基因组这部天书认识的开始，如同万里长征走完了第一步。自此开始，人们改变了以前的看法，认为确定各基因的功能以及它们之间的关系对人肌体的影响，基因的分布、功能、相互关系，基因与蛋白质的关系，基因与神经活动的关系等方面的深层次问题还难以把握，致使基因组变化的复杂因素也很难搞清楚。不过有一点人们达成了共识，这就是人体功能与作用、健康与疾病、寿命之长短不能完全由DNA来决定，人体之外的客观环境影响包括衣食住行物质因素的影响，喜怒哀乐等精神因素的影响，对人的寿命都有重要作用。

二　人的生命再生产的意义

人的生命再生产是一个过程，除生产新生命完成延续后代的任务之外，还肩负着自身生命延续的任务，当然这与其一生对生产财富的贡献密切相关。

从农业生产者的整个一生来看，同其他生产者一样分为不同阶段，而不同阶段又承担着不同的"财富生产"任务，有不同的生产和消费状况，这主要是对经济寿命和社会寿命而言的。

农业生产者的婴幼时期只是消费，不具有生产能力。出生后本能的嗷嗷待哺，说明这一时期，只有通过消费促进自己生命成长的任务，对他人来说只具有依赖性，而无独立性可言；对社会来说只有索取，谈不上什么贡献。

农业生产者的少年时期基本上属于只消费、不产出阶段。人从出生来到世间，到长成学龄儿童，基本是上学学习，无生产能力或较小生产能力，主要任务是学习知识，基本上不参与财富的生产。或者说是只接受家庭、学校、社会的抚养，对家庭和社会没有付出和贡献可言，总体上属于生命成长阶段。

农业生产者的青壮年时期，属于产出多于消费阶段。农业生产者从由长辈抚养，渐渐长大进入这一时期。成家立业之后，开始独立生活并融入社会。农业生产者在这一阶段成为三种生产的承担者，即进行物质生产，生产物质财富；进行精神文化生产，生产精神财富；对家庭延续和社会繁衍来说又从事生儿育女的人力资源生产，并且要赡养老人，承担家庭生活幸福快乐的责任。此外，对社会还要承担公民应尽的责任和义务。这一阶段由于处于产出多于消费的人生价值实现的重要时期，其体力和智力一般说来是比较旺盛的，所以称为农业生产者的盛年阶段。

农业生产者的老年前期，一般是 60 岁至 75 岁，属于产出渐少阶段。这一阶段的农业生产者，随着体力、精力生理性的逐年下降，一般意义上来说，大部分人参与生产的时间少了，家庭角色、社会角色都退居二线了，诸多生产劳动、社会交际活动，由儿女们承担。这一时期农业生产者的产出与消费基本趋于平衡。承担的生育任务已经结束，抚养子女的任务也已基本结束。从事物质生产、精神生产的任务，理论上都已结束，但实际上仍然从事着物质和精神的生产，特别是精神文化的生产与传承。就中国农村目前的情况来看，随着成壮年农民工外出务工时间的增多，诸多处于老年前期的农业生产者还继续承担着生产和抚养孙代的任务，有的劳动量很大，任务也比较繁重，为家庭和社会继续做着重大贡献。但从总体来看，这一时期的农业生产者自己的生活和各种活动都用不着别人照顾，基本上属于产出渐渐少于消费的阶段。

农业生产者的老年后期，一般是 75 岁以上，属于消费多于产出阶段。

农业生产者进入老年后期，体力和精力日渐不足，消费渐多于产出甚至只有消费，诸多农业生产者如同其他生产者一样，高龄后完全不能自理，只有或必须接受别人照顾。随着社会生活条件的变化，也不排除少数老年人还继续从事农业生产劳动，但总体上看，处于这一时期的大部分高龄老年人，逐渐丧失生产能力，停止了各种社会生产活动，就是有少许生产活动，最好的情况是担当顾问角色，或者是一般辅助角色，所发生的作用多是名誉上的，有时是可以忽略不计的。处于老年后期的老年人，主要是颐养天年，这个时期不仅是真正社会意义上衰老阶段，更重要的是生理意义上的衰老阶段，尽管有些老年人不服老，不承认这个事实。现实中这个过程完结了，一代人的生命周期也就结束了。到这个时限的农业生产者，也仅仅是少数了。从第六次全国人口普查情况看，全国1332810869人，80—84岁的7610370人，占全国人口的0.0057%；85—89岁的3239738人，占全国人口的0.0024%；90—94岁的890544人，占全国人口的0.0007%；95—99岁的193437人，占全国人口的0.0001%；100岁及以上的20123人，占全国人口的0.00001%。①

中华民族自古以来，在追求自然生命长寿的同时，还追求着经济寿命长寿，也追求着社会寿命长寿，即追求着人生价值的实现，追求着人生质量的提高。有些人年纪轻轻就献出了宝贵的自然生命，但他却在人的心目中得到永生，其社会生命"活得"极其久远。有的人虽然活得很久，自然寿命很长，但活着的意义不大，有的是负面价值。中华民族自古崇尚"死得其所、重于泰山"。这说明自然寿命长固然为人所追求，活得有意义才是人之生命的真谛。

三　生命再生产的计划与调节

由于人的生命延续是维系社会发展的重要因素，各个国家都始终关注人口问题，中国也不例外。根据中国人口的实际情况，2001年12月29日颁布2002年9月1日起施行的《中华人民共和国人口与计划生育法》第二条规定，"我国是人口众多的国家，实行计划生育是国家的基本国策。国家采取综合措施，控制人口数量，提高人口素质。国家依靠宣传教育、科学技术进步、综合服务、建立健全奖励和社会保障制度，开展人口

---

① 中华人民共和国国家统计局，第六次人口普查数据，http：//www.stats.gov.cn/tjsj/pcsj/rkpc/6rp/indexch.htm。

与计划生育工作。"①

《中华人民共和国人口与计划生育法》第 18 条规定，"国家稳定现行生育政策，鼓励公民晚婚晚育，提倡一对夫妻生育一个子女；符合法律、法规规定条件的，可以要求安排生育第二个子女。具体办法由省、自治区、直辖市人民代表大会或者其常务委员会规定。"② 人口问题始终是关系我国经济社会发展的重大问题。根据中国人口过快增长的现实情况，20世纪 70 年代末 80 年代初开始实施一对夫妻生只育一个孩子的政策，党中央、国务院将计划生育确立为基本国策，积极探索中国特色的人口发展道路。"经过全党全社会多年不懈努力，我国计划生育工作取得了巨大成就，人口过快增长得到有效控制，人口再生产类型实现历史性转变，有效缓解了人口对资源环境的压力，有力促进了经济持续较快发展和社会进步，改善了妇女儿童发展状况，为全面建成小康社会奠定了坚实基础。"③实践证明，从我国基本国情出发，坚定不移地推行计划生育，既符合国家长远发展要求，又符合群众根本利益，是完全正确的，必须长期坚持。

随着经济社会的发展，历经全社会积极努力，计划生育工作已见成效，有效控制了人口过快增长局面。发展至 21 世纪，"我国人口低生育水平稳中有降，15—59 岁劳动年龄人口总量开始减少，劳动力平均年龄不断提高。人口老龄化速度加快，高龄化趋势明显。"④ 随着人们生育观念的变化，我国农村的人口生育情况基本上与城市一样。近年来，结婚生育的年龄一般都在 25 岁左右。再者，后代抚育负担致使农村育龄的生产劳动者一对夫妻只生育一个孩子的居多，除非一胎是女孩再生二胎。特别是进入 21 世纪以来，我国农村超过两个孩子的夫妻极少，有一胎是女孩的也不再想要二胎了。2014 年以来，实施单独家庭可生两个孩子的生育政策，即一方是独生子女可要二胎，但一胎是男孩的非常害怕再生男孩，也不再生育二胎的年轻夫妻大有人在。此情此景之中，人口发展周期延长，加之农村劳动力外出务工人数逐年增多，农业生产劳动力数量严重匮乏，家庭的生育、养老等基本功能呈现弱化趋势，家庭发展后劲不足。城市的相关状况也不容乐观。20 世纪 90 年代初，我国人口增长趋于平衡。

---

① 《中华人民共和国法律》，人民出版社 2013 年版，第 1030 页。

② 同上书，第 1039 页。

③ 《人民日报》2013 年 12 月 31 日。

④ 同上。

近几年来，我国进入低生育水平国家行列，所以 2013 年 12 月中共中央、国务院印发了《关于调整完善生育政策的意见》，及时调整完善了生育政策，有利于改善人口结构，保持合理劳动力规模，延缓人口老龄化速度，增强经济发展活力。

《关于调整完善生育政策的意见》明确了"为贯彻落实党的十八届三中全会关于坚持计划生育的基本国策，启动实施一方是独生子女的夫妇可生育两个孩子的政策（以下简称单独两孩政策），逐步调整完善生育政策，促进人口长期均衡发展的决策部署，稳妥扎实有序推进调整完善生育政策"。① 同时，《关于调整完善生育政策的意见》明确了调整完善生育政策的基本原则。一是总体稳定，确保政策实施过程风险可控，确保生育水平不出现大的波动。二是城乡统筹，在城乡同步调整完善生育政策，促进城乡一体化和区域协调发展。三是分类指导，在国家统一指导下，各地从实际出发作出安排。四是协调发展，统筹人口数量、素质、结构、分布的均衡发展，统筹人口与经济、社会、资源、环境的协调与可持续发展。

《关于调整完善生育政策的意见》专门将农村的计划生育问题作为基本原则加以明确规定尚属首次，足以说明中共中央、国务院对农村计划生育工作的重视。同时，《意见》还要求进一步完善农村计划生育家庭奖励扶助、西部地区"少生快富"等政策，实行奖励扶助标准动态调整机制。农村计划生育家庭奖励扶助制度是指农村只有一个子女或两个女孩的计划生育家庭，夫妇年满 60 周岁以后，由中央或地方财政安排专项资金给予奖励扶助的一项基本的计划生育奖励制度。各省、市、自治区根据当地实际情况制定相应的农村计划生育家庭奖励扶助制度，不同程度地提高了奖励扶助力度。

在今后的计划生育过程中，要坚持"城乡统筹，在城乡同步调整完善生育政策，促进城乡一体化和区域协调发展"的基本原则，依法组织实施省级人民代表大会或其常委会修订地方性法规或做出的相关规定，积极贯彻、认真落实各省市自治区有关方面的实施意见，实现农村人口长期均衡发展，农村劳动者生命的再生产状况将呈现与农业生产日趋平衡的趋势，农村生产劳动力资源储备不足的状况会大有改观。

---

① 《关于调整完善生育政策的意见》，http://news.xinhuanet.com/politics/2013 - 12/30/c_118770640.htm。

第二节　农业生产者能力再生产的可持续发展

以前人们把生产力的构成要素看成是劳动者、劳动对象、劳动资料等，对生产力的理解造成逻辑矛盾不说，人们在发展生产力的问题上更加难以把握，不能突出人的全面发展，把生产力的构成要素理解为智力和体力的统一，发展生产力就是要坚持"以人为本"的原则，增强人的体力，发展人的智力，以提高人或人类的物质生产能力、精神生产能力、人自身再生产能力。

一　农业生产者体能的再生产

人的体能与身体素质直接相关。身体素质通常是指人的肌体活动的基本功能，是人体各器官系统的机能在骨骼和肌肉拉动中的综合反映。身体素质一般包括力量或力气、运行速度、持久耐力、活动灵敏、拉伸柔韧等因素。身体素质潜在于人体之内，外在于人们的生活、学习和劳动之中。一个人身体素质的好坏与遗传有关，但主要是后天的营养、锻炼、劳动实践的直接结果。农业生产者在生产实践中表现出来的身体体质主要包括劳动过程中身体的某些肌肉收缩时产生的力量、长时间劳动进行肌肉活动和抵抗疲劳的能力、生产动作迅速改变体位和转换动作的随机应变能力以及生产活动时各关节、肌肉和韧带的弹性和伸展能力。

劳动者的体能素质是劳动者自身健康的物质基础，也是进行生产活动的物质力量。如果没有健康的身体、强壮的体力，劳动者也就难以发挥出智力的作用，精力充沛也就无从谈起，更难以发挥自身的劳动能力，形成现实的生产力。如何提高农业生产者体能素质呢？

（一）提高农民物质生活水平

加强社会主义新农村建设，按照"以社区建设为突破、以产业发展为支撑、以人文关怀为纽带、以文明建设为保证"的建设方向，建设环境优美的城镇社区，做好土地流转、土地向大户集中，加速了农业产业化建设，提高农户收入的总体水平，奠定富裕生活的经济基础，使几千年来房屋简陋、生活贫困、环境脏乱差的落后农村面貌焕然一新。

（二）提高农村社会保障水平

新中国成立 66 年来，城镇社会保障制度逐步建立和完善，农村社会保障制度建设从无到有并顺利地向前推进。老有所养、病有所医是城镇和农村居民最关心、最直接、最现实的切身利益问题，也是中国共产党和人民政府孜孜以求的社会发展目标。新中国成立初期到 1978 年，近 30 年的时间城镇居民的社会保障实际上是国家保障，但层次较低，农村的社会保障微乎其微，诸多项目没有设置。改革开放之后特别是 20 世纪 90 年代以来，社会保障事业发展迅速。党的十六大之后，在科学发展观的指导下，坚持以人为本原则，注重全面协调和可持续发展，更加注重保障和改善民生，在社会保障制度建设方面迈出新步伐。

目前，与城镇职工基本养老保险制度相对应，我国建立了农村最低生活保障制度。农村最低生活保障制度是指由地方政府为家庭人均纯收入低于当地最低生活保障标准的农村贫困群众，按最低生活保障标准，提供维持其基本生活的物质帮助。该制度是在农村特困群众定期定量生活救济制度的基础上逐步发展和完善的一项规范化的社会救助制度。2007 年 6 月 26 日全国建立农村最低生活保障制度工作会议在北京举行，中共中央政治局委员、国务院副总理回良玉出席会议并讲话。2007 年 7 月 11 日国务院发布了《关于在全国建立农村最低生活保障制度的通知》，明确了建立农村最低生活保障制度的目标是：通过在全国范围建立农村最低生活保障制度，将符合条件的农村贫困人口全部纳入保障范围，稳定、持久、有效地解决全国农村贫困人口的温饱问题。《通知》还指出，农村最低生活保障标准要随着当地生活必需品价格变化和人民生活水平提高适时进行调整；我国对农村低保实行动态管理，做到保障对象有进有出，补助水平有升有降。

与城镇居民基本医疗保险制度相对应，我国建立了新型农村合作医疗制度。农村合作医疗起初是由我国农民自己创造的互助共济的医疗保障制度，在保障农民获得基本卫生服务、缓解农民因病致贫、因病返贫等方面发挥了重大作用。它不仅受到中国农民群众的欢迎，而且在国际上得到好评。在 1974 年 5 月召开的第 27 届世界卫生大会上，第三世界国家普遍对此表示热情关注，并显示出极大兴趣。联合国妇女儿童基金会在 1980 年至 1981 年年报中指出，中国的"赤脚医生"制度在落后的农村地区提供了初级护理，为不发达国家提高医疗卫生水平提供了样本。世界银行和世界卫生组织把我国农村的合作医疗称为"发展中国家解决卫生经费的唯一典范"。但自20世纪70年代末到80年代初，由于农村合作社体制的逐步解体，无法再为村内卫生所的正常运行提供资金来源，"赤脚医生"的服务体系名存实亡，导致农村内的公共医疗机制基本上呈现真空状态。面对传统合作医疗中遇到的问题，卫生部组织专家与地方卫生机构进行调查研究。1996年年底中共中央、国务院在北京召开全国卫生工作会议，江泽民同志在讲话中指出，在许多农村发展合作医疗，深得人心，人民群众把它称为"民心工程"和"德政"。大量的理论研究和实践经验都已经表明，在农村建立新型合作医疗制度势在必行。所以，新型农村合作医疗制度从2003年起在全国部分县（市）试点，到2010年逐步实现基本覆盖全国农村居民。

（三）提升农业生产者素质

人类发展指数要求提升农业生产者素质。人类发展指数（Human Development Index，HDI）由联合国开发计划署（UNDP）出版的《1990年人类发展报告》中首次提出，该指数主要讨论了人类发展的定义与测量、经济增长与人类发展的关系以及人类发展战略等问题。该指数选择预期寿命、成人识字率和按购买力平价计算的实际人均GDP三个指标来评价一个国家的发展水平，其计算公式为：将各国的三个指标指数化（无量纲化），每个指数均以该国家该项指标的极差为分母，以该项指标的最大值与某国该项指标的实际值之差为分子。尽管将HDI作为全面评价人类发展水平的测度指标是不全面的，但其中不乏可取之处，对提高人口素质是一个可以量化指标体系，至少能够引起全球对人口素质的重视，同时对中国解决"三农"问题的关键性问题具有很大启发性，因为解决"三农"问题的关键性问题就是提升预期寿命、成人识字率和按购买力平价计算的实际人均GDP三个指标。因此，根据人口素质指数的要求，要加快发展农业生产，提升农村生活水平，改善医疗条件延长农业生产者寿命，提高他们的身体健康水平；发展教育事业，提升农业生产者及其劳动力储备者的受教育水平；提高经济发展水平，增强农业生产者的购买力，夯实提高农业生产者素质的物质基础。

二　农业生产者智能的再生产

智能是指人或人类对客观事物进行合理分析、判断及有目的地行动或有效地处理周围环境事宜的综合能力。智能是聪明和才智的总和。聪明是指天资高、记忆和理解力强；才智是指有才能和智慧，有较高的思维、发明创造能力和较强的办事能力。聪明才智泛指人或人类有高超的智慧和才能。有聪明才智的人较常人来说，有丰富敏捷的智力和显著的工作才能。

一个聪明有才智的人会全面认识生活，将生活看成是"欢乐与悲哀"、"成功与失败"、"给予与获得"的聚合体。一个聪明有才智的人会正确处理人与人的关系，懂得去尊重每一个人，恨也有度，爱也有度；懂得容纳，懂得借鉴，懂得汲取，即懂得容纳不同意见特别是相反的意见使自己海纳百川；懂得借鉴别人的长处使自己更加聪慧明智；懂得吸取别人的经验教训使自己更加强大而少走弯路。中国作为文明古国，农业一直占据重要地位，农业生产者中不乏聪明和有才智的人。

农业生产者智能的再生产是指农业生产者聪明才智的提高，包括农业生产者接受能力、理解能力、记忆能力、想象能力、思维能力的增强。一个人的聪明才智与天赋有关系，但不完全是天生的，主要还是后天学习锻炼和逐渐培养出来的。所以，搞清楚提高人的聪明才智的意义以及如何提高人的聪明才智问题，就成了理论研究的重要课题。

（一）提升反应能力，促进农业生产者智能的可持续发展

所谓反应能力是指人体受到内外界刺激后中枢神经系统的条件反射所引起的系列反应行为的综合。人或人类生存于不断变化的外界环境之中，受到外部环境变化的刺激必然有诸多反应行为，如同农业生产者在激烈的市场竞争中，认识到时间是继规模、成本、质量之后新的竞争优势来源。基于时间的竞争，农业生产者在农业生产中对社会需求有敏锐的洞察力，保持生产产品适应市场需要，保持生产产品数量与质量的稳定等，诸如此类的行为综合起来就是人类特有的反应能力。

的确，在经济全球化的背景下，在激烈的市场竞争中，农业生产者必须致力于提高自身的快速反应能力。此情此景中农业生产者的快速反应能力就是指面向市场变化，发掘竞争获胜的机会，避免环境劣势的威胁，迅速适应市场变化的需求，快速向市场提供具有竞争力产品或服务的能力。市场竞争中的快速反应能力要求农业生产者拥有敏锐的市场观察能力、全面的环境辨析能力、快速的产品创新能力、先进的产品制造能力和灵活的市场销售能力。它既是农业生产者的反应能力，又是农业生产者整体素质和聪明才智的集中体现。

农业生产者的快速反应能力是在不确定环境下聪明才智的核心能力。

许多农产品受季节性和周期性的限制，用户需求的"时间弹性"很强，同样价格与质量的农产品，投入市场所花的时间越短、越及时，顾客满足程度越高，需求的人越多，需求量也越大。缩短投放市场的时间还可以提高价格，在夏天的季节尤其讲究农产品的"新鲜度"，特别是鸡、鸭、鱼、肉等新鲜程度要求高的农产品，一旦过期，即使是完全相同的农产品也会价格暴跌。在农产品生产和销售中由于短期预测比长期预测更精确、更贴近实际，所以缩短产品的研究开发期、生产销售期还可能生产出更符合市场需求的农产品。当今农业的生产、农产品的销售能否获得高收益，已经不再取决于农业的产品、市场的结构，而取决于其行为反应能力，即对市场趋势的预测和对变化中的消费者需求的快速反应。只有具备了这种快速反应能力，才能很快适应市场的快速变化，满足消费者的需求，才能在消费者心目中有位置、有信誉。农业生产者提供产品给市场的速度以及适应市场变动而更新产品的能力，已经成为提高农业生产效益的关键问题。

（二）强化理解能力，促进农业生产者智能的可持续发展

理解能力是指在感知和分析客观事物的基础上形成关于事物本质与内在联系的系统化和具体化认识的认知能力。理解能力使人能够理解概念、解析原理、把握规律，达到知识的融会贯通；理解能力使人能够深刻地了解事物自身和存在情况，知道它"是什么"、"为什么"和"怎么样"，形成新知识，建立或者调整认知结构。

理解能力是衡量智能的重要指标，它包括洞察问题的能力、分析解释能力、推理能力、整体思考的能力等。洞察问题的能力主要是说农业生产者对生产中经常遇到的问题不断思索，在解决问题的过程中不断发现新问题，对事物或现象具有观察、分析、预测的能力。只有洞察问题的能力，才能在快速发展的农业生产中，培育优良品种，更新农业生产工具，创新农业生产过程，维系农业生产力的可持续发展。分析解释能力是说遇到的新事物、新问题需要分析，因为通过分析才能搞清楚来龙去脉，才能找出解决问题的对策。推理能力也就是运用观念进行逻辑推演的能力。当下的农业生产科技知识含量大幅度提高，要求农业生产者在生产过程中要把相关知识经过概念、判断、推理的抽象思维过程转化为能运用于生产的东西，并能对其进行合理的推演，指导农业生产的科学发展。农业生产者要发挥整体思考能力，在各种思维活动的基础上，理解农作物的本质特征和

内部联系，把握农业生产的结构层次，弄清各项生产的作用和意义。通过对所从事农业生产的整体性思考，培养自身的全局观点，考虑问题从大局出发，着眼于整体问题的解决，从而提升理解能力，进而提升精神生产力水平。达此水平之日，就是中国新一代农民成为实现中华民族复兴的佼佼者之时。

人的理解能力是后天学习和实践中锻炼提高的。人的理解能力的强弱，与其知识的水平、经验的多少、思考的深入、思考的角度等有直接关系。当然人的理解能力与人的智力有关，但其智力水平不是最关键的因素，因为正常人的智力值差不多都在一个水平上，就算是一个智力超高的人，他什么都没见过，什么都没学过，在从没有见过的东西面前也是不知道它是什么，更不知道是什么，既不知其然，更不知其所以然。由此我们可以得出结论，理解能力主要是后天增强的。如何提高农业生产者的理解能力呢？主要有两个方面，一方面，通过亲自参加农业生产实践获得大量感性知识，然后通过由此及彼、由表及里的思考上升为理性知识，提升理解能力。另一方面，要想更好更快地去理解农作物生长规律和农业生产的运行规律，就要多花时间对此进行调查研究，通过去粗取精、去伪存真的思考和分析，当有了一定的了解之后，对这个事物的理解程度就慢慢地加深了。历经多次的认知锻炼，理解能力就能够不断提升。

（三）增强记忆能力，促进农业生产者智能的可持续发展

人的记忆能力是神经系统存储知识和实践经验的能力，一般包括识记、保持、再现和回忆四个基本过程。记忆是一个人对过去学习知识的识记，对所从事活动、亲身感受、感性经验的印象累积，根据不同的标准可以对此进行划分，以加深对记忆能力的解读。首先，根据记忆持续的时间人的记忆能力分为短期记忆、中期记忆和长期记忆三种不同的类型。短期记忆是认知对象刺激大脑所产生的即时的生理生化反应，尽管有多次的重复，但一个人每天只要将1%的记忆保留下来就十分不错了。短期记忆最明显的特点是数量最多又最不牢固。中期和长期的记忆则是大脑细胞内发生了结构改变，建立了较为固定的联系或较为稳定的认知结构。中期记忆是不牢固的大脑细胞结构改变，只有不断接触事物，经常与此打交道刺激大脑才能产生事物的感知。而长期记忆则是在短期记忆和中期记忆的基础上反复加以巩固形成的。比如怎么开拖拉机就是长期记忆，即使已经多年不开了，但仍能开着拖拉机犁地或收割庄稼。其次，根据记忆内容的变化

分为形象记忆、抽象记忆、情绪记忆和动作记忆。形象记忆是以事物的具体形象为主要内容的记忆类型。抽象记忆也称词语逻辑记忆，主要是以文字、概念、逻辑关系为主要对象的抽象化的记忆类型，如"农学"、"经济学"、"植物学"、"动物学"等词语文字，整段整篇的理论性文章，一些种田的规则、规律等。情绪记忆型主要是指客观事物是否符合人的需要而产生的情绪、情感等态度体验。这种体验是自发的、情不自禁的，有时候是深刻的、有意识的、自主的，记忆的内容可以深刻而牢固地保持在大脑之中。动作记忆是以各种动作、姿势、习惯和技能为主的记忆，如使用各种农机具的动作或技能。农业生产者的动作记忆是培养各种农业生产技术和技能的基础。

怎样提高农业生产者的记忆能力呢？首先，加强对事物理解。理解是记忆力的金钥匙。在大脑中建立农作物之间以及农作物与周围环境之间的联系，与平时的生产经验相结合产生系列联想，达到对所从事的农业生产的理解。因为理解的实质是建立起各知识点的广泛联系，理解的东西才能记得牢固。其次，增强农业生产的兴趣。兴趣是记忆力的动力源。古人说："知之者不如好之者，好之者不如乐之者。"对所从事的农业生产要有浓厚的兴趣，积极主动地学习农业知识，心情愉快地从事农业生产劳动，强化各感觉器官和思维器官的活动，使大脑注意力高度集中，将各种客观事物的信息不断地传给大脑的神经中枢，从而留下较深的印象。最后，运用科学方法。科学方法是记忆力的助推器，主要包括联想记忆法、比较记忆法、尝试记忆法、轮换记忆法、表格记忆法、提问记忆法、口诀记忆法等。贝尔纳说过："良好的方法能使我们更好地发挥运用天赋的才能，而拙劣的方法可能阻挡才能的发挥。"掌握了科学的记忆方法，能够帮助农业生产者以最快的速度、花费最少的时间和精力，以实现农业生产的目标。

（四）丰富想象能力，促进农业生产者智能的可持续发展

想象力是人们在过去认识的基础上形成对新接触或未接触的事物和形象的想象能力，通俗地说就是在人头脑中创造或构思一个念头或思想画面的能力。想象能力是人类创新思维和创造性发明的源泉，其特征就是创新性或创造性。在想象过程中，人们运用想象力去创造自己希望实现的一件事物的清晰形象，接着将其付诸实践，并继续不断地在这个思想或画面上投入精力，或者按其想象创设这个画面，使之不断丰富，直到最后使它成

为客观现实。正是因为有了想象力，才能有创造发明，发现新的事物运行规律。如果没有想象力人类将不会有任何发展与进步。

　　回顾中国农业生产的发展史，中国古代农业生产者就是发挥想象力，发明了播种机等领先世界的农业生产工具。自然界的植物种子依靠自然成熟落地传播生长，或者是依靠风力、水冲力等将种子置于土壤中成长，古代农业种植农作物就是根据这个道理而进行的，起初用人工的方式将种子撒在地里，依靠这种半自然的播种方式维系农作物的生长。正是在多次种植过程中，中国的农业生产者根据农作物生长规律发挥想象力，发明了一个脚、两个脚到多个脚的播种耧车，使耕种方式发生了质的变化。

　　想象力的伟大使人类创造了文明，也使人类优于他物种。怎样提升农业生产者的想象力呢。首先，要善于积累丰富的农业生产经验；其次，要保持和发展各种好奇心和兴趣感，捕捉有价值的信息；再次，应善于进行创造性想象和创造性思维，进行思维加工和生产实践，使之变成现实的成果；最后，要不断学习新知识、新技能，丰富自己。

　　（五）提高思维能力，促进农业生产者智能的可持续发展

　　思维是人脑借助于语言对客观事物的概括和间接的反映过程，是关于事物的内部本质联系和规律性的认识，它是在感性认识的基础上，借助于已有的知识和经验认识事物的本质，利用已知的条件推测未知的事物，是认识过程的高级阶段。人类特有的思维能力是指人们认识事物的内部本质联系和规律的能力。人们常说的"想一想"就是思维，"想"的内容就事物的内部本质联系和规律，人们常说的概念、判断和推理是思维的基本形式。人们进行思维过程离不开分析、综合、概括、抽象、比较、具体化和系统化等认识事物的方法，与此相适应，思维能力一般包括理解力、分析力、综合力、比较力、概括力、抽象力、推理力、论证力、判断力等认知能力。无论是农业生产者的生产活动，还是人类的生产活动，都离不开思维能力。思维能力是人类智能的核心。思维能力强不强，往往成为人们辨别一个人聪明不聪明，有没有智慧的依据。所以，培养和提高农业生产者的思维能力，是提高农业生产者智能的根本问题。

　　思维能力主要是通过后天的学习和训练提高的。人的天性对思维能力具有影响力，但后天的教育与训练对思维能力的影响更大、更深。思维能力的训练是一种有目的、有计划、有系统的教育活动，它能在很大程度上造就一个人或者一代新人。

当今世界科技发展如此之快，农业的发展也不例外。所以，提升农业生产者的思维能力很重要。第一，农业生产者要有创造意识和创新精神，进行创造性思维。尽管农业生产是年复一年地重复进行，但也不能墨守成规，要有奇思异想，要求变求新，能够敏锐地发现问题，开创性地提出问题，创造性地解决问题。第二，农业生产者要有系统性思维能力。面对分散式的农业种植方式，考虑问题必须从整体出发，正确或妥善处理整体与局部的关系，形成系统性思维的良好习惯。系统思维是指善于抓住问题的主要方面，又不忽视其余各个细节的思维品质。系统性思维方式可以使人变得非常理智，全面周到地料理各种事务，而且会大大提高统筹能力及预见能力。所以，系统思维能力对一个身处经济全球化背景之中农业生产者来说是不可或缺并亟待提高的能力。第三，农业生产者努力使自己的思维具备深刻性特点。思维的深刻性标志着思维活动的抽象和逻辑推理的更高水平，现实中表现为思维者能深刻理解概念，把握事实背后的运行机理，分析问题严密、周到，能抓住事物的本质，努力寻求事物运行规律。提升发现问题、开展问题研究的能力，养成深钻细研的思维习惯。每当遇到问题时，尽可能地寻求其规律性，或从不同角度、不同方向观察和了解来龙去脉，分清真相和假象，防止被假象所迷惑。第四，农业生产者要有思维的敏捷性。思维具有敏捷性是指思维活动的反应速度快和熟练程度高，现实中表现为思考问题快速而准确，及时、科学地做出决定，正确处理和解决问题。第五，农业生产者要提升思维的灵活性。要求从不同的角度思考问题，根据事物发展方向从各个方面找出解决办法，选择最优的方法来解决问题。从分析到综合，从综合到分析，灵活而又不失原则，形成多种合理而灵活地解决问题方案，选择最优方案，达到解决问题的目的。

农业生产者自身再生产包含着生命再生产和智能再生产，生命再生产和智能再生产是相互联系不可分割的，生命再生产是智能再生产的基础，智能再生产是生命再生产的延续和更高阶段，智能再生产还能保障生命再生产优化。农业生产者自身再生产能力的提高是农业生产力可持续发展的核心问题，同时也是农业生产力发展的目的和终极目标。

参考文献

一 经典著作和党的历史文献等

1. 《马克思恩格斯选集》第一至四卷，人民出版社 2012 年版。

2. 《列宁选集》第一至四卷，人民出版社 2012 年版。

3. 《斯大林选集》上下卷，人民出版社 1979 年版。

4. 《马克思恩格斯全集》第二十三卷，人民出版社 1972 年版。

5. 《马克思恩格斯全集》第二十四卷，人民出版社 1972 年版。

6. 《马克思恩格斯全集》第二十五卷，人民出版社 1974 年版。

7. 《列宁全集》第三卷，人民出版社 1984 年版。

8. 《马克思恩格斯文集》第一至十卷，人民出版社 2009 年版。

9. 《毛泽东选集》第 1—4 卷，人民出版社 1991 年版。

10. 《毛泽东选集》第 5 卷，人民出版社 1977 年版。

11. 《建国以来毛泽东文稿》第 1—13 册，中央文献出版社 1987—1998 年版。

12. 《邓小平文选》第 1—2 卷，人民出版社 1994 年版。

13. 《邓小平文选》第 3 卷，人民出版社 1993 年版。

14. 《江泽民文选》第 1—3 卷，人民出版社 2006 年版。

15. 胡锦涛：《高举中国特色社会主义伟大旗帜　为夺取全面建设小康社会新胜利而奋斗——在中国共产党第十七次全国代表大会上的报告》，人民出版社 2007 年版。

16. 胡锦涛：《坚定不移沿着中国特色社会主义道路前进　为全面建成小康社会而奋斗——在中国共产党第十八次全国代表大会上的报告》，人民出版社 2012 年版。

17. 温家宝：《中国农业和农村的发展道路》，《求是》2012 年第 2 期。

18. 新华社：《习近平在参加首都义务植树活动时强调，坚持全国动员全民动手植树造林把建设美丽中国化为人民自觉行动》，《国土绿化》

2015 年第 4 期。

19. 习近平：《紧紧围绕坚持和发展中国特色社会主义　学习宣传贯彻党的十八大精神——在十八届中共中央政治局第一次集体学习时的讲话》，人民出版社 2012 年版。

20. 习近平：《在第十二届全国人民代表大会第一次会议上的讲话》，人民出版社 2013 年版。

21. 《十二大以来重要文献选编》上，人民出版社 1986 年版。

22. 《十二大以来重要文献选编》中，人民出版社 1986 年版。

23. 《十二大以来重要文献选编》下，人民出版社 1988 年版。

24. 《十一届三中全会以来重要文献选读》上，人民出版社 1987 年版。

25. 《十一届三中全会以来重要文献选读》下，人民出版社 1987 年版。

26. 《十三大以来重要文献选编》上，人民出版社 1991 年版。

27. 《十三大以来重要文献选编》中，人民出版社 1991 年版。

28. 《十三大以来重要文献选编》下，人民出版社 1993 年版。

29. 《十四大以来重要文献选编》上，人民出版社 1996 年版。

30. 《十四大以来重要文献选编》中，人民出版社 1997 年版。

31. 《十四大以来重要文献选编》下，人民出版社 1999 年版。

32. 《十五大以来重要文献选编》上，人民出版社 2000 年版。

33. 《十五大以来重要文献选编》中，人民出版社 2001 年版。

34. 《十五大以来重要文献选编》下，人民出版社 2003 年版。

35. 《十六大以来重要文献选编》上，中央文献出版社 2005 年版。

36. 《十六大以来重要文献选编》中，中央文献出版社 2006 年版。

37. 《十六大以来重要文献选编》下，中央文献出版社 2008 年版。

38. 《十七大以来重要文献选编》上，中央文献出版社 2009 年版。

39. 《中共中央关于全面深化改革若干重大问题的决定》，人民出版社 2013 年版。

40. 《中共中央关于社会主义精神文明建设指导方针的决议》，人民出版社 1986 年版。

41. 《中共中央关于制定国民经济和社会发展第十二个五年规划的建议》，《求是》2010 年第 21 期。

42. 中共中央国务院：《关于加大统筹城乡发展力度进一步夯实农业农村发展基础的若干意见》，http：//politics. people. com. cn/GB/1026/10893985. ht-

ml。

43. 中共中央国务院：《关于加快发展现代农业进一步增强农村发展活力的若干意见》，http：//news. xinhuanet. com/2013 – 01/31/c_ 124307774. htm。

44. 中共中央国务院：《关于全面深化农村改革加快推进农业现代化的若干意见》，http：//news. xinhuanet. com/politics/2014 – 01/19/c_ 119033371. htm。

45. 国家中长期科学和技术发展规划纲要（2006—2020 年），《中华人民共和国国务院公报》2006 年第 9 期。

46. 国家中长期教育改革和发展规划纲要（2010—2020 年），《中国高等教育》2010 年第 Z3 期。

47.《中华人民共和国法律》，人民出版社 2013 年版，第 1030 页。

48. 中华人民共和国国家统计局，第六次人口普查数据，http：//www. stats. gov. cn/tjsj/pcsj/rkpc/6rp/indexch. htm。

49. 国家体改委、林业部：《林业经济体制改革总体纲要》，《浙江林业》1996 年第 1 期。

50. 国家海洋局 2015 年 3 月 11 日发布：《2014 年中国海洋环境状况公报》，http：//www. soa. gov. cn/zwgk/hygb/zghyhjzlgb/201503/t20150311 _ 36286. html。

51.《江苏省农业生态环境保护条例》，江苏省九届人大常委会七次会议 1998 年 12 月 29 日通过 1999 年 2 月 1 日施行，http：//www. jsnyst. com/detail. jsp？ id = bafb948da6934b63bcdb2b8a5691f8f6。

52. 福建省人民政府：《促进海洋渔业持续健康发展十二条措施》，《中国水产》2013 年第 11 期。

　二　学术著作等

1. 秦刚等：《中国特色社会主义理论体系》，中共中央党校出版社 2008 年版。

2. 田克勤等：《中国特色社会主义理论体系》，高等教育出版社 2008 年版。

3. 冷溶等：《科学发展观与中国特色社会主义》，社会科学文献出版社 2006 年版。

4. 李君如：《中国特色社会主义道路研究》，人民出版社 2012 年版。

5. 朱秀英：《中国特色社会主义理论的内在统一性研究》，人民出版社

2012 年版。

6. 朱秀英：《中国特色社会主义的"特色"研究》，中国社会科学出版社 2014 年版。

7. 王伟光：《中国特色社会主义理论体系研究》，人民出版社 2012 年版。

8. 于冰沁等：《农业生产力与自然力：生态农业是发展农业生产力的必由之路》，东北大学出版社 2014 年版。

9. 李厚廷：《问题与出路：后发地区农村生产力发展研究》，中国经济出版社 2008 年版。

10. 周瑞金：《解放思想　发展生产力》，上海财经大学出版社 2008 年版。

11. 刘江：《中国农业生产力布局研究》，中国经济出版社 2010 年版。

12. 陈丽丽：《中国农业现代化制度创新与发展路径研究》，经济科学出版社 2009 年版。

13. 黄季焜等：《21 世纪的中国农业与农村发展》，中国农业出版社 2006 年版。

14. 周兆德：《农业生产潜力及人口承载力理论探索》，中国林业出版社 2007 年版。

15. 方天堃等：《农业经济管理》，中国农业大学出版社 2009 年版。

　三　学术论文等

1. 吴承明：《中国近代农业生产力的考察》，《中国经济史研究》1989 年第 2 期。

2. 朱秀英：《生产力是什么》，《当代思潮》2004 年第 5 期。

3. 邹明洪：《"以人为本"：农业生产力发展的现实呼唤》，《生产力研究》2005 年第 5 期。

4. 朱秀英：《生产力载体系统的解析与重构》，《生产力研究》2006 年第 3 期。

5. 朱秀英、黄玉桂：《论生产力的内涵与外延》，《东岳论丛》2006 年第 5 期。

6. 朱秀英：《论生产力的自组织系统》，《齐鲁学刊》2007 年第 6 期。

7. 王友含：《提高池塘养鱼效益的有效途径》，《河北渔业》1998 年第 3 期。

8. 高建平：《大学生创新能力培养的研究》，《和田师范专科学校学报》（汉文综合版）2005 年第 3 期。

9. 赵宝晨：《试论精神生产力》，《理论学习与探索》2005 年第 4 期。

10. 徐升：《城市垃圾堆肥在农业中的应用及发展》，《现代农业科技》2006 年第 12 期。

11. 唐文辉、彭雪梅：《湖南农村全面小康社会建设现状及对策》，《湖南农业科学》2007 年第 2 期。

12. 余志伟：《我国农业和农村生态环境面临的严峻挑战及对策》，《中共云南省委党校学报》2008 年第 2 期。

13. 刘志强：《关于当前农民思想状况的调查与思考》，《西安社会科学》2008 年第 3 期。

14. 周文梅、苏向莲：《何为农业产业化经营》，《农民致富之友》2010 年第 3 期。

15. 周宇：《林业生产力的大解放》，《绿色中国》2007 年第 15 期。

16. 郭立等：《关于发展天津市都市型现代渔业的思考》，《现代渔业信息》2011 年第 4 期。

17. 张月芩：《新农村文化建设的关键在于提高农民文化素质》，《中国合作经济》2012 年第 3 期。

18. 张童阳、卢晓瑜：《海洋渔业的基本内涵及产业特性》，《吉林农业》2012 年第 3 期。

19. 陈友俭：《晋江渔业经济可持续发展的建议》，《福州农业》2012 年第 3 期。

20. 叶平：《新时期加强领导干部作风建设着力点》，《河西学院学报》2012 年第 6 期。

21. 王申红：《通识教育与大学生人文素质的培养》，《人力资源管理》2012 年第 7 期。

22. 王学林、张又荣、王燕琴：《灵武市畜牧业的现状、存在问题与对策》，《养殖技术顾问》2012 年第 7 期。

23. 吴翠萍：《在社会主义新农村建设中如何提高农民科技文化水平》，《青春岁月》2012 年第 18 期。

24. 唐衍爱：《教学中如何培养学生的创新思维》，《神州》2013 年第 22 期。

25. 王西安：《高等院校教学科研互动模式分类研究》，《经营管理者》2013 年第 17 期。

26. 刘世辉等：《民和县畜牧业发展现状、存在的问题及对策建议》，《青海畜牧兽医杂志》2014 年第 5 期。

27. 刘海燕、朱敬霞：《畜牧业发展现状及发展前景展望》，《中国畜牧兽
   医文摘》2014 年第 6 期。

28. 刘相涛：《中国特色社会主义事业总体布局的形成与发展》，《湖北省
   社会主义学院学报》2014 年第 4 期。

29. 吴冬霞：《公有制经济与社会主义》，《安徽电子信息职业技术学院学
   报》2009 年第 6 期。

30. 王亚芬：《加强农村文化阵地建设创新农村文化活动形式》，《农村实
   用科技信息》2008 年第 12 期。

31. 徐建华：《我国正在建设完善的渔业标准体系》，《中国质量报》2009
   年 10 月 9 日。

32. 王朗玲、魏枫：《中国农地制度变革对农业生产力及其布局的影响》，
   《求是学刊》2003 年第 1 期。

33. 辛翔飞、秦富：《我国农业生产力水平的地区差距及其结构分解》，
   《农业技术经济》2007 年第 4 期。

34. 于中涛、张燕之：《农业生产力与自然力》，《农业经济》2007 年第
   12 期。

35. 林政：《农业生产力因素及其质态论》，《经济问题》2008 年第 10 期。

36. 张立峰：《农业生产力与农业生产系统结构关系的讨论》，《中国生态
   农业学报》2010 年第 4 期。

37. 丁军民、郭怀忠：《浅谈农业技术转化为农业生产力》，《吉林农业》
   2011 年第 5 期。

38. 张砚杰、王晓兵：《改革开放 30 年中国农业生产力和效率变化评估》，
   《农业经济问题》2012 年第 10 期。

39. 房广顺：《毛泽东关于解放和发展农业生产力的探索》，《毛泽东思想
   研究》2005 年第 5 期。

40. 朱万斌、常欣、程序：《现代农业生产力计量的一种新思路》，《农业
   现代化研究》2005 年第 1 期。

41. 李桂荣、师颖新、赵颖：《提高农业生产力是支撑经济可持续发展的
   根本保障》，《大连民族学院学报》2013 年第 4 期。

42. 康涌泉：《三权分离新型农地制度对农业生产力的释放作用分析》，
   《河南社会科学》2014 年第 10 期。

后　记

　　中国是一个农业大国，农业人口占绝大多数，农民富裕、农业发展、农村繁荣是实现全面建成小康社会奋斗目标的核心内容，是中国特色社会主义建设的根本目的。

　　农业生产力是人们合理地开发和利用优势资源进行农业生产获取生产、生活资料的能力，是农业物质生产力、农业精神生产力、农业生产者自身再生产能力的统一，具有劳动者、生产资料、科学技术、管理、信息、教育等载体要素。农业生产力发展的根本动力是农业生产者的能力与三种生产发展既适应又不适应的矛盾运动；直接动力是农业生产力内部要素的相互作用；外在动力是生产关系、上层建筑的反作用；社会动因是经济全球化的巨大影响。农业生产力的运行机制是人的体力与智力的协调发展；是物质生产能力、精神生产能力、人类自身再生产能力的协调发展；是载体系统诸要素的协调发展。农业生产力是人的本质力量的公开展现，它不仅是农业发展的决定力量，而且是社会发展的决定力量，还是社会主体——人的能力发展、本性完善、获得自由解放的决定力量。把以人为本、可持续发展、全面协调发展融入农业生产力理论研究之中，构建具有中国特色的农业生产力发展理论，为解决"三农"问题提供依据。正是基于此，笔者撰写了此书。

　　本书是山东省社科基金重点项目的研究成果，得到了山东省社科规划办领导和同志们的大力支持；本书的出版得到了单位领导及同事们的鼎力相助；在本书撰写过程中，参考了许多专家、学者的有关著作和论文，恕不再一一注明，在此一并致谢！

　　在本书的出版过程中，中国社会科学出版社给予大力支持，特别是李庆红同志为本书的出版付出了辛勤劳动，在此表示感谢！

由于资料限制，加之水平有限，书中难免有不妥或疏漏之处，敬请广大读者批评指正。

朱秀英

2015 年 9 月